Rüdiger Nehberg
Mit dem Baum über den Atlantik

Rüdiger Nehberg

Mit dem Baum über den Atlantik

THE TREE
Der Australienmarsch
Gefangen in Jordanien

Mit 67 Fotos und 3 Landkarten

Kabel

Von Rüdiger Nehberg sind außerdem erschienen:

Abenteuer am Blauen Nil
Drei Mann, ein Boot, zum Rudolfsee
Im Tretboot über den Atlantik
Die Kunst zu überleben, Survival
Medizin-Survival. Überleben ohne Arzt
Die Rettung der Yanomami. Den Tätern auf der Spur
Survival – Abenteuer vor der Haustür
Survival-Lexikon
Survival-Training
Über den Atlantik und durch den Dschungel
Überleben in der Wüste Danakil
Yanonámi. Überleben im Urwald

Abdruck des Liedtextes »I'm on my way« mit freundlicher Genehmigung von Udo Lindenberg

ISBN 3-8225-0543-9
Originalausgabe

Umschlagfotos: Weber/Nehberg
Fotos im Bildteil:
THE TREE: Annette Weber/Rüdiger Nehberg
Human Race: Klaus Denart
Gefangen in Jordanien: Hans Windisch
Lithos von Lorenz & Zeller, Inning/Ammersee
Gesetzt aus der Aldus Roman
Satz: EDV-Fotosatz Huber/Verlagsservice G. Pfeifer, Germering
Druck und Bindung: Friedrich Pustet, Regensburg
Printed in Germany

Inhalt

Vorwort

Liebe Leserinnen, liebe Leser,

dieses Buch berichtet von drei Reisen. Sie haben alle eines gemeinsam: Keine ergab ein eigenständiges Buch. Es sei denn, ich hätte sie künstlich zu epischer Fülle aufgebläht, nach dem Motto: »Wer wenig zu sagen hat, sagt's lang.« Das hätte nicht meinem Stil entsprochen. So habe ich sie hier zu einem Trio der Erlebnisse zusammengefügt. Und ich glaube, daß die Collage ihren Reiz daraus bezieht, daß alle Unternehmungen grundverschieden sind.

Da ist zunächst die Geschichte von meinem Freund, dem Baum:

THE TREE.

Das Jahr 2000. Brasilien beging seinen 500. Geburtstag. Große Feiern waren geplant, mit denen sich die Politiker berauschen und als Demokraten darstellen wollten. In diesem Jubel wollte ich stören. Denn ein solch einmaliger Anlaß würde sich in meinem Leben nie wieder bieten. Ich überlegte, was ich Spektakuläres veranstalten könnte, um auf die Defizite brasilianischer Politik aufmerksam zu machen: die Ignoranz gegenüber Indianern und Regenwald.

Es fiel mir nichts Besseres ein, als ein drittes Mal über den Atlantik zu fahren, mit dem unübersehbaren Appell auf dem Segel. Das barg die Gefahr, nicht mehr wahrgenommen zu werden, weil Wiederholungen eher Gähnen als Neugier auslösen. Um das zu vermeiden, setzte ich den vorangegangenen Fahrzeugen (dem Tretboot und dem Bambusfloß) einen Thrill obenauf: ich versuchte es auf einem massiven Baumstamm.

Natürlich ereignete sich vieles, das den Büchern über meine früheren beiden Atlantikfahrten ähnelte. Deshalb habe ich diesen Abenteuerbericht kurz gehalten und Wiederholungen vermieden.

In der zweiten Geschichte berichte ich von meinem »legendären« Australienmarsch. Die Idee stammte von einem alten Freund, Ulli Krafzik. Er hatte sie einem australischen TV-Produzenten angeboten, und so kam es 1996 zum

Human Race.

Drei Männer unterschiedlichster Prägung sollten 600 Kilometer durchs australische Outback laufen. Um die Wette, versteht sich. Und nicht gemeinsam, sondern jeder auf einer anderen Route, jeder auf eigene Faust. Alles, was wir benötigten, mußten wir entweder mitnehmen und schleppen oder unterwegs suchen. Wer Fremdhilfe annahm, schied aus.

Diese Aufgabe reizte mich zunächst vom Survival her. Sie faszinierte mich noch mehr, als ich hörte, *wie* verschieden wir waren.

Da war der junge Amerikaner, der Jugend, Kraft und Zukunft vertreten sollte. Er war ein Iron Man, hatte aber von Survival keinen blassen Schimmer.

Dann war da ich, der »Opa aus Europa«, der sich alte Instinkte und Fertigkeiten reaktiviert hatte, und schließlich war da der Glanzpunkt unseres Trios: der Aborigine, der Ureinwohner. Er sollte zeigen, wie jemand den Busch meistert, der in Australien geboren ist, der kaum Durst hatte, der sich am Sternenhimmel ebenso auskannte wie mit der Pflanzenwelt. Sein einziges Handicap: Er war 75 Jahre alt!

Eine tolle Idee also. Das Ende gestaltete sich jedoch völlig anders, als die Fernsehleute es erhofft hatten. Und bei diesem Ende gibt es etwas richtigzustellen. Ich glaube, diese Korrektur dem alten Buschmann schuldig zu sein.

Und schließlich folgt meine uralte Geschichte aus Jordanien. Sie stammt aus dem Jahre 1960. Zusammen mit zwei Freunden hatte ich in Hamburg meine Meisterprüfung bestanden. Bevor ich mich selbständig machen würde, wollte ich mir noch einmal eine besondere Reise gönnen. Zu Fuß und als Tramper sollte es ums Mittelmeer gehen.

Das klappte sehr gut, bis wir ans Rote Meer, an den Golf von Aqaba kamen. Dort war die Welt wie zugenagelt. Vier rivalisierende Staaten stießen zusammen: Jordanien, Saudi-Arabien, Ägypten und ihr gemeinsamer Hauptgegner Israel. Klar, daß die Grenzen gut bewacht waren, klar aber auch, daß wir deshalb nicht wieder zurückwollten nach Syrien, um von dort per Schiff oder Billigflug nach Ägypten zu gelangen.

Wir bastelten uns Ruder, »liehen« uns unbefugt ein Boot und wurden

Gefangen in Jordanien.

Die Wochen in verschiedenen Gefängnissen waren zwar nicht gerade das pure Vergnügen, aber wir konnten dem Zwangsaufenthalt dennoch manchen heiteren Aspekt abgewinnen, vor allem einen lehrreichen. Wir erfuhren, wie wertvoll Freiheit ist.

Vielleicht finden ja die einen oder anderen Leser und Leserinnen bei diesen Geschichten Anregungen, um sich selbst ein spannendes und erfülltes Leben zu bescheren.

Euer
Rüdiger
im Sommer 2000

THE TREE

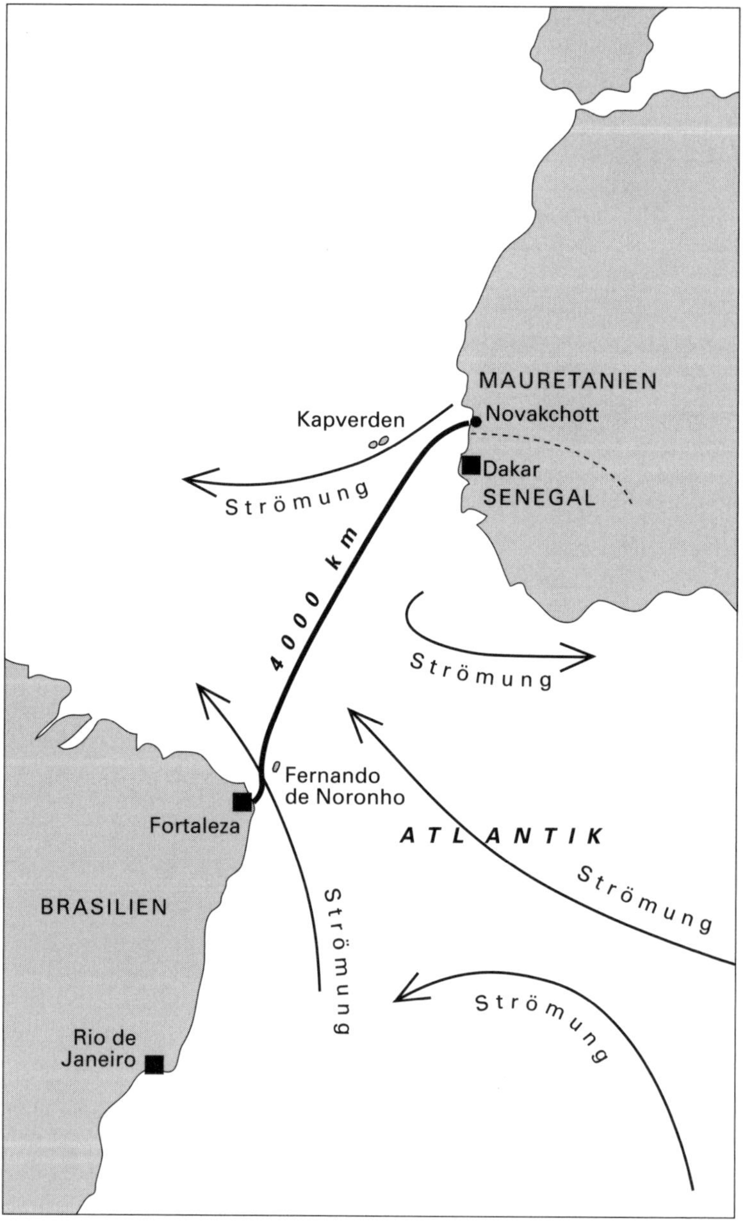
MAURETANIEN
Novakchott
Kapverden
Dakar
SENEGAL
Strömung
4000 km
Strömung
Fernando
de Noronho
Fortaleza
ATLANTIK
Strömung
BRASILIEN
Strömung
Strömung
Rio de
Janeiro
Strömung

Plan und ran

»Auf einem massiven Baumstamm über den Atlantik? Bist du durchgeknallt? Oder willst du Selbstmord verüben?«

Bertel war ganz verwirrt, als ich ihm von meinem neusten Vorhaben erzählte. Dabei ist er so leicht nicht aus der Fassung zu bringen, denn er ist der Boß von Radio GONG in Würzburg und mein langjähriger Freund und Kenner der Yanomami-Problematik.

»Nein, ich will ankommen. Gerade deshalb ein Baum. Ein Baum kann weder brechen noch untergehen. Aber das kannst du nicht wissen. In Würzburg gibt es ja nur Weinstöcke.«

»Mensch, dann höhl das Ding wenigstens aus. Das gibt Auftrieb. Alle Boote der Welt sind hohl. Dein Kopf offenbar auch.«

Ich glaubte, sein Gesicht durchs Telefon zu *sehen*.

»Aushöhlen? Bist du wahnsinnig? Dann wäre ich nur noch beschäftigt mit Wasserschöpfen. Soll ich mir das antun? Ich brauche mal wieder Urlaub. Und da möchte ich's bequem haben. Mal zwei Monate richtig relaxen. Ein runder, massiver Baum ist nicht nur eine runde *Sache*. Es ist auch ein Selbstlenzer, wenn du Südlicht überhaupt weißt, was das ist. Das heißt, von einem massiven Baum fließt das Wasser ganz von selbst ab. Ich will mir unnötige Arbeit ersparen wie du mit deiner Glatze. Kein unnötiges Kämmen, kein Schamponieren, kein Friseur. Mein Baum ist so ökonomisch wie deine Glatze.«

»Haha. Meine Glatze ist Tarnung. Sie soll mein Alter verheimlichen, meinen beginnenden Haarausfall. Die Zeitersparnis ist nur ein willkommener Nebeneffekt. Aber mal abgesehen davon, ob das dein letzter Trip wird oder nicht: Welchen Sinn macht es, ein drittes Mal die gleiche Sache durchzuziehen? Du fährst dieselbe Strecke, nämlich Afrika-Brasilien. Du vertrittst dasselbe Anliegen, die Yanomami. Und es ist derselbe Captain: Sir Vival. Warum machst du das? Hast du keine Fantasie mehr, keine neuen Ideen?«

Puuh. Ich mußte erst einmal schwer schlucken. Allzu lange konnte ich mich damit jedoch nicht aufhalten, weil Bertel sonst gemerkt hätte, daß ich mir diese seine Fragen längst auch oft selbst gestellt hatte.

»Du weißt genau, daß ich mehr Pläne habe als Lebensrestzeit. Aber in diesem Falle ist es tatsächlich so, daß mir nichts Besseres eingefallen ist. Brasilien feiert im Jahre 2000 seinen 500. Geburtstag, acht Jahre also nach den Nordstaaten. Es sind pompöse Feiern geplant. Brasilien möchte sich bejubeln als tolles, demokratisches Land. In jeder Stadt hat man gigantische Uhren aufgebaut, die anzeigen ›Noch X Tage bis zum 22. April 2000‹, dem Geburtstag der Bundesrepublik Brasilien. Es wird der Nasenbär los sein. Die Feiern finden übers ganze Jahr statt. Und das ist einfach eine unwiederbringliche Gelegenheit, auf die erheblichen Defizite hinzuweisen, die da noch bestehen. Zum Beispiel in Sachen Menschenrechte und Naturschutz.«

»Trotzdem bleibt es dabei: du machst den Trip zum drittenmal, zum drittenmal Yanomami, zum …«

Ich unterbrach ihn: »Nein. Diesmal geht es um *alle* eingeborenen Völker. Den Yanomami geht es ja inzwischen relativ gut. Sie haben ihr Schutzgebiet, sie haben inzwischen eine gute Lobby. Unsere Hilfsstation (siehe Nehberg: ›Die Rettung der Yanomami‹) ist fertig und fast zu einem Wallfahrtsort geworden. Aber die Yanomami sind ja nur eines von 220 indianischen Völkern. Diesmal geht es um alle. Auch um die unterprivilegierten Schwarzen, auch um den Regenwald.«

»Und du hattest keine andere Idee?«

»Keine. Sorry. Ich habe mich in brasilianischen Menschenrechtskreisen umgehört. Dort ist auch viel geplant. Aber letztlich sind es die üblichen Sachen: Demos, Folkloristisches, Petitionen, Märsche, Unterschriftensammlungen. Alles Dinge, die schon viele *Tausende* von Malen da waren. Verglichen damit liege ich mit meiner dritten Atlantiktour noch recht gut im Rennen. Und ich weiß vor allem, daß diese Art von Demonstration zur Kenntnis genommen wird. Vielleicht ist es sogar die beeindruckendste, die eine Einzelperson durchführt. Sie wird Interesse in den Medien finden und sich vielmillionenfach multiplizieren. Sie hilft, neues Bewußtsein zu schaffen, Mehrheiten für Probleme zu sensibilisieren, Politiker unter Druck zu setzen. Vor allem zeigen solche Aktionen Wirkung, wenn sie demokratisch angelegt sind und beim Betrachter einen gewissen Respekt für die erbrachte Leistung auslösen. Das hoffe ich zu erreichen durch die Kuriosität des Fahrzeugs, und weil ich es allein mache.«

»Was hast du eben gesagt? Auch noch alleine? Da willst du dich zwei Monate auf einem Baumstamm anklammern wie ein Pavianbaby an seine Mutti und Brasilien aufmischen? Du willst dich einem runden Stamm anvertrauen, der in der See rollt wie das Laufrad eines Hamsters? Sei mir nicht böse, aber du bist nicht ganz dicht.«

Bertel machte eine Pause. Wahrscheinlich legte ihm gerade einer seiner Mitarbeiter eine neue schlechte gute Nachricht vor. Getreu der Berufsweisheit: »Nur eine schlechte Nachricht ist eine gute Nachricht.«

Doch ich hörte niemanden sprechen. Dann hatte er wohl nur ein nachgesprossenes Haar entdeckt und zur Rasur verurteilt. Denn jetzt meldete er sich erneut.

»Schick mir bitte ein Fax des Inhalts: ›Mein Freund Bertel hält mein Baumstammunternehmen für eine Selbstmordaktion. Er hat mir dringend abgeraten. Ich mache es trotzdem.‹ Dann rufe ich dich wieder an.«

Wupp, aufgelegt.

So war Bertel. Chef von Radio GONG, Moderator, Herr der tausend Geistesblitze, Unterstützer der Yanomami, kurz und knackig.

»Wenn du dein Anliegen nicht in drei Minuten rüberbringen kannst, stimmt etwas nicht. Entweder mit dir oder dem Anliegen oder dem Moderator.« So hatte er mich mal gelehrt.

Hack-hack, ratter-ratter war das Fax fertig.

Prompt sein Rückruf. »Na gut. Wenn man dir schon nicht abraten kann, dann vielleicht helfen oder lindern. Wie muß ich mir das denn vorstellen, ›Auf einem Baumstamm über den Atlantik‹? Sag mir bitte, daß du es *nicht* wie die Pavianbabys machst.«

In drei Minuten also. Darauf war ich längst programmiert. Bertel schlürfte bestimmt derweil einen Espresso. Oder killte das Haar.

»Es muß ein langer, glatter Stamm sein. Länge lauft, sagen ›wir‹ Seefahrer. Vielleicht mit noch zwei Originalästen als Masten. Gegen das Drehen kriegt er Ausleger aus Bambus. Wenn die Ausleger abbrechen, muß die obere Hälfte des Stammes leichter sein als die untere. Da werde ich große PV-Schaumkammern einbringen. Sie garantieren mir auch einen letzten Auftrieb, wenn der Stamm sich im Laufe der Monate mit Wasser vollsaugt. Auf den Querstreben, die die Ausleger halten, wird meine winzige Schutzhütte stehen. Drumherum und drinnen die Vorräte und Navigationshilfen. Ferner Segel, Windsteueranlage, Hauptruder. Und viel Dekor: Gallionsfigur, Kletterbaum, Experimente-Utensilien, Weihnachtsbaum, Fahnen, Schiffsglocke. Zwischen den Traversen Netze. Zur Sicherheit und als Hängematten. Ansonsten nur noch ein Seil von Bug bis Heck, an das ich immer angeseilt sein werde. Immer.«

»Aber du hast Funk?«

»Ja. Satellitentelefon. Die Minute zu sechs Mark. Nur damit du schon mal Bescheid weißt. Falls du lange quatschen willst. Außerdem UKW-Handsprechgerät für alles, was in Sichtweite ist, ein Epirb ...«

»Was ist das denn?«

»Ein handgroßer Notsender. Wenn man ihn aktiviert, sendet er zwei Tage lang Signale über Satellit nach Europa. Und dann weiß eine Auffangstelle haargenau: ›Aha! *THE TREE* sitzt in der Patsche und befindet sich genau da und da.‹ Auf zwanzig Meter genau können die mich orten.«

»Erzähl weiter«.

Hey! Bertel hatte tatsächlich angebissen.

»Dann habe ich, wie immer, das NICO-Notsignale-Set mit. Also Raketen für die Nacht, orangefarbenen Rauch für den Tag. Den Strom für die Elektrik beziehe ich von der Sonne. Ich habe diesmal ein Arbeitslicht in der Hütte, eine ordentliche Schiffsbeleuchtung – rot, grün, weiß –, einen Radarreflektor, und ich habe ein Fotoboot dabei.«

»Ach so, du läßt dich doch begleiten!«

Ich hörte am anderen Ende der Leitung einen Stein von seinem Herzen aus der Hose plumpsen.

»Nein. Das wäre ja reizlos. Du kennst meine Devise: dem unnötig vorzeitigen Tod ein Schnippchen schlagen und dem Restrisiko eine ehrliche Chance lassen. Es wird ein Winzling von Boot. Denn ich weiß ja nicht, wieviel Last mein Baum tragen kann. Irgendwie soll er ja auch noch einen Zentimeter Freibord haben. Es wird so groß wie dein Schreibtisch. Nur flacher. Und knallgelb.«

Schwupp, der Stein war wieder aufgeladen auf das Freundesherz.

»Aber ich werde das Fotoboot unsinkbar machen und für den Extremfall mit Schwert und Segel und Steuer ausrüsten. Und mit einem Handkompaß für sechs Mark fünfzig. Aber eigentlich will ich mit dem schwimmenden Schreibtisch bei Sturm an langer Leine meinen Baum verlassen können, um ihn vom nächsten Wellental aus filmen zu können. Ich weiß von den früheren Seereisen, daß man die Höhe der Wellenberge und die Tiefe der Täler nur von weit entfernt fotografisch einfangen und dokumentieren kann ...«

»Rüdiger, du bist verrückt. Kann es sein, daß du nicht mehr weißt, was du tust? Oder leidest du schon an seniler Dickköpfigkeit? Wie alt bis du noch mal?«

»Ich heiße Rüdiger Nehberg«, äffte ich Loriot und seinen Erwin Lottermann nach, »und bin 64 Jahre alt und Rentner von Beruf. Ich habe kein Sternzeichen, keine Haare, keine Religion. Ich habe das Insektenessen gesellschaftsfähig gemacht, die Survival-Bewegung in Europa und *Abenteuer mit Sinn* begründet. Wenn ich sterbe, wird es keine Beerdigung geben. Denn ich sterbe entweder in der Natur, oder – wenn daheim – werde ich an der medizinischen Fakultät der Uni Hamburg vollends recycelt.«

»Halt die Klappe. Deinen Lebens- und Todesverlauf kenne ich. 64 Jahre also und so bockig.«

»Okay. Zumindest ist das Boot ein schöner knallgelber Leuchtfleck. Ich bin kein Selbstmörder, sondern Survivor. Aber damit der Törn übern Ozean für mich nicht langweilig wird, will ich den früheren Überquerungen noch einen Thrill oben draufsetzen. Deshalb der Baum. Und außerdem ist alles ein Trick: Holz schwimmt immer, und ich bin immer angebunden. Was also soll passieren? Wenn ich in Dakar starte, treiben mich die Strömung und der Wind automatisch nach Amerika. Ohne Segel allerdings in die Karibik, mit Segel hoffentlich nach Brasilien.«

Die obligatorischen drei Minuten waren um.

»Rüdiger. Das wird dein letzter Trip. Du bist wirklich durchgeknallt. Diesmal bewegst du dich im roten Bereich. Du forderst das Schicksal heraus. Das läßt sich kein Schicksal gefallen. Irgendwann schlägt es zurück.«

Das war ein dickes Kompliment, fand ich. Bertel, der ausgebuffte Radio-Mann, redete mir von »Schicksal herausfordern«, statt sich physikalischer Grundregeln zu erinnern und des sachlichen Journalismus!

Aber indirekt waren mir seine Gedanken, Ängste und Bedenken ein sicheres Indiz dafür, daß die Reise, trotz drittem Mal, Aufmerksamkeit erregen und die Botschaft zur Kenntnis genommen würde.

Solche Gespräche gab es viele. Mit Freunden, Verwandten, Neugierigen, Fachleuten, Sponsoren. Und fast jedes lieferte mir weitere wertvolle Tips, die das Restrisiko mindern halfen.

Und so kam, peu à peu, mein Luxusliner *THE TREE / A ÁRVORE / DER BAUM* zustande. Ein fahrendes Wohnzimmer der gehobenen Mittelschicht. Ein Unikum ohne Vor- und Nachbild.

»Zumindest hat dein Baum etwas Symbolträchtiges: Er garantiert dir das Überleben auf See, wie die Bäume des Regenwaldes es deren Urvölkern und der Menschheit generell garantieren.«

Hey, wer hätte das gedacht! Bertel war nicht nur Profi. Er war auch noch Philosophi. Dann konnte mein Vorhaben sooo schlecht wohl nicht sein.

K(r)ampfschwimmer Rüdi

Die Idee mit dem Baumstamm war mir nicht neu. Schon damals, als ich mit dem Tretboot losfuhr, hatte ich sie alternativ in

Erwägung gezogen. Wie Floß und Badewanne, Schubkarre und Klodeckel.

Da ich Konditor war und kein Schiffskonstrukteur, baute ich mir stets kleine Modelle. Solche Modelle hängen und stehen mehrere in meiner Wohnung in Rausdorf. Ideen für noch viele Jahre. Konkretisiert sich ein Vorhaben, wird das Modell einem Test in meinem Wildbach unterzogen. Bewährt es sich, brauche ich es nur zu vergrößern. Zur Sicherheit konsultiere ich Fachleute.

Als die Baumstamm-Idee für mich nach zwei Atlantiküberquerungen nicht mehr zur Debatte stand, hatte ich sie irgendwann einem jungen Mann geschenkt, der etwas Spektakuläres suchte, um sich und seine neu gegründete Firma ins Gespräch zu bringen. Als sie für mich nun doch wieder relevant wurde, bat ich ihn um »Rückgabe«.

»Wollen wir es nicht gemeinsam machen?« fragte er.

Warum nicht? Die Chancen anzukommen waren dadurch erheblich größer. Und der politischen Idee, die ich mit der Reise verknüpfen wollte, tat es keinen Abbruch.

Für den geplanten Film waren zwei Personen sogar besser. Sie waren die Garantie für ein Gelingen. Allein war man zu sehr eingeschränkt. Man war angewiesen aufs Stativ, konnte die Kamera nicht schwenken, wenn Bewegung angesagt war, und man mußte in bedrohlichen Situationen zuallererst handeln, die Gefahr bannen und konnte dann erst ans Filmen denken. Das würde mit zwei Personen erheblich einfacher werden.

Vor allem waren zwei Personen erforderlich, nachdem mich der Hersteller der *Windpilot*-Selbststeueranlagen wissen ließ, diesmal könne er mich nicht mit seinem Patent ausrüsten.

»Der Baumstamm wird entschieden zu langsam sein. Ein zwölf Tonnen schwerer Klotz, der kommt nicht ausreichend in Fahrt, und dann kann mein Steuer nicht greifen. Was du diesmal brauchst, ist ein solides Hauptruder und einen zweiten Mann, damit immer jemand am Ruder steht.«

Infolge dieser Ratschläge und der Sachzwänge entschied ich mich, die Reise gemeinsam mit dem jungen Firmengründer durchzuführen. Doch sehr bald kam es zu Vertrauensdefiziten, und ich entschloß mich kurzfristig, mich von ihm zu trennen.

»Der Baum wird schwer steuerbar sein«, prophezeite mir auch Wolfgang Schöndorf, Ausbilder bei den Kampfschwimmern in Eckernförde. Die Elitetruppe der Bundeswehr hatte mich schon früher sehr wesentlich unterstützt in bezug auf Sea-Survival und den Abbau meiner Ängste vorm Wasser. Ich bin kein Wassertyp und chronisch seekrank.

»Der Baum wird sich eher wie ein Schienenfahrzeug verhalten. Oder wie ein Flugzeug. Nur langsam und in sanften großen Bogen wirst du ihm einen neuen Kurs geben können.«

»Ich glaube, wir sind Kollegen geworden«, befürchtete Fregattenkapitän Matthias Faermann. Er kommandiert die U-Boot-Flotte in der Ostsee und ist Autor dreier Survival-Handbücher, die im Reise Know-How Verlag erschienen sind. Experte also.

»Wie ich sehe, hast du dir diesmal ein U-Boot gebaut. Du wirst garantiert immer naß sein. Vielleicht begegnen wir uns ja bei einem Manöver *unter* Wasser.«

Sage noch mal jemand, die Bundeswehr habe keinen Humor.

»Aber soweit wir können«, tröstete mich Schöndorf, »werden wir dir wieder helfen. Du brauchst dich nur zu melden.«

Er lachte. Es war genau jenes Lachen, das Menschen süffisant anwenden, wenn sie es spannend und geheimnisvoll machen wollen. Und wenn sie mich ködern wollen.

»Was hast du denn geplant?« fragte ich, schon ganz kribbelig.

»Sorry, militärisches Geheimnis. Komm, und du wirst es erleben.«

Und seinem Kameraden René raunte er im Weggehen zu: »Den werden wir überraschen.«

Klar, daß ich anbiß, denn mit solchen Andeutungen kann man mich ebenso fangen wie Kinder mit McDonald's Pappsbrötchen oder einen Bisam mit Äpfeln.

Punkt neun Uhr stand ich eines Herbsttages morgens in Eckernförde auf der Matte. Zusammen mit meinem Kumpel. Zwei Tage hatten Schöndorf und seine Helfer angesetzt. Ich mußte gleich rein ins Becken. Das Wasser war diesmal nur 30 statt 33 Grad warm. Sparzwang also auch hier.

Nach zwei Stunden bibberte ich: »Letztes Mal war es wärmer.«

»Aber immerhin ist es noch vier Grad wärmer als dein Mittelatlantik«, konterte Schöndorf. »Du sollst ja unter Live-Bedingungen trainiert und nicht verhätschelt werden.«

Dabei wies er cool mit dem Kopf auf den Leitsatz der Kampfschwimmer: *Lerne leiden, ohne zu klagen,* der an der Wand prangte.

Daß ich noch lebe, verdanke ich dem Umstand, daß das Training dann doch sehr menschlich ablief. Man nahm Rücksicht auf mein Alter und ließ mich zunächst das übliche Programm durchlaufen beziehungsweise -schwimmen, -tauchen, -japsen, -ersaufen ... So, wie ich es damals bereits »Im Tretboot über den Atlantik« beschrieben habe.

Doch jenes Training lag bereits vierzehn Jahre zurück. Logisch, daß das meiste wie neu für mich war. Da gab es beispielsweise die berüchtigten Horrornummern mit dem Torpedorohr und das An-Händen-und-Füßen-gefesselt-ins-Wasser-Werfen. Aber ich will mich nicht wiederholen, weil ich das im Vorwort versprochen habe.

»Jetzt schwimmst du zügig zwei Bahnen und kletterst aus dem Wasser am Seil aufs Dreimeterbrett«.

Na, wenigstens nur drei und nicht fünf Meter, tröstete ich mich. Hätte er fünf Meter gesagt, hätte ich mich trösten müssen mit »Gott sei Dank nicht zehn!« Alles relativ.

Dann lag da der Fallschirm im Wasser. Unter ihm ein Gewirr von sich bewegenden Leinen. Sie wirkten wie die Tentakeln eines liebeshungrigen Kraken, der sein Opfer sucht.

»So, jetzt taste dich durch das Leinengewirr von einem Ende des Schirms zum andern.« Die Augen wurden mir verbunden. Bundeswehr-Nacht. »Sonst schafft es ja jeder.«

Zunächst war es ein Gefühl, als schwämme man durch Teichrosen hindurch. Wobei die Pflanzen den Vorteil geboten hätten, daß man ihre Stiele notfalls zerreißen konnte. Die Perlonschnüre nicht. Sie ließen sich nicht einmal durch*beißen*. Selbst mit dem Messer hätte man Probleme gehabt, weil zum ersten Seil sich immer neue gesellten, die einen umgarnten. Es war ein Kampf wie gegen einen Teller voller Spaghetti.

Schließlich war es Abend geworden. Erschöpft plumpste ich ins Bett.

»Anziehen, raus in die Ostsee!«

Gerade hatte ich tief geträumt und ein unangenehmes, aber wichtiges Problem im Traum lösen wollen. Davon hatte mich Schöndorfs Ruf entbunden. Das war das Positive an dieser nächtlichen Ruhestörung. Das Negative ergab sich von selbst. Denn draußen war es Oktober. Und entsprechend kalt, dunkel und salzig. Sogar die Luft war salzig.

»Arbeite dich durch den Tang!« lautete der erste Auftrag.

Um den Steg herum gab es Tonnen dieser wogenden Pflanzen. Sie rochen nach Muscheln, Quallen, Teer und vergammelnden Fischen. Ich rackerte mich durch diesen dicken Teppich hindurch wie durch ein Bett voller zerwühlter Kissen.

»So, und jetzt da hinten an der Kette zum Schiff hocharbeiten und am Heck auf der anderen Kette zum Steg robben.«

Seinen Worten zufolge mußte dort ein Schiff liegen. Sehen konnte man es nicht. Es war stockdunkel. Außerdem hing mir noch kiloweise Tang vor den Augen.

»Jetzt Absprung ins Wasser«, lautete das nächste Kommando, »und nun so auf dem Rücken schwimmen, daß man nur deine Nase aus dem Wasser ragen sieht. Zieh dich unter dem Steg von Pfeiler zu Pfeiler. Paß gut auf, es gibt überall splitterige Bretter.«

»Jetzt schnell ins Schlauchboot!« Ich zitterte mich ins Boot.

Schöndorf und René düsten los. Der Fahrtwind verwandelte meinen Körper in einen Vibrator.

»Wenn wir dir auf die Schulter klopfen, sofort ins Heckwasser springen!«

»Spring aber weit genug und nicht in die Heckschraube«, ergänzte René und versuchte, der Übung einen Hauch Menschlichkeit einzuatmen.

Absprung, klatsch!

Das Motorboot verschwand augenblicklich in der Ferne. Dunkelheit. Schon die kleinste Welle nahm einem die Sicht.

»Wenn du und dein Matrose gleichzeitig über Bord gehen, ist es wichtig, sich sofort durch Zuruf zu verständigen und zusammenzufinden. In der Panik und Dunkelheit besteht ganz schnell die Gefahr, die Orientierung zu verlieren und auseinanderzudriften.«

Hier hatte ich das Glück, einen Motor zu hören. Würde ich von meinem Baumstamm kippen, würde ich gar nichts hören. Er würde für immer am Horizont verschwinden und ich im Magen der Fische.

»Deshalb zieh ein Seil hinter dir her. Mindestens 50 Meter. Am Ende befestige eine Boje mit Reflexstreifen, damit du sie auch des Nachts siehst. Zwar bremst das Seil deine Fahrt. Aber sei lieber zwei Tage länger unterwegs, als gar nicht anzukommen.«

»Trag außerdem immer eine Schwimmweste am Körper und mindestens ein Messer. Wenn man sich in einem Seil verfängt, muß man sich jederzeit blitzschnell befreien können«, riet mir René. »Meist geht es um Sekunden. Um das Risiko zu mindern, sei immer angeseilt. Tag und Nacht. Bei Flaute und Wind. Das Unglück lauert überall. Du kannst ausrutschen, schlägst mit dem Kopf auf und stürzt ins Wasser. Selbst bei Windstille und herrlichstem Sonnenschein kann dir etwas passieren. Zum Beispiel Sonnenstich oder Kreislaufkollaps.«

Längst hatte ich mir alle nur erdenklichen Horrorszenen immer wieder ausgemalt. Auch diese. Dennoch merkte ich, wie gierig ich jeden noch so kleinen Tip aufsaugte und speicherte.

»Und jetzt noch einmal Absprung vom Schiff! Wir werden diesmal drei Knoten fahren und ein Seil hinterherziehen. Du mußt es sofort greifen und versuchen, dich zum Boot zurückzuziehen.«

Meine beiden Trainer stießen sich bereits im voraus schadenfroh gegenseitig an. Trotz der Dunkelheit hatte ich das mitbekommen. Da war mir klar, daß es mir nicht gelingen würde. Und genauso war es. Zwar bekam ich das dicke Seil zu fassen. Aber gegen die Wassergewalt kam ich keinen Zentimeter voran. Lag ich auf dem Bauch, zog mich der Sog unter Wasser. Lag ich auf dem Rücken, fehlte mir die Kraft, mich ans Boot zu ziehen.

»Das wollten wir dir nur verdeutlichen«, entschuldigten sich die beiden, als sie mich herausgefischt hatten.

»Dabei ist zweierlei wichtig. Du mußt dich sofort in die Rückenlage bringen, um nicht zu unterschneiden und zu ersaufen. Du mußt dabei einen Katzenbuckel machen, wie die Kufe eines Skis, um sofort an die Oberfläche zu kommen. Und du mußt dein Seil so am Ruder anbringen, daß es das Schiff aus dem Kurs und zum Stillstand bringt. Denn ab zwei Knoten schaffst du es nicht, dich ans Schiff zurückzuziehen.«

»Glaubt ihr, daß ich's schaffe?« fragte ich schließlich beim Abschied.

Natürlich würden sie ja sagen. Sie konnten mich ja schlecht demotivieren. Aber aus dem Tonfall hoffte ich heraushören zu können, wie überzeugt sie wirklich waren. Mir ging's wie dem Kranken, der hören will, daß er schon wieder sehr gut aussieht, obwohl er weiß, wie sauschlecht es ihm geht.

Doch dann kam ihre Antwort wie aus einem Mund. »Das steht für uns gar nicht zur Debatte. Alles, was du uns bis jetzt von deinen Vorbereitungen und Selbstrettungsideen erzählt hast, ist genauso, wie auch wir eine Aktion angehen würden. Für uns bist du jetzt schon in Brasilien und trinkst mit Annette eine Caipirinha! Durch dich kriegt Wasser endlich einen Balken. Davon haben wir schon immer geträumt.«

Ich jubelte innerlich vor Stolz und genoß das Kompliment wie eine bestandene Prüfung. Da ich von den Kampfschwimmern keinerlei Zeugnis für das überlebte Training erwarten durfte, verlieh ich es mir selbst. In Anlehnung an ihren Leitspruch nähte ich mir auf meinen Overall den Spruch: *Lerne klagen, ohne zu leiden.*

Mein erstes Baumstamm-Modell gefiel mir am besten. Es hatte das Aussehen einer Stabheuschrecke. Die Traversen, die die Ausleger hielten, waren Astgabeln, die ich im Baumstamm verankert hatte. Sie ähnelten weit gespreizten Beinen. Die satteldachartigen Winkel sollten verhindern, daß die Traversen während der Fahrt das Wasser berührten und bremsten.

Obwohl Astgabeln besonders kräftige Stücke Holz sind, mißtraute ich ihnen. Ich stellte mir vor, welche Belastung sie auszuhalten hätten, wenn ein Riesenbrecher mit voller Breitseite gegen die Ausleger träfe. Im Geiste sah ich sie zusammenklappen wie die menschlichen Kiefer nach dem Gähnen. Und ich erinnerte mich plötzlich des Briefzustellers Edgar Gerdts (43) und seiner

Tochter Verena (17) aus Eutin, die im Oktober 1989 den Atlantik im Kajak überqueren wollten. Sie waren gestartet und nie wieder aufgetaucht.

Später sah ich zufällig die Fotos der von Edgar ausgedachten Konstruktion. Er wollte sein Boot mit einem Ausleger kentersicher machen. Diesen Ausleger hatte er mit zwei geraden Aluminium-Profilrohren an seinem Kajak befestigt.

Bei einem Fahrversuch auf kabbeligem Wasser stellte sich dann heraus, daß das Rohr die Wasseroberfläche streifte und sein Boot bremste. Er ließ das Rohr *viermal* zersägen und so zusammenschweißen, daß es nun wie ein Brücke ausreichend hoch über dem Wasser verlief. Das konnte Edgars Schwachpunkt gewesen sein. Ich mochte das Risiko jedenfalls nicht eingehen und entschied mich für solide *gerade* Bäume, die ich einfach auf Bahnschwellen aufbocken wollte, um sie auf diese Weise hoch genug über dem Wasser anzusetzen.

Baum und Bau

Aber vor der Erprobung meiner Modellschiffe war da der Urtest gewesen. Ich kaufte einen angespitzten Pfahl in Max Bahrs Baumarkt, legte ihn auf meinen Teich und gab ihm einen leichten Schubs. Er schwebte davon wie ein Pfeil. Sanft, ruhig und auf gerader Bahn flößte er dahin und mir Vertrauen ein.

Ich schaute ihm mit halb zugekniffenen Augen nach und stellte ihn mir in groß vor: als meinen Baum, wie er majestätisch die See durchpflügte.

»Ob das Meer so was Solides zerstören kann?« fragte ich die Umstehenden. Jeder versuchte eine Antwort. Überzeugt schien niemand. Pessimistenbrut, vermaledeite.

»Wie kann man da sicher sein?« antwortete schließlich einer. »Die *Titanic* galt auch als unsinkbar. Und die war von Fachleuten gebaut. Du bist weder Ingenieur noch Statiker. Du bist nur Vorstadtbäcker und kennst dich aus mit Broten und Paniermehl. Aber du kannst nicht denken, daß alles gutgeht, nur weil dein Modell sich bewährt. Wenn du ein Brot ins Wasser wirfst, schwimmt es zunächst auch sehr gut. Dann saugt es sich voll mit Wasser und versinkt für immer. Um es mal in deiner Bäckersprache auszudrücken.«

»Bei solchen unüberbietbaren Gleichnissen solltest du unbedingt Pfarrer werden. Rein als Hobby. Wie ich als Hobby Seemann bin.« Vielleicht war er ja sogar einer. Denn er konnte darüber nicht mal lachen.

»Genau«, meldete sich ein anderer zu Wort. »Bei Vergrößerungen wachsen die Belastungen quadratisch. Das potenziert sich alles.«

Mein Gott, war der schlau! Ich war also nur Vorstadtbäcker und sollte mich an die goldene Handwerkerregel »Bäcker, bleib bei deinen Bröseln« halten.

»Ihr High-Tech-Philosophen«, versuchte ich meinen Optimismus zu rechtfertigen. »Bei aller Fachmanngläubigkeit vergeßt ihr eine wichtige Grundregel: Holz kann nicht untergehen, Holz schwimmt immer und garantierter als die *Titanic*. Das ist Physik, welche da sagt: ›Ein in eine Flüssigkeit getauchter Körper verliert so viel an Gewicht, wie die von ihm verdrängte Flüssigkeit wiegt.‹ Und ich freue mich über jeden Zentimeter, den der Baum tiefer eintaucht«, log ich, »weil er dann gar nichts mehr wiegt und absaust wie ein Torpedo. Jawoll auch.«

Wenigstens sollten die wissen, daß ich mir schon über vieles Gedanken gemacht und nicht nur Paniermehl im Kopf hatte.

»Du, der fährt ja immer noch«, rief jemand ganz überrascht.

Alle blickten aufs Wasser. Und tatsächlich – immer noch, nach fünf Minuten, schob mein Pfahl eine leichte Bugwelle vor sich her. Der beste Beweis, daß Länge läuft. Besser als alles, was man sonst konstruieren mochte.

Ein wenig waren die Gaffer beeindruckt. Und einer dachte sogar für mich mit.

»Wenn du diesen Pfahl der Länge nach halbiertest und beide Hälften zu einem Floß verbändest, würde die gleiche Holzmasse beim gleichen Anschub nur einen Bruchteil der jetzigen Strecke schaffen.«

Beinahe war ich versucht, ihn zu fragen, ob er mitkommen wollte.

Je länger der Baum, desto besser. Nicht nur, weil Länge läuft und viel Länge schneller läuft, sondern weil ich einiges an Last mitzunehmen hatte. Die Masten, die Hütte, das Trinkwasser, ein Foto von Annette ..., um nur weniges zu nennen. Da summieren sich die Kilo.

Wenn ich durch meine angrenzenden schleswig-holsteinischen Wälder streifte, sah ich zwar mächtige Tannen, wunderschön gerade gewachsen, aber nie und nimmer würden sie den Anforderungen gewachsen sein. Ich hätte ein ganzes Bündel solcher Tannen gebraucht. Und dann wäre meine Baum-Idee zur Floß-Idee verkommen und meine spritzige Kreuzfahrt zu einem Sechs-Monate-Langeweiler.

Die guten deutschen Eichen mit ihrem bierbäuchigen Umfang schieden schon ob ihres spezifischen Gewichts aus. Ich brauchte Max Bahrs Pfahl in groß. Und zwar aus Fichte, Tanne oder Kiefer, getrocknet und zu fünfzig Prozent aus dem Wasser tauchend wie ein putzmunterer Delphin beim Morgensport.

Die frisch geschnittenen Probestücke, die ich ins Wasser warf, erfüllten diese Voraussetzungen nicht. Sie schauten gerade mal zu zehn Prozent heraus. Sollte ich nicht lieber Tropenholz nehmen? Balsa, das weiß jeder Modellbauer und Regenwaldkenner, wäre das Ideale gewesen. Es schwimmt wie Kork. Aber meine Reise war ja auch eine Demo für den Regenwald. Da gab es keine wie auch immer formulierte Entschuldigung, wenn ich mir anmaßte, für den »guten Zweck« eine Ausnahmebewilligung einholen zu dürfen. Also mußte mein heimisches Holz möglichst lange getrocknet werden. Ehe es sich mit Wasser volltrinken und untergehen würde, mußte ich drüben sein. Ratz fatz.

»Wie lange braucht ein Stamm, um so trocken zu werden wie der Pfahl«, fragte ich den benachbarten Förster und Waldbesitzer Willi Wirschal.

»Wenn Sie ihn nicht der Länge nach aufschneiden, dauert das Monate. Denn Baumstämme trocknen fast nur über die Kopf- und Fußenden aus. Den Vorgang können Sie mit einem wassergefüllten Schlauch vergleichen, der sein Wasser nur über die Öffnungen an den Enden verdunsten kann.«

Beispiele, wie ich sie liebe. Bildhaft und praktisch. Da weiß man im Handumdrehen, woran man ist, und muß nicht unbedingt eine Statikerausbildung absolvieren und seinen »Ing.« machen.

»Und wie schnell saugt der sich dann wieder voll?«

»Ich habe das nie ausprobiert. Aber es geht bestimmt schneller als das Trocknen. Jedenfalls müssen Sie ja immer vom Ungünstigsten ausgehen. Am besten, Sie machen einen Langzeitversuch mit Ihrem trockenen Bahr-Pfahl.«

Der schwamm noch irgendwo auf meinem See. Jetzt wurde er vermessen, gewogen und an die Leine gelegt. Nach vier Monaten schaute er noch immer ein Drittel aus dem Wasser.

»Im Salzwasser hat er sogar noch mehr Auftrieb. Rechnen Sie das einfach als Sicherheitsreserve«, meinte der Förster.

Tja – Test hin, Test her. Wo gab es nun eine ausreichend große Tanne? Meine norddeutschen glichen eher Fahnenstangen. Da würde mein Vorhaben zu einem ständigen Balanceakt. Wie auf einem Drahtseil.

»Es gibt in Deutschland nur zwei Gebiete, wo Sie wirklich große Tannen finden können. Das sind der Harz und der Schwarzwald.«

Tatsächlich! Erkundigungen ergaben schnell, dort stünden fünfzig Meter hohe Exemplare von einhundertundzehn Zentimetern Durchmesser!

»R-Quadrat-Pi mal Höhe«, rechnete ich schnell. Und das Resultat verriet: mit solchem Baumvolumen hatte ich eine Chance. Der würde, getrocknet, weit genug aus dem Wasser schauen, um seine Aufgabe zu bewältigen.

»Harz klappt leider nicht«, hieß es dann schon bald. »Der Baum bleibt stehen. Naturschutz.«

Das mußte ich respektieren. Schließlich konnte ich nicht für den Erhalt des Regenwaldes kämpfen und den Harz zur Wüste machen.

Was also tun? Einen kleineren nehmen und doch aushöhlen? Oder aushöhlen und mit PV-Schaum füllen und ihn auf diese Weise massiv lassen mit vermindertem spezifischen Gewicht?

Da meldete sich der Schwarzwald.

»Ja, wir haben eine Tanne. Hundertzwanzig im Durchmesser. Vom Forstamt und der Naturschutzbehörde für Ihren Zweck freigegeben.«

Ja, natürlich kostenlos und wahrscheinlich sogar frei Haus. »Früher hat es bei uns Mengen solcher Bäume gegeben. Und dann wurde vor vielen Jahrzehnten fast der ganze Bestand gefällt und nach Amsterdam verkauft. Amsterdam hatte nämlich keinen festen Untergrund für seine Bauwerke. Da mußten unsere Schwarzwälder Tannen herhalten und für stabile Fundamentierung sorgen. Wie Venedig muß man sich das vorstellen. Das steht ja auch auf Bäumen.«

Den Zuschlag erhielt aber schließlich das Angebot aus dem schweizerischen Emmental. Mein damaliger Noch-Partner hatte einen Freundeskreis aufgetan, der uns ein gewaltiges Prachtstück anbot: »Eine Weißtanne, fast fünfzig Meter hoch, unten einhundertvierzig Zentimeter Durchmesser, dreihundertfünfzig Jahre alt.«

Bis auf »Wahnsinn!« fehlten mir die Worte.

»Und nicht nur das«, schob der Exkumpel nach. »Der Boß des Holzwerkstoffzentrums George Kuratle aus Leibstadt organisiert uns auch den gesamten Transport bis zur Werft nach Hamburg! Alles frei Haus. Er hat nur eine Bedingung daran geknüpft. Allerdings eine sehr wichtige.«

Wußte ich es doch, daß es nichts umsonst gab. Jetzt kam der Haken.

»Und welche wäre das?« fragte ich und bereitete mich auf den 5 000-Mark-und-mehr-Schock vor.

»Wir müssen lebend drüben ankommen.«

Ich atmete auf. Das war machbar.

Mit großen Kettensägen, schweren Geländefahrzeugen und regionalem PR-Rummel wurde das schöne Stück Weißtanne Anfang März 1999 gefällt.

»Noch steht der Baum im Schnee. Während des Winters hat er kaum getrunken. Er ist also leicht. Aber da es nun Frühling wird, wird er beim nächsten Vollmond zu trinken anfangen und entsprechend viel schwerer werden.« (Alles in Schwyzerdütsch.)

Der Stamm war schöner, als ich es je erwartet hätte. Wie ein riesiger Wal lag er vor uns. Gigantisch der untere Bereich. In siebzehn Metern Höhe hatte er immer noch fünfundachtzig Zentimeter Durchmesser.

»Da können wir ihn absägen«, meinte ich. »Er hat ja noch fast ein Jahr Zeit, weiter zu trocknen, er bekommt Schaumkammern und auftriebsstarke Ausleger aus Bambus.«

Als ich vor meinem Riesenwal mit seiner dunklen Haut stand, fragte ich mich, wie ich es anstellen mußte, hier ausreichend große, beinahe grabähnliche Hohlräume für den Polyurethan (PU)-Schaum auszuhacken, mit dem ich ja die Tanne in künstliches Balsaholz zu verzaubern gedachte.

»Könnt ihr mir da einen Rat geben?« fragte ich die beiden Wind- und Wettertypen mit den monströsen Kettensägen.

»Das machen wir gleich mit.«

Motoren an, und im Handumdrehen sägten sie Heck und Bug, schnitten in der Länge eine dicke Scheibe ab wie die Kuppe vom Frühstücksei – das würde mein waagerechtes Deck zum Gehen werden –, und schließlich fraßen die Sägen sieben Hohlräume von einhundertfünfzig Zentimetern Länge und sechzig Zentimetern Tiefe und Breite in den Stamm. Scheinbar mühelos ließen die Männer die Sägen in das Holz eintauchen, wie ein Messer in Butter. Dann kamen noch Kreuz- und Querschnitte. Den Rest besorgte die Axt.

»Schneiden Sie die Löcher nicht zu tief. Der Stamm darf auf keinen Fall platzen. Es stecken unglaubliche Kräfte in solch einem Baum. Im schlimmsten Falle explodiert er Ihnen in zwei Hälften!«

Sägewerksbesitzer Brand kannte sein Gehölz. Also ließ ich reichlich Festholz zwischen den Hohlräumen für die Mastlöcher und die Stabilisierung.

»Die Rinde lösen Sie besser erst in zwei Monaten. Dann geht das wie von selbst. Jetzt wäre das unnötige Quälerei.«

Und dann plötzlich Brands Alarmruf.

»Um Gottes willen, er platzt schon!«

In seiner Aufregung hatte er es in Original-Schwyzerdütsch gerufen. Ich hatte die Worte nicht verstanden, aber sein Körper, seine Augen, seine Gesten drückten sein Entsetzen deutlich genug aus. Jede Sekunde mußte uns der Stamm um die Ohren fliegen. Und tatsächlich. An den Kopfenden der »Gräber« bildeten sich fingerstarke Risse, die sichtbar größer wurden.

»Gurte her! Bauhaken! Schnell!«

Walter Hertig, einer der Umstehenden – er hatte sich gerade alle seine Nehberg-Bücher signieren lassen – sagte: »Ich bin Zimmerer im Nachbarort. Ich hole noch mehr Gurte und beschaffe Bauhaken. Sicher ist sicher.«

Zwanzig Minuten später war er schon zur Stelle. Vier riesige Möbelpacker-Spanngurte legten sich um meinen »Wal«, dreißig Bauhaken krallten sich über die Risse ins Holz – und augenblicklich gab sich der Stamm geschlagen. Wie ein Wildpferd nach dem Einreiten.

Als ich abends, noch ganz aufgeregt von der »Grundsteinlegung«, in meinem Hotel zu Abend aß, erklärte der Wirt: »Das Abendessen ist bereits bezahlt. Der Zimmerer hat das beglichen. Und die Gurte und Haken, soll ich sagen, schenkt er Ihnen auch. Und zum Frühstücken sind Sie nebenan zu ihrem Konditorkollegen König eingeladen.«

Schweizer Gastfreundschaft. Sie tat wohl.

»Welches Ende wird der Bug, welches das Heck?« fragte ich die Leute der Wrede-Werft in Wedel bei Hamburg, wo der Stamm inzwischen gelandet war. Auch der aufwendige Transport war mir von den Schweizern spendiert worden.

Ich überlegte es wirklich. Ich hatte mir beide Stammenden in gleicher Weise, nämlich bugmäßig spitz, zuschneiden lassen. Um jederzeit in jede Richtung fahren zu können.

»Falls ich mich von einem Ausleger verabschieden muß, muß ich jederzeit wenden und mit dem anderen Ende als Bug weiterfahren können«, erklärte ich den Werft-Gebrüdern Wrede. »So machten es viele Südseevölker, deren Fahrzeuge nur mit einem Ausleger ausgerüstet waren. Er war jeweils in der windabgewandten, der Leeseite«. Ich hatte mir das im Hamburger Völkerkundemuseum abgeschaut.

»Ich würde mit dem spitzen Ende voran fahren«, meinte der eine Bruder. »Alle Schiffe sind vorne spitz.«

»Ich würde eher das dicke Ende zum Bug machen. Wie die Hochseeschiffe mit der Tropfennase«, beharrte der andere. Auch andere Befragte hatten völlig gegensätzliche Ansichten.

Also erneuter Test. Ich schnitt mir zwei identisch schwere Bretter mit einem dickeren und dünneren Ende zurecht. Ich legte sie auf meinen Teich und gab ihnen mit einem Querbrett, schwupp, gleichzeitig und gleich stark einen Schub. Dann schaute ich weg. Es sollte werden wie das Auspacken eines Geschenks. Ich wollte mir die Überraschung bis zum letzten bewahren. Welches Brett würde gewinnen?

Mein alter Freund Claus Möller, Steinzeit-Survivor und Bastelgenie, kam gerade hinzu.

»Na, was liegt denn hier wieder an?«

Ich erklärte die Sachlage, glücklich, Zeit zu gewinnen. Er schaute gar nicht aufs Wasser. Er blickte mich an.

»Ist doch klar, welches gewinnt.«

»Welches denn?«

»Na, das mit dem dickeren Bug!«

Er hatte Recht. Als ich mich umdrehte wie ein kleines Kind, das an Weihnachten durchs Schlüsselloch blickt, schwamm Dickbug deutlich vor Dünnbug.

»Woher wußtest du das? Geraten?«

»Nein. Guck doch in die Natur. Jeder Fisch ist vorne dick und hinten dünn.«

»Verdammt«, dachte ich, »die zwanzig Mark für die Bretter hätte ich mir sparen können.«

Na gut, ich bin halt nicht so schlau. Aber immerhin bin ich lernfähig geblieben.

Und allmählich wuchs aus den Versuchen und Modellen mein wirklicher Stamm, ein Trimaran. Ein Stamm mit zwei Auslegern, um ihn gegen das Kentern abzusichern. Die Rinde war längst entfernt, die »Gräber« waren ausgeschäumt, und Bretter bescherten mir ein glattes, schönes Deck mit Seitenleisten gegen das Abrutschen ins Meer. Sie waren nur vier Zentimeter hoch und erwiesen sich später als eine der wichtigsten Sicherheitshilfen. Eine vier Zentimeter hohe Reling also.

Der Schaum war eine Spende von Bayer, die Firma Lackfa aus Rellingen übernahm die Einfüllarbeiten. Er hatte für mich den Vorteil, daß seine Zellen geschlossenporig waren. Sie konnten kein Wasser aufsaugen. Außerdem war er besonders zäh. Er würde also während der ständigen Bewegungen auf dem Meer nicht zerbröseln. Und er war nicht FCKW-aufgeplustert, sondern wassergetrieben. Also umweltfreundlicher als die früheren Schäume. Und schließlich war er auch fäulnis- und verrottungssicher. Das war mir wichtig, falls ich nach totalem Schiffbruch länger als beabsichtigt auf dem Meer zubringen mußte. Mit diesem Schaum konnte ich die Meere auch noch in zehn Jahren heimsuchen.

Nur ein »Grab« ließ ich frei. Nicht für mich, wie böse Menschen argwöhnten, sondern für dreihundert Liter Wasser und zu Ehren der Schweizer deren Nationalgericht – Müsli. Meine eiserne Reserve. Falls ich nur noch den Stamm besäße und alles andere verloren hätte.

Für den Hauptmast und den Kletterbaum hatte ich Löcher aus dem Stamm herausgestemmt. Die auf Kunstharz und Glasfieber spezialisierte Firma Kurotec in Stade machte mir die Ausleger, Hütte und Beiboot. *Greenpeace* übernahm die Befestigung der Traversen, ließ das gewaltige Ruder bauen und verwöhnte mich mit Seilen, Schäkeln und Beschlägen an Bug und Heck. Ich verzauberte den Baum in eine High-Tech-Yacht.

»Wir würden gern mitmachen«, erklärte mir Christoph Thies von *Greenpeace International* in Amsterdam. »Aber wir müssen es bei Rat und Tat belassen. Wir haben das des langen und breiten durchgesprochen. Es wäre sogar ideal, dich als Partner zu haben, weil wir gerade in Manaus/Brasilien ein Büro eröffnet haben, und deine Aktion ideal passen würde, aber ...«

»Aber?«

»Ja, aber *Greenpeace* hat es sich zum Grundsatz gemacht, seine Aktivisten bei Sondereinsätzen jederzeit retten zu können. Und genau das können wir in deinem Falle nicht.«

Schade. Aber es gab dennoch genug Gemeinsames. Zusammen mit der *Gesellschaft für bedrohte Völker* in Göttingen waren Segeltext und Strategie zu besprechen. Wir entschieden uns für den folgenden Text. Ich schrieb ihn auf beide Seiten des dreißig Quadratmeter großen Tuches. Einmal in Englisch, einmal in Portugiesisch:

Fünfhundert Jahre Brasilien!
Tausende von Jahren eingeborener Kulturen!
Millionen von Jahren amazonischer Regenwald!

Zeit zu handeln!

Beschützt die eingeborenen Völker!
Respektiert ihre Landrechte!
Rettet den Regenwald!

Denn nur Vielfalt ist die Garantie für eine lebenswerte Zukunft.

Rat und Tat

Während am Text lange herumgetüftelt worden war, baute ich weiter. Tag für Tag fuhr ich zur Wedeler Werft, zweieinhalb Monate lang. Da waren die beiden dekorativen Steven und die Bugfigur anzufertigen, der Schiffsname zu machen und zu montieren, die Netze zu spannen, der Radarreflektor zu schweißen und – durch die auf Nutzung regenerativer Energien spezialisierte Firma EBV aus Oldenburg – die Solaranlage zu installieren. Auf Anraten von *Greenpeace* fertigten sie mir zwei voneinander getrennte Versorgungssysteme, deren Reparaturanfälligkeit auf ein Minimum beschränkt wurde. Alles war weitgehend wasserdicht verpackt und ohne Schalter.

Dann waren da noch Segelmast, Klettermast, Reservemast und Rah und die gesamte Kleinausrüstung, die tierisch ins Geld ging. Ich war heilfroh, als mein alter Weggefährte aus der Danakil-Wüste und heutiger Boß des »Globetrotter Ausrüstung«-Konzerns Klaus Denart mir kräftig unter die Arme griff. Nicht nur materiell, sondern auch vorbildlich mit aktueller Internetseite (www.globetrotter.de). Klaus und ich sind seit über dreißig Jahren nicht nur Freunde. Wir sind »Blutsbrüder«.

Um niemanden mit Details zu langweilen, lasse ich Fotos sprechen. Aber ein paar Episoden sind es wert, erzählt zu werden.

Ich schraubte die Gallionstaube auf den Bugsteven und pfiff ein Lied.

»Man pfeift nicht an Bord«, rief einer, »das bringt Unglück.«

»Abergläubischer Typ«, brummelte ich in meinen weißen Dreitagebart und wollte ihn ignorieren.

»Das Pfeifverbot hat nichts mit Aberglauben zu tun«, erriet er meine Gedanken. »Pfeifen ist das erste Anzeichen für Stürme«, klärte er mich auf.

Klar, daß sich der Bau eines solchen Fahrzeuges schnell rumsprach. Wedel ist eine Kleinstadt. Und vor allem baute ich mein Schiff in unmittelbarer Nähe zum Hamburger Yachthafen. Da blinken, dümpeln und blitzen mehrere tausend Segelyachten, manche eine halbe Million wert. Entsprechend existierten dazu mehrere tausend Eigner mit ebenso vielen Ehefrauen und noch mehr Geliebten.

Viele dieser feinen, kostenträchtigen Luxusliner hatten es besonders gut. Sie mußten nie hinaus auf die harsche See. Ihre Aufgabe war ausschließlich statusorientierter und repräsentativer Art. Sie waren schwimmende Wochenendappartements. Ab Freitagnachmittag schwebten die zu den Appartements gehörigen Limousinen mit ihren Besitzern, Freundinnen, manchmal Chauffeuren und Gästen ein und füllten den riesigen Parkplatz. Klar, daß viele auch uns, dem Baum und mir, einen Besuch abstatteten. Solche Kuriositäten gab es nicht alle Tage zu bestaunen. Klar auch, daß man gern den Fachmann heraushängen ließ, um Freundin oder mich zu beeindrucken.

»Ich hoffe, Sie kennen die See!« meinte da einer. »Mehr will ich dazu nicht sagen.«

Vielleicht wußte er auch nicht mehr. Antworten konnte ich nicht. Denn sogleich hatte er sich abgewandt und zog sich zurück auf sein schwimmendes Mahagoniteil. Nur »Spinner« und »Weltverbesserer« hörte ich noch.

»'ne komische Art zu sterben haben Sie sich da ja ausgedacht«, witzelte ein anderer.

Und eine Frau, in feinstes Tuch gehüllt, christbaumgleich mit reichlich Schmuck dekoriert, fragte: »Mit welchem Recht hissen Sie hier im Hamburger Yachthafen eine brasilianische Fahne?« Sie wollte wohl ihren Sportbootführerschein zur Kenntnis bringen.

Ich hielt das für einen Witz und befestigte die zweite Fahnenschnur für die deutsche Fahne am gegabelten Hecksteven.

»Ich habe Sie was gefragt. Mit welchem Recht ...«

Die meinte es tatsächlich ernst.

»Desculpe, Senhora, não entendo alemão. Eu sou Brasileiro. Aquí é a bandeira do meu pais. É bonita, não é verdade?«

Ich quatschte sie einfach auf portugiesisch an, streichelte meine angebliche Landesflagge, schenkte ihr mein unter diesen Umständen höflichstes Lächeln und ließ mich nicht weiter stören.

»Unverschämtheit! Ausländer!« schnaufte sie und verschwand in Richtung Bootsluxus. Später hörte ich, sie habe sich tatsächlich beim Hafenmeister beschwert.

»Wollen Sie den Baum eigentlich nicht aushöhlen?« Wieder einer von den Auch-Bootsbauern.

»Nein. Dazu bin ich zu faul.«

»Ja, aber dann schwimmt er ja gar nicht.«

»Das ist mir egal. Zuviel Arbeit. Denn dann müßte ich ja jetzt wochenlang hacken und später wochenlang schöpfen. Das halt ich ja im Kopp nicht aus.«

»Sind Sie Herr Nehberg?«

Ich wartete seine Frage gar nicht erst ab.

»Das ist eine Tanne, massiv, siebzehn Meter, 140 Zentimeter Bug-Durchmesser, dreihundertfünfzig Jahre alt, Schweiz, Afrika-Brasilien, zwei Monate ...« – mein Telegrammtext.

Je nachdem, wie sympathisch mir der Fragensteller war, legte ich pro Komma eine mehr oder weniger lange Pause ein. Für Feintuchsegler wies ich mitunter nur auf das Schild mit gleichen Aussagen vorn am Bug. Sonst kam man ja nicht mehr zum Arbeiten.

»Sind Sie *Rüdiger* Nehberg?«

»Ja, was gibt's denn?«

»Gott sei Dank habe ich Sie gefunden! Seit zwei Tagen habe ich mich durch ganz Hamburg gefragt. Ich war heute morgen auch bei Ihnen in Rausdorf.

»Ja, worum geht's denn?«

»Ich habe eine große Bitte. Ich bin wohlgeneigter Leser Ihrer

Bücher (hat er wirklich gesagt) und außerdem studiere ich Soziologie.« Was der Schöpfer doch alles zuläßt, staune ich still.

»Ich habe es mir zur Aufgabe gemacht, jeweils zwei Wochen im engsten Umfeld mit verschiedenen Persönlichkeiten zu leben. Das heißt, in deren Wohnung, wie ein Familienmitglied, dasselbe essen wie sie, und so weiter. Ich bin auf der Suche nach der idealen Lebensform für mich selbst. Darüber will ich dann mein Staatsexamen machen.«

»Du kannst mir beim Bauen helfen«, schlug ich vor. »Für alles andere habe ich gar keine Zeit. Und kein Interesse.« Damit keine Unklarheiten aufkamen. »Gerade das möchte ich vermeiden. Wenn ich Ihnen helfe, verändere ich ja Ihren Lebensrhythmus. Sie hätten dann zum Beispiel früher Feierabend. Ich möchte Sie nur beobachten. Weiter nichts.«

Und meinen Kühlschrank leeren, erlaubte ich mir zu denken. Ich glaubte, daß im nächsten Augenblick jemand auftauchen würde, um mir zu offenbaren, daß es sich um einen Beitrag für die »Versteckte Kamera« handele. Aber der Typ war echt. Ein echter Soziologe. Oder Unsoziologe. Je nachdem. Die raffinierteste Art, sich durchs Leben zu schmarotzen. Ein Edel-Bettler.

Zu Hause trudelten derweil einige Faxe mit Hilfsangeboten ein. Eines von einem gewissen Norbert Sowieso. Er fände mein Vorhaben toll und wolle mir gern helfen. Völlig kostenlos. Zwei beigefügte Seiten belegten seine Top-Qualitäten als Profisegler. Lehrgänge hier, Examen dort, Regatten woanders. Dem Mann fehlte eigentlich nur noch eins: Er mußte dringend ein Fachbuch für Segler schreiben. Und eine solche Koryphäe wollte mir gnadenlos, pardon, kostenlos helfen.

»Ich habe diverse Schwachpunkte am Baum entdeckt. Aber noch ist es ja nicht zu spät.« Ganz anders als der Unsoziologe von eben. Hier stand handfeste Hilfe an. Ich sagte gern zu.

Um es auf den Punkt zu bringen: Norbert brachte mir mein Rundum-Drahtseil an, das die diagonalen Bewegungen der Traversen verhindern sollte. Das machte er absolut professionell.

Aber dann ging es los!

»Was ist, wenn dein Mast bricht? Gibt es einen Plan A, B, C? Ich denke, drei Reserven solltest du mindestens haben.«

»Ich kann nicht noch einen Baumstamm mitnehmen. Aber ich habe drei Bambusrohre à zehn Meter als Ersatz für Mast und Rah. Und ich habe ein kleines Ersatzsegel, mehr brauche ich nicht.«

»Ich merke schon, du meinst es gut, aber wir müssen jetzt unbedingt drei Alternativen für den Notfall ausarbeiten. Laß mich nur machen. Kostet dich ja nichts.« Offenbar wollte Norbi nicht nur Zeit, sondern auch Kapital investieren.

Und zu Annette flüsterte er: »Mäuschen, mach dir schon mal Gedanken, wie du den Segeltext auf drei kleine Segel verteilst für Plan B.«

Nun, Norbi hatte das Drahtseil gut gespannt. Sollte er meinetwegen noch mehr für die Sicherheit tun. Nachts, wenn ich ihn schlafend wähnte, war er immer noch unermüdlich für *THE TREE* im Dienst und ratterte mir dutzendweise Fax-Seiten mit Berechnungen durch. Auch das war ja noch akzeptabel und hätte mich mit Dank erfüllen sollen.

Doch dann ging es los! Als wäre er der reiche Onkel aus Amerika: Rollenweise trafen Seile ein, fünfzig Karabinerhaken aus Edelstahl, fünfzig Blöcke, Netze, drei gewaltige Seilspanner – im Gesamtwert von 5000 Deutschen Mark!!

Aber das bezahlte nicht der gute Onkel aus Amerika. Erst recht nicht Norbert. Die Rechnungen liefen bei *Globetrotter* auf, bei *Greenpeace* und bei mir. Ich war nur noch am Erklären, Entschuldigen und am Zurückgeben.

Seine navigatorische Meisterleistung legte Norbert bei der Taufe hin. Er band das Segel an die Rah, als hätte mir das eine Hausfrau besorgt, die nur Schuhe zubinden kann. War das schon peinlich genug, setzte er dem Ganzen die Krone auf, als er die Rah an der falschen Seite des Mastes, nämlich heckwärts, montiert und hochgezogen hatte. Und das war nicht mehr zu ändern. Die ersten Gäste trafen bereits ein.

Da habe ich auch Norbi schnellstens zurückgegeben, wie all das überflüssige Schicki-Micki-Material, und auf seine bestimmt wertvollen Notpläne A bis C notgedrungen verzichten müssen. Wie gut sie auch gewesen sein mögen. Denn ich habe sie nie gelesen. Ich hasse episch langatmige Briefe und Gebrauchsanweisungen.

Geradezu wohltuend wirkten dagegen die Ratschläge des Trimaran-Experten Kurt Diekmann aus München. Die Werft hatte ihn mir empfohlen.

»Wir führen kaum noch Neubauten durch. Wir überholen Schiffe aller Art, und mit Trimaranen haben wir null Erfahrung«, hatten sie selbst passen müssen.

Kurt Diekmann, als Gutachter mit reichlich Arbeit ausgelastet, bat um drei Tage Zeit. Und genau dann folgten prompt seine umfangreichen Überlegungen.

»Ich habe noch nie ein Baumschiff berechnen müssen ..., umgeschaut bei den in der Südsee gebräuchlichen Auslegerbooten ... bei Zugrundelegung von Länge und Gewicht ihrer Tanne empfehle ich Ihnen, den Auslegern je eine Tonne Auftrieb zu geben und sie sieben Meter weit auseinander zu setzen ...«

Das waren Fakten, die mir weiterhalfen. Ich habe sie realisiert. Nur bei den Auslegern habe ich gemogelt. Ich habe sie auf sechs Meter Breite reduziert. Nicht um schmaler und damit schneller zu sein. Auch nicht, um Holz bei den Traversen zu sparen. Nein, der Grund war ein ganz anderer: Ich hätte sonst nicht durch die Rathaus-Schleuse in Hamburg gepaßt. Aber die mußte ich passieren. Denn die Taufe sollte im Herzen meiner Heimatstadt Hamburg stattfinden. Vorm Rathaus. Wie 1991 beim Bambusfloß.

Die letzten Handgriffe, die Montage der Traversen, der Ausleger, der Masten und der Schutz-Hütte, mußten wir im benachbarten Hamburger Yachthafen durchführen. Denn nun wurde es auf Wredes Werft eng. So eng wie später in meiner kleinen Hütte.

Tauf und lauf!

Schließlich war es soweit. Ich wurde zu Wasser gelassen. Wie weit würde nun, mit all den Aufbauten, das Schiff aus dem Wasser schauen? Noch genug, um auch nach zwei oder gar vier Monaten, wenn der Baum seinen Durst gelöscht hatte, Auftrieb zu haben? Oder waren es nur zwei Zentimeter? Würde er überhaupt waagerecht liegen, oder würde einer der Ausleger tiefer eintauchen als der andere? Würden die Gurte ächzen oder einwandfrei halten?

Um es kurz zu machen: Ich lag traumhaft! Die Schiffe rundherum hupten, bimmelten, trillerten. Ehrengeläut. Ich hörte die zuschauenden Menschen klatschen – und weinte eine Träne vor Freude. Besser konnte das Schiff gar nicht liegen. Der Bug ragte vierzig! (nochmal genüßlich buchstabiert: v-i-e-r-z-i-g) Zentimeter aus dem Wasser, das Heck zehn. Eine Traum-Stromlinienform. Und waagerecht und solide. Ich vollführte einen Freudenhüpfer auf meinen Netzen. Das war nun meine Heimat für die nächsten Monate. Ab zur Testfahrt auf der Elbe! Ab zur Taufe.

Seefahrtsexperten von *Greenpeace* zogen mich aus Wedels Hafen, hinaus auf den großen Strom, begutachteten Verhalten und Dynamik. Und sie waren überrascht. Erst einmal in Fahrt, war der Baum kaum zu bremsen. Ganz bewußt zogen sie mich mit großer Geschwindigkeit auch kreuz und quer durch die etwas höheren Wellen der vorbeifahrenden Ozeanriesen. Nie hatte der Bug Probleme, sich über Wasser zu halten. Ich empfand ein starkes Gefühl von Glück und Sicherheit, als *Greenpeace* mich schließlich vorm Rathaus ablieferte. Von wegen also Bruchbude und U-Boot! Ha.

Während all dessen hielt mir Annette den Rücken frei. Auch bei der Taufe und Pressekonferenz. Die Senatskanzlei hatte uns die Sondergenehmigung für den illustren Liegeplatz erteilt. Die Medien waren zur Pressekonferenz geladen. Die Meierei Trittau sorgte für die Getränke, mein alter Bäckerkollege Horst Röben fuhr gar einen ganzen Transporter warmer Butterkuchen und Ciabatte an, und die brasilianische *Banda Sol da Bahia* umrahmte den Akt dekorativ und rhythmisch, daß die Innenstadt erzitterte.

Greenpeace, GfbV und der brasilianische Gesandte Eduardo da Costa Farias als mein Ehrengast hielten kurze Reden und wünschten der Aktion allen erhofften Erfolg.

Martin Kaiser von *Greenpeace* hob hervor, welche Bedeutung dem Regenwald und spektakulären Aktionen zukommt. »Es nutzt manchmal nichts, ständig höfliche Briefe zu schreiben. Wenn ein Umdenken der Politiker nicht spürbar wird, dann hilft es oft, mit spektakulären Aktionen eine breite Öffentlichkeit zu erreichen und hinter sich zu scharen. Sie kann helfen, politische Denkweisen zu verändern.«

Tilman Zülch, Präsident der *GfbV*, übernahm den politischen Teil und verwies auf die 500 Jahre währenden Verbrechen und Versäumnisse Brasiliens. »Der 500. Geburtstag ist ein unwiederbringlicher Anlaß, eine Wende in Sachen Menschenrecht und Naturschutz einzuleiten.«

Der brasilianische Gesandte wollte nicht zurückstehen. »Wenn ich Ihnen irgendwie helfen kann, dann lassen Sie es mich wissen.«

Er sagte das so überzeugend, daß ich fast erschrak. Hätte womöglich ein einziger Anruf in Bonn genügt, und ich hätte mir die ganze Reise sparen können? Bloß das nicht, dachte ich verwirrt. Dann war ja die ganze Arbeit umsonst!

Schließlich folgte der eigentliche Taufakt! Die Firma Seeland war mit einem Riesenkran aufgekreuzt. Spielend leicht hebt er 100 Tonnen. Heute sollte er sich ausruhen. Mein Baum wog nur 12 Tonnen. Das schaffte er mit einer einzigen Faser seines dicken Drahtseils. Zentimeter für Zentimeter wurde das Baum-Ungetüm aus dem Wasser gehievt. Höher, höher, noch höher. Bis er fünfzig Meter über dem Rathausplatz schwebte. Sanft drehte er sich im Wind. Wie eine große Linienmaschine der Lufthansa vor der Landung. Ein imposanter Anblick. Behutsam wurde er dann wieder herabgelassen.

Das war der große Moment für die neunjährige Sophie. Sie sollte den Taufspruch verkünden. Behende kletterte sie an Bord und nach oben auf den Klettermast. Per Seil war sie gesichert, um den Hals ein Mikrofon gehängt.

Dazu wäre noch zu sagen, daß nach eiserner Seemannstradition die Taufe durch eine Jungfrau zu erfolgen hat. Das Problem, eine zu finden, war beinahe größer, als die gesamte Arbeit am Baumstamm. Ich habe mir in Hamburg die Hacken abgelaufen. Ich habe im Hamburger Abendblatt inseriert. Ich habe in Freundeskreisen herumgehorcht. Ergebnis: In Hamburg war keine einzige zu finden. Und sie sollte ja auch nicht jünger als sechs Jahre sein. Aber so ist das eben bei uns im Norden.

Deshalb weitete ich die Fahndung nach Süden aus. Und dort wurde ich in Baden-Württemberg fündig – Sophie stammt aus Offenburg.

Wenn die so aufgeregt ist wie ich, hat sie glatt den Tauftext vergessen, schoß es mir durch den Kopf. Schnell legte ich mir den Text aufs Rednerpult. Für alle Fälle. Da hörte ich schon ihre klare Stimme:

»Lieber großer Baum,

Du hast einen weiten Weg hinter dir.
Du kommst aus der Schweiz.
350 Jahre hast du überlebt.
Und nun sollst du wieder eine große Reise machen
und uns helfen, damit auch der Regenwald
und die Indianer in Brasilien überleben können.
Ich wünsche dir, daß du dein Ziel erreichst,
und taufe dich auf den Namen:
›THE TREE‹«

Blond, blauäugig, clever und keck, ganz anders, als Gerüchte es Blondinen nachsagen, hielt sie ihre Taufrede, öffnete einen Piccolo und taufte das Schiff, seilte sich survivalmäßig ab und stand wieder auf dem Deck. Professionell.

»Menschenskind«, lobte ich sie, »bevor du loslegtest, hatte ich richtig Angst, daß du es vor Schreck nicht schaffen würdest.«

»Ich hatte auch Angst«, gestand sie. »Aber nicht, daß ich den Text vergessen haben könnte. Ich hatte Angst, daß ich vor Übermut das andere Gedicht aufsagen würde.«

»Was für ein anderes Gedicht?«

»Na das, was ich statt dessen aufsagen wollte. Willst du es hören?«

»Na klar.«

Und dann sprudelte sie es lachend raus:

»Lieber großer Baum,
du bestehst aus Schaum.
Du bist mir nicht geheuer.
Man sollte dich verfeuern.«

Sophie ist die Tochter von Annette (40). Also kein Wunder. Annette war längst zur Managerin im Hintergrund avanciert, zu meiner Aktionsreferentin. Ohne sie wäre ich bestimmt noch immer am Bauen. Ohne sie hätte ich die PR-Aktion und die Taufe nie geschafft. Ohne sie läge ich jetzt in der Klapsmühle, und der Baum würde immer noch in des Nordens vornehmer Kühle vor sich hin frieren, statt auf des Atlantiks warmen Wellen vor Lust zu tanzen.

Denn in den letzten 14 Tagen war der Bär los gewesen. Das Telefon und die Faxmaschine spielten verrückt und spuckten Meldung um Meldung aus. Ständig mußte ich mich zur Ruhe rufen und mir einhämmern: »Bleib ganz cool. Was heute nicht mehr zu schaffen ist, erledigst du morgen.«

Wichtig war, Prioritäten zu setzen, und die Hauptsache, das Schiff einigermaßen taufklar zu haben.

Und für eben diesen Streßfall hatte ich Annette. Von Haus aus ist sie Arzthelferin, dann Lehrerin im Halbzeitjob, jetzt im Vollzeitjob Aktionsreferentin bei mir. Sie ist kreativ, diplomatisch und selbstbewußt. Und rotzfrech, wenn's sein muß. Und das mußte es manchmal. Sonst wurde man von den noch Frecheren untergebuttert. Und Frauen ganz besonders.

Für Annette stellte die Nachrichtenflut kein Problem dar. Sie betrachtete Belastung als Test ihrer Leistungsfähigkeit. Wie ein Straßenkünstler jonglierte sie hin und her und kreuz und quer mit zwei Handys, dem Festtelefon, dem Faxgerät, dem Anrufbeantworter. Parallel nutzte sie ihre beiden Ohren, den Mund, Beine, Arme, Kopf und Hände mit der Virtuosität eines Akrobaten, bediente Fragensteller mit Endlosgeduld, fotografierte neben alledem sämtliche Phasen der Aktion und bedauerte dann noch, daß nicht jeder der Tage 30 Stunden hatte statt armseliger 24.

Zu guter Letzt hißten wir das Rahsegel mit unserer Botschaft. Damit war die Taufe beendet.

Aus meiner Sicht war sie ein voller Erfolg gewesen. Die Medien waren reichlich vertreten, und die Berichterstattung war optimal. Meine Sorgen wegen der »dritten Atlantiküberquerung«, die keinen Hund mehr hinterm Ofen hervorholen würde, hatten sich als unnötig erwiesen.

Nur einer war sehr unzufrieden. Das war Jo K. aus Essen: »... da nennen Sie sich ›Aktivist für Menschenrechte‹ ... kennzeichnend ... um Probleme kümmern, die möglichst schön weit entfernt von Deutschland bestehen ... es gibt genug zu tun im eigenen Land ... Scharlatan, den Baum *THE TREE* und nicht *DER BAUM* zu nennen ...«

Der Brief endete »mit dem Gegenteil dessen, was man unter Hochachtung versteht«.

Die Fahrt auf der Elbe hatte mir zwei wertvolle Erfahrungen beschert. Die eine betraf das Ruder. Es war viel zu groß. Bei der Dimensionierung war der Hersteller davon ausgegangen, daß der Baum schwerfällig und langsam wäre. Dann muß ein Ruder auch entsprechend groß sein. Meines maß mehr als einen Quadratmeter. Es war so schwer zu handhaben, daß ich den Druck, der bei nur einem Knoten (= 1 Seemeile pro Stunde) auf das Ruder wirkte, per Hand kaum mehr zu bewältigen vermochte. Ab 2 Knoten war es dann völlig aussichtslos. Da half nur ein Flaschenzug. Aber der komplizierte alles enorm. Er bescherte mir Fallstricke und Bremsen, weil einige Seile im Wasser verliefen. Das Ruder wäre ideal gewesen für die Monsterfrachter, die da ständig auf der Elbe vorbeizogen.

Die Fahrt auf der Elbe hatte aber auch gezeigt, was mir Max Bahrs Pfahl ja längst in Aussicht gestellt hatte: Mein Baum war schnell wie ein ICE mit der üblichen Verspätung. Statt der geplanten sechs Schleppstunden von Wedel bis vors Rathaus benötigen wir nur schlappe einhundertdreißig Minuten! Damit erübrigte sich das Argument mit dem großen Ruder. Ich holte die Flex und halbierte das Riesenteil. Das Problem war gelöst.

Die Schnelligkeit des Baumes hatte einen weiteren Vorteil zur Folge. Sie ermutigte mich, noch einmal vorstellig zu werden beim Hersteller der automatischen Windsteueranlagen. Peter Förthmann, Chef dieser Wunderwerke, hatte bei erster Nachfrage abgesagt. Jetzt schenkte er mir ein komplettes Steuer.

Das wiederum bescherte mir den nächsten Vorteil. Ich brauchte nach keinem zweiten Mitfahrer mehr Ausschau zu halten. Ich war unabhängig. Die Windpilotanlage war mein Hilfsmatrose.

Vom ersten Matrosen hatte ich mich nach immer neuen Vertrauensbrüchen getrennt.

Ich demontierte den Flaschenzug und bewahrte ihn auf. Ich wollte ihn mitnehmen. Auch er sollte mir notfalls den zweiten Mann ersetzen, wenn Kraftakte erforderlich wären.

Und noch etwas veränderte ich. Ich ließ das Segel größer machen. Das war keine Folge irgendeiner Berechnung, sondern reine Gefühlssache. Wenn ich mir die Fotos vom Rathausmarkt anschaute, wirkte das Segel immer wieder irgendwie zu mickrig auf mich.

»Lieber größer«, bat ich deshalb den treuen und hilfsbereiten Segelmacher Jürgen Diekow, »damit ich auch in den Flauten noch eine kleine Chance mehr habe. Kleiner kann ich es ja jederzeit machen.« Eine gute Entscheidung, wie sich später zeigen sollte.

Jetzt hatte ich nur noch einen letzten Schwachpunkt. Das waren die Ausleger. Wenn sie breitseits von großen Wellen getroffen würden, würden enorme Hebelkräfte wirksam, und sie könnten samt der Haltekonstruktion zu Bruch gehen. Ein Kubikmeter Wasser wiegt immerhin eine Tonne. Und wenn die mit drei Stundenkilometern anrauschen, sind das bestimmt zwei Tonnen. Deshalb verstärkte ich die Traversenverbindungen mit schweren Aluminiumgürteln und weiteren Möbelgurten. Sollten sie im Sturm dennoch zu Bruch gehen, wollte ich versuchen, beide Ausleger zu einem Katamaran zusammenzubringen. Vorn sollte mein Beiboot für den idealen Zwischenraum sorgen. Achtern sollte die Hütte aufgebunden werden. Alles zusammen ergäbe eine solide, manövrierfähige Einheit. Wie ein Katamaran.

Hinter der Hütte war ein Notruder vorgesehen. Ein Bambusrohr sollte den Mast ergeben. Ein kleines Segel würde ich aus den Resten des zerrissenen großen machen können. Ich kam mir vor wie Hardy Krüger im Film »Flug des Phoenix«, als er aus einem abgestürzten Doppelrumpf-Flugzeug ein einfaches machte, das wieder funktionsfähig war.

»Der einzige Nachteil«, erklärte ich Fragenden, »wäre, daß ich ohne das markante Segel mit dem politischen Appell in Brasilien einträfe. Survivalmäßig wäre mir das peinlich.«

»Und wenn alles heil bleibt und nur der neun Meter lange Hauptmast bricht?«

Fragen hatten diese Leute! Da konnte ich fast meine Migräne oder die Regel kriegen.

»Egal, wo er bricht: Der Restmast ist in jedem Falle mindestens viereinhalb Meter lang. Das wäre der Fall, wenn er in der Mitte bräche. Viel wahrscheinlicher ist der eine Teil aber länger. Und damit bleibt der Baum mit gerefftem Segel fahrbar.«

»Aber das mit dem Katamaran kriegst du nie hin. Ich meine kräftemäßig. Du unterschätzt die See.«

Irgend so'n Arnold Schwarzenegger hatte sich vor mir aufgebaut. Er ließ seine Muskeln spielen, und jeder einzelne wirkte wie ein Flaschenzug. Wollte der sich bewerben? Bloß schnell vorbeugen. Für so viele Muskeln, Goldkettchen und die Rolex war niemals Platz in meiner Winzlingshütte.

»Dann fahre ich *nur* mit dem Beiboot weiter. Auch das ist segel- und steuerbar vorbereitet.«

»Hast du Funk dabei?«

»Ja, ich habe ein Satellitentelefon. Für Schiffe in Sichtweite habe ich überdies ein UKW-Handsprechgerät. Ich verfüge über Raketen, orangefarbenen Rauch, und für den allerletzten Fall habe ich ein Epirb.«

»Was für'n Pörb?«

»Ein Epirb. Das ist ein handygroßes, seewassersicheres Gerät, das ich immer am Körper trage. Wenn ich absolut in der Scheiße stecke, muß ich nur die Antenne ausfahren und einen Knopf drücken. Das Gerät sendet dann über Satellit ein Signal zu einer Auffangstelle in Europa, und dort weiß man dann aufgrund der Codierung genau: ›Aha, *THE TREE* sitzt in der Patsche.‹ Sie können mich auf zwanzig Meter genau orten und mir vom Flugzeug aus frische Baguettes abwerfen.« Ich litt irgendwie unter Baguettomanie.

In der Tat, dieses kleine technische Wunder war meine Lebensversicherung. Es heißt »Kannad 406 XS«.

»Mensch«, meinte da endlich einer, der den Durchblick hatte, »dann bist du ja besser ausgerüstet als mancher Dampfer.«

Er hatte es begriffen. Ich hatte es ja schon immer gesagt. Ich war ein High-Tech-Renn-»Tree«maran. Unsinkbar. Das sollten mir andere Schiffe erst einmal nachmachen. Trotz der technischen Raffinessen hatte ich außerdem die 50 Meter lange Leine, die ich am Ruder befestigt hatte. Ihr Ende war unübersehbar mit einer Leuchtboje markiert. Sollte ich gegen alle selbstgegebenen Regeln doch einmal unangeleint ins Wasser stürzen, würde der Ruck das Steuer herumreißen und das Schiff zum Stillstand bringen. Denn das wußte ich aus Erfahrung und vom Kampfschwimmer-Training: Schon bei zwei Knoten hatte ich kaum die erforderliche Kraft, mich zum Schiff hinzuziehen.

Ein uralter Seebär sah mich werkeln.

»Dat is god, min Jong. So mut dat sin. Dat is ne alde Seeforerregel: Ene Hand fors Schip un de annere för di sölver.«

»Na, und wie findest du das?« fragte ich Schwarzenegger.

»Ich würde doch lieber zu Hause bleiben«, war seine Antwort. Und ich fragte mich, wofür der seine Muskeln hatte.

Und dann kam ein Neunjähriger. Seit einer halben Stunde war er immer wieder neugierig um den Baum herumgeschlichen. Er hatte dies angefühlt und jenes bestaunt. Ich hatte das Gefühl, er wollte mitfahren. Als Schiffsjunge. Oder als Klofrau.

Als alle anderen gegangen waren und auch von Schwarzenegger nur noch das After Shave gegen den Meeresduft ankämpfte, meldete er sich zu Wort.

»Hast du eigentlich nie Angst?«

»Angst wovor?«

»Na, daß dir mal keine Abenteuer mehr einfallen?«

Ich mußte laut lachen. So eine gute Frage hatte ich schon lange nicht mehr gehört.

»Da kann ich dich beruhigen. Ganz im Gegenteil: Die vielen Abenteuer, die möglich sind, haben Angst, daß ich sie gar nicht mehr erleben kann. Es wird Zeit, daß du mich ablöst.«

Flops und Tops

Soweit lief alles gut. Die Restarbeiten führte ich auf dem Gelände des Wasser- und Schiffahrtsamtes Wedel durch. Hier hatte ich endlich einen Riesenplatz, eine liebevolle Betreuung und eine voll ausgerüstete Werkstatt gleich nebenan. Der ideale Bauplatz. Das hätte ich eher wissen sollen.

Auf der Werft und im benachbarten Yachthafen herrschte inzwischen – es war Herbst geworden – Hochkonjunktur. All die tausend Luxusliner mußten aus dem Wasser geholt und winterfest abgeparkt werden. Sonst erkälteten sie sich.

»Da stört dein Monster. Egal, wo wir es hinlegen«, meinte Yachthafen-Manager Peter Gergs. Er hatte mir vor vierzehn Jahren schon beim Tretbootbau geholfen.

Aber dann hagelte es Hiobsbotschaften.

Nummer eins: Über Norddeutschland tobte Orkan Lothar hinweg. »Stärker als der von 1962«, hieß es in den Nachrichten. Ich war mit Diavorträgen in Wien. Und die Hochwasserflut von '62 hatte ich erlebt. Ich konnte die ganze Nacht kein Auge zutun. Mein Baum lag nämlich *vorm* Deich. Hatten die Leute vom Schiffahrtsamt rechtzeitig geschaltet? Oder war mein Baum bereits auf Reisen? Ohne mich? Es war Nacht, und ich konnte niemanden telefonisch erreichen.

Anderntags um acht Uhr der erlösende Anruf. Chef Hartmut Kieselbach hatte ihn vorsorglich an vier Betonklötzen verankert. »Sonst wär' der schon in Helgoland«, meinte er lachend. Und Kieselbach lachte selten. Obwohl er Humor hatte.

Hiobsbotschaft Nummer zwei: »Die Reederei, die Sie am 5.12. für dreitausend Mark in den Senegal mitnehmen wollte, ist pleite.«

»Verdammt! Konnten die nicht vier Wochen später eingehen?« fluchte ich. Wahrscheinlich waren die immer zu billig gewesen. Nicht nur in meinem Falle. Pleite hin, Pleite her – was nun?

Mein TV-Team gab sich pfiffig. Die Ton-Frau rief an.

»Wir haben da was. Einen Frachter, der kurz vor Weihnachten fährt.«

Das war eine gute Nachricht. Aber der Haken ließ nicht lange auf sich warten.

»Er kostet allerdings 27 000 DM. Und er hat nur eine Kabine. Da muß Annette zu Hause bleiben. Denn aus Sicherheitsgründen dürfen die Kabinen nicht überbelegt werden. Nur der Kameramann, du und ich können mit.«

»Wieso denn das? Ich brauche Annette für die Fotodokumentation. Dann muß jemand von euch hierbleiben. Wofür müßt ihr zu zweit sein? Die drei Minuten Film kann man doch auch auf der Strecke von Hamburg nach Amsterdam filmen und in Holland wieder aussteigen.«

»Wir müssen zu zweit sein, weil wir diese lange Phase der Reise benötigen, um den *Menschen Rüdiger* einzufangen. Das geht nicht mal eben in wenigen Stunden.« Und dann folgte der Satz, den ich schon ein dutzendmal gehört hatte: »Sonst nimmt der NDR den Film nicht.«

Der Norddeutsche Rundfunk wollte fünfundvierzig Minuten im dritten Programm bringen. Für mich bedeutete der Film einen wichtigen Abschluß des Vorhabens.

»Ihr habt die Bauarbeiten doch auch oft nur mit der einfachen Kamera und ohne Ton gedreht. Was wollt ihr vierzehn Tage von mir an Bord herumfilmen? Wer will denn fünfundvierzig Minuten meinen Kopf sehen?«

»Das kann ich dir erklären: Weil wir das im Exposé so angeboten haben.«

»Ich dachte immer, ihr wollt eine Dokumentation drehen und keinen Kinofilm. Da kommt es halt oft anders als geplant.«

»Das magst du wohl laut sagen. Da ist nämlich noch was«, meinte sie putzmunter. »Das Schiff kann den Baum nicht montiert mitnehmen. Du mußt den Baum zerlegen. Er kann erst im Senegal wieder zusammengebaut werden.«

Ich glaubte nicht richtig zu hören. All das mühsam Zusammengewerkelte wieder zerbröseln? Und im Senegal zusammenbauen? Bevor ich das geschafft hätte, wäre mein halber Baum geklaut. Das waren keine rassistischen Vorurteile, sondern Erfahrungen vergangener Reisen.

Und überhaupt: 27 000 DM! So teuer sollte die ganze Reise nicht werden.

Panisch holte ich andere Angebote ein. Sehr schnell sprudelten sie aus dem Faxgerät. Schon beim ersten schlug ich der Länge nach auf den Teppich: ebenfalls 27 000 DM! Dann folgte ein anderes: 53 000 DM. Das dritte schließlich stellte alles in den Schatten. Es war der absolute Rekord. 83 000 DM! Und nicht nur das und mal eben so. »Plus Verladekosten«, hieß es, »plus Festlaschung auf dem Schiff, plus Mehrwertsteuer ... Aber die können Sie ja absetzen.« Der übliche Blödschnack. Plus, plus, plus. Und dabei lachten die Anbieter noch, telefonisch, als handele es sich um einen Freundschaftspreis. Ich konnte ihr Lachen durchs Telefon deutlich hören. Da saßen keine Freunde. Da hockten Feinde, die auf meine Kosten ihre marode Firma zu sanieren gedachten.

Notgedrungen akzeptierte ich die 27 000-DM-Offerte. Mit ausreichend vielen Kabinen. Start Silvester 1999. Genau dann, wenn weltweit die Computer zu kollabieren drohten. Dem Millenniums-Kollaps würde ich glücklich entkommen. Das war immerhin ein gutes Omen.

Die Summe war nicht in meiner Kalkulation enthalten. Sie warf mich ziemlich aus dem Konzept. Ich spurtete zur Bank, um sie zu leihen. Denn nun sollte es nicht an diesem Posten scheitern. Irgendwie würde ich das später über Vorträge und Bücher wieder einspielen.

Ich buchte mich ein.

»Aber Sie haben mich richtig verstanden?« erkundigte sich die Reederei vorsichtshalber noch einmal. »Wir fahren ab Antwerpen. Sie müssen alles auseinanderbauen und nach Belgien bringen. »Aber dort auf dem Kai ist viel Platz, und Sie können Ihr Schiff wieder montieren. Es kommt als oberste Deckfracht mit. Ach so. Und noch was. Wir stoppen nicht im Senegal. Wir fahren nach Mauretanien und Gambia. Sie können aussteigen, wo Sie möchten.«

Schock und Freude wechselten schneller, als mein Herz schlug. Wollten die mich testen? Wollten die mich auf den Arm nehmen? Ich hatte mal wieder nicht richtig zugehört. Also auch in diesem Falle Demontage. Aber daß ich alles in Antwerpen wieder zusammenbauen konnte, war sehr tröstlich.

Nach tiefem Durchatmen hatte ich mich gefangen. Ich schickte der Filmfrau ein Fax. Geteiltes Leid ist halbes Leid, dachte ich.

»Hallo, hier kommt ein Herzschrittmacher-Fax! Start 31.12. ab Antwerpen. Ankunft ca. am 12. 1. in Nouakchott.«

Keine Antwort. Ich ließ Annette anrufen. Am Tonfall merkte ich, nun war das Team endgültig überfordert.

»Ich habe gerade ins Internet geschaut«, überschlug sich ihre Stimme, »weiß Rüdiger nicht, daß man für Mauretanien drei Wochen aufs Visum warten muß und kaum eine Chance hat, die Drehgenehmigung zu erhalten?«

Nein. Wußte Rüdiger nicht. Gambia, um vieles toleranter, kam aus Strömungsgründen nicht in Frage. Dort lief man Gefahr, nach Zaire abgetrieben zu werden. Mir blieb nur Mauretanien. Ich wollte auch nicht noch länger warten. Die Zeit lief mir davon.

»Dann soll Rüdiger doch seinen Mist alleine machen!« Die Ton-Frau versuchte sich in der Kunst, mündlich einen Herzkollaps zu praktizieren. »Wir verzichten auf den Film. Wir haben dem NDR schon Bescheid gegeben.«

»Unflexible Bremser. Natürliche Auslese!« raunte ich Annette zu. Irgendwie war ich auch beruhigt. Dieses Ende hatte sich schon längst schleichend angebahnt.

Annette wagte einen letzten Satz: »Ich dachte immer, ihr wolltet den *Menschen Rüdiger* einfangen. Da habt ihr ihn. Das ist er. Spannender als mit all diesem Hin und Her kann es doch gar nicht werden. Das bringt Action in den Film.«

»Ja, das merke ich allmählich auch.« Stöhn-stöhn, schnaufschnauf, zuck-zuck.

»Was soll *er* denn sagen? Ihr braucht alles nur zu drehen, er muß es machen, bezahlen, durchstehen und verantworten.«

Aufgelegt.

Der Hörer war noch warm. Da rief Tilmann Zülch *(GfbV)* an.

»Wir ziehen uns aus dem Projekt zurück. Ich als Freund und das gesamte Büro fordern dich auf: Verzichte auf die Reise! Das ist ein Kamikaze-Unternehmen. Ein solches Fahrzeug braucht einen zweiten Mann. Und zwar einen Segler. Jeder Fachmann sagt das. Vergiß nicht, du bist schon 64.«

Ich fiel vom Stuhl. Ich war sprachlos, und mir kamen die Tränen. »Ich als Freund«, hatte er diese Attacke eingeleitet.

Jetzt, vierundzwanzig Stunden vor dem Start? Wo ich Monate an Zeit und Unsummen Geld investiert hatte? Wo hundert treue

Helfer und Sponsoren viel Zeit und Geld geopfert hatten? Wie stünde ich dann da? Vor den Spendern, den Helfern, den Freunden und vor mir selbst? Wenn ich nur das Wort »Fachleute« hörte, bekam ich eine Gänsehaut! Wer von denen war denn je mit einem massiven Baum da rübergeschaukelt? Niemand. Fast alle diese Besserwisser hatten den Baum nicht einmal gesehen. Schon gar nicht jetzt im Endstadium. Nach den vielen Verbesserungen.

»Okay. Ich fahre allein. Ich habe keine Lust, mein Ansehen zu verspielen. Ich brauche euch nicht. Den Trip kann ich locker auch allein durchziehen.« *Freunde in der Not, tausend auf ein Lot,* ging es mir durch den Kopf.

»Aber du verspielst das Ansehen der *GfbV*. Wenn das Unternehmen in die Hose geht, erweist du uns einen Bärendienst. Dein Tod würde der *GfbV* einen unabsehbaren Schaden zufügen. Dreißig Jahre Aufbauarbeit wären dann in Gefahr.«

Das war es also. Das alte *Greenpeace*-Argument. Nur – *Greenpeace* hatte es bereits vor Monaten geäußert. Der *GfbV* kamen diese Gedanken erst jetzt. Trotzdem konnte ich das Argument verstehen. Meiner Organisation, mit der mich seit zwanzig Jahren eine enge Symbiose verband, mit Tilman eine herzliche Freundschaft, Schaden zuzufügen, wäre das Allerletzte, was ich beabsichtigte und verantworten wollte. Was mich traurig stimmte, war der Zeitpunkt des Boykotts. Morgen sollte es losgehen.

Wir fanden einen Kompromiß. Ich würde den Baum vor Afrika unter echten Bedingungen in Begleitung eines Motorbootes testen. Und Tilman wollte eine Presseerklärung verfassen des Inhalts, daß mich alle gewarnt hätten und mein Vorhaben für ein Kamikaze-Unternehmen hielten. Für meine Enttäuschung und Traurigkeit fand ich keinen Kompromiß.

Außerdem forderte Tilman Neuformulierungen in jenem Vertrag, in dem ich ohnehin längst und 120%ig jegliches Risiko auf die eigene Kappe genommen hatte. Seit Jahren war das zur lieben Routine geworden, weil auch viele der Sponsoren immer wieder diese Bedingung stellten. Es sollte hinterher nie heißen, ich sei wegen ihres mangelhaften Ausrüstungsteiles umgekommen.

Nur mein alter Freund Klaus Denart hatte solche Einwände nie gehabt. Er kannte meine Art zu planen, er hatte das Schiff gesehen. Dabei hätte er den meisten Grund gehabt, sich abzusichern. Er war mein Hauptsponsor, während die *GfbV* keine müde Mark beigesteuert hatte. Die Hauptkosten trug ich selbst.

»Wenn der Test zeigt, daß ich mich geirrt habe, verzichte ich auf die Fahrt. Ich bin kein Selbstmörder.« Das war das letzte, das mir noch einfiel.

Damit waren die Hiobsbotschaften noch nicht erschöpft.

»Wir kriegen so schnell keine Erlaubnis, mit dieser Überlänge belgische Straßen zu befahren. Ein solcher Antrag läuft drei Wochen.«

Mein treuer Spediteur Nils Nissen von der Firma Seeland hatte angerufen.

»Ich wollte Ihnen das nur schon mal sagen. Aber ich werde die Aufgabe binnen einer Stunde gelöst haben. Und wenn wir Sie über die Nordsee ziehen oder Belgien umgehen und nach Lissabon bringen müssen.«

Nissen wollte einen Witz machen, um mich zu trösten. Dabei hatte ich genau diese Gedankengänge auch gerade durchgespielt. Die Nordsee war natürlich jetzt im Dezember arschkalt. Da mußte ein Neoprenanzug her. Auf keinen Fall wollte ich mich von diesen Widrigkeiten entmutigen lassen.

Schon nach 15 Minuten meldete sich Nissen erneut. Entwarnung.

»Was hatte ich Ihnen gesagt? Für die Firma Seeland gibt es keine Probleme. Nur Aufgaben verschiedenen Schwierigkeitsgrades und Lösungen. Mehr oder weniger akzeptable.«

Er spannte mich auf die Folter.

»Ich habe eine akzeptable. Ich habe soeben mit einer holländischen Firma gesprochen. Die hat eine Dauergenehmigung für Belgien. Von wegen Benelux und so, diese erste europäische Staatengemeinschaft. Die bringt Ihnen den Baum für 1300 DM morgen nach Antwerpen.«

Vor Begeisterung hämmerte ich zwei Leitsprüche in den Computer und druckte sie mir aus. Später heftete ich sie an die Kajütenwand:

»Problems stress me!
Problems test me!«
und
»Wer kämpft, kann verlieren,
wer nicht kämpft, hat schon verloren.«
(Brecht)

Wie zum Trost und zur Bestätigung fiel mir der Brief eines jungen Freundes in die Hand. Jonathan aus Eutin. »Wenn Rüdiger wirklich etwas Schlimmes passieren sollte und er nicht zurückkehren sollte, dann kann man doch eines sagen: Er hat es verstanden, aus seinem Leben etwas zu machen. Ich kenne niemanden, der ein solch pralles und erfülltes Leben führt wie er.«

Recht hast du, Jonathan. Ich liebe Probleme, und ich laufe gern mit einer überschwappenden Tasse voller Adrenalin durch die Gegend.

Unmittelbar vor dem Start rief ich *Greenpeace* an. Meinen alten Freund Gerhard Wallmeyer.

»Wally, ich brauche ein TV-Team. Sofort.«

Vor lauter Hektik vergaß ich sogar, guten Tag zu sagen. Er spürte das und kam sofort zur Sache.

»Ruf TNC, Thomas Reinecke, an. Der hat eine TV-Nachrichtenagentur und dreht unsere Sondereinsätze. Ich glaube, das ist der richtige Mann für dich. Absoluter Profi. Und sozial. Diese Mischung findest du in der Branche selten.«

Ich schloß mich kurz mit der Filmfirma TNC. Thomas Reinecke erbat sich eine Stunde Bedenkzeit. Dann präsentierte er einen überraschend fairen, nein, freundschaftlichen Partnerschaftsvertrag.

»Wir werden die Filmverwertung zweiteilen«, schlug er vor. »Zum einen bieten wir Nachrichtenkurzbeiträge an, zum anderen einen Hauptfilm.«

Ich war skeptisch. »Wer wird denn noch einen Hauptfilm nehmen, wenn alle Sender bereits in Magazinsendungen darüber berichtet haben?« wandte ich ein.

»Du wirst dich wundern! Magazinbeiträge, vielleicht weltweit, bringen euch und der Sache mehr als eine einzige und vergleichsweise ruhige Fünfundvierzigminutensendung, die, wie eure gefloppte NDR-Sache, dann auch noch erst zwei Monate später gesendet wird, wenn deine Aktion schon längst vergessen ist. Und die die anderen Sender völlig ausgeklammert hätte.«

Genau das war bei unserer Abmachung mit dem NDR-Team der Fall gewesen. Wir durften nichts anderes verbreiten als Fotos.

»Überlaß das getrost uns. Schlechter liegt ihr da nie. Ich garantiere, es wird besser. Das ist unser Job. Je nach Material geben wir natürlich nicht gleich alle Leckerbissen raus. Wir ködern die Leute an, und wer den Hauptfilm haben will, der kriegt die Leckerbissen.«

Er hatte mich überzeugt. Ich war sogar begeistert. An diese Möglichkeit, mit Kurzbeiträgen zum Start, während der Reise, zur Ankunft und gar Rückkehr nach Deutschland jeweils drei bis fünf Minuten anzubieten, hatte ich bisher noch nie gedacht.

»So herrlich gnadenlos kann das Glück zuschlagen«, freute sich Annette.

»Und für die fünf Minuten Mauretanien braucht ihr kein fremdes Team. Ihr habt eine gute Kamera. Ihr seid zu zweit bis zum Start – nämlich Annette und du –, dann dreht ihr, was euch wichtig erscheint.«

»Bist du verrückt?« Annette bibberte. »Ich habe noch nie gedreht.«

Reinecke lachte. »Du mußt nur Vertrauen zu dir haben und ein paar Grundregeln beachten.«

Ich atmete auf. Nach diesem Hin und Her war nun wieder Sonne zu sehen. Hell strahlte sie vom Himmel.

»Was sind das für Grundregeln?« erkundigte sie sich.

»Es ist ganz simpel. Filmen ist wie Dias machen. Nimm, wenn möglich, immer ein Stativ. Vermeide das Schwenken und Zoomen. Schwenk nur, wenn das Motiv sich bewegt. Laß vor und nach jeder Szene drei Sekunden weiterlaufen, damit wir leichter schneiden können. Stell jede Szene mit mindestens drei Perspektiven dar. Dreh lieber zuviel als zuwenig. Wegschmeißen können wir immer noch.«

Annette konnte gar nicht so schnell schreiben, wie Reinecke sprach.

»Mehr ist das nicht?« fragte sie ganz erleichtert.

»Nein. Das mußt du verinnerlichen. Die kleinen künstlerischen Tricks erkläre ich dir später einmal. Wenn du das richtig machst, haben wir einen soliden Start.«

Es war auch Annettes Start in einen neuen Beruf. In diesem Moment wurde sie Filmerin. Was immer meine Leserinnen und Leser vom Start in Mauretanien und vom Urwald bei den Waiapi gesehen haben, es war Annettes Material.

»Und du beklagst dich über Probleme?« meinte sie grinsend zu mir. »Es läuft doch alles wie Butter in der Sonne. Der alte Hiob hätte bestimmt liebend gern mit dir getauscht ...«

Hiob, dachte ich, wer war doch noch mal dieser Hiob? Ach, in letzter Zeit vergesse ich Namen immer schneller. Das Alter verlangt seinen Tribut.

Auf und davon

Silvester 1999.

Der holländische Transporter hatte mein Baummosaik pünktlich abgeliefert. Nun lag alles in Antwerpen, »Haven 125«. Jetzt mußte das Puzzle wieder zusammengebaut werden. Es regnete. Die Zeit drängte. Ich war hibbelig. Zum Glück war das Verladeteam kooperativ. Wenn ich Hilfe brauchte, erhielt ich sie unkompliziert. Hier ein Werkzeug, da das Trinkwasser. Annette filmte. Noch immer kein Visum für Mauretanien.

18 Uhr, Verladung beendet. Ich verließ Europa. Als die Computer ihren Millenniums-Kollaps kriegten, war ich auf hoher See an Bord der *Arctis Sky*.

Kapitän Frederiksen und sein Chefingenieur Regnar Skelmose freuten sich über die Abwechslung und gewährten mir eine wohltuende Gastfreundschaft. Ich entspannte nach all dem Wirrwarr und genoß meinen ersten Tropencocktail: O-Saft mit Malariatabletten.

»Denn wenn Sie bis Nouakchott Ihr Visum für Mauretanien

nicht haben, müssen wir Sie in Gambia entladen. Und da gibt's Malaria.«

Um Himmels willen! Nur das nicht. Nicht Gambia. Neben der Malaria hätte ich dort das Problem weniger günstiger Strömungen. Einen Tag kein Wind, und ich würde hoffnungslos nach Zaire oder sonstwohin treiben. Mauretanien war gut. Besser sogar als Senegal.

»Der mauretanische Botschafter hatte uns versprochen, das Visum ganz unkonventionell zu vermitteln«, hatte mir die *GfbV* Hoffnung gemacht. Quasi als ihr letzter Service, als Henkersmahlzeit. Aber leider blieb es dabei. Allahu akbar, Allah ist der Größte. Nur er wußte, warum »unkonventionell« nicht einmal so schnell klappte wie konventionell. Ja, meinte die Botschaft auf Anfrage, der Herr Botschafter habe den Antrag sofort nach Nouakchott zum Innenministerium gefaxt. Aber die Antwort sei noch nicht da.

Die alte Erfahrung. Mit Menschenrechtsorganisationen hielt man sich höflich auf gutem Fuß, kam sich aber nicht zu nah. Immerhin gibt es in Mauretanien noch Sklaverei.

Annette also persönlich nach Bonn. Telefonisch hatte sie sich bei »Ibrahim« angemeldet, dezent gekleidet, »Salaam alaykum« – Raschel-raschel, stempel-stempel, Gebühr, Unterschrift, fertig. In nur zwölf Minuten, bestimmt ein neuer Rekord für das Haus, stand sie mit Visum wieder draußen. Zu diesem Tempo möchte ich dem Land hiermit nachträglich und herzlich gratulieren. Daß wir über die *GfbV* längst einen Antrag gestellt hatten, erwähnte Annette mit keiner Silbe. Auch die Filmerlaubnis sprach sie gar nicht erst an. Sie würde auf Risiko setzen und heimlich drehen. Vielleicht aus einem Spezialbüstenhalter heraus.

»Ich habe zwei Nachrichten für dich«, hörte ich sie nach einer Woche auf See durchs Telefon der *Arctis Sky* rufen. »Eine schlechte und eine gute. Welche willst du zuerst hören?«

»Die gute, damit ich die schlechte besser überlebe«, schlug ich ihr vor.

»Okay. Wir haben das Visum!«

Bewußt machte sie eine Pause. Aber damit konnte sie mich kaum beeindrucken. Ich war seekrank, und wenn sie sich nicht beeilte, würde ich erst mal wieder aufs Klo stürmen.

»Und die schlechte?«

»Alle Versicherungen haben es abgelehnt, dich zu versichern. Tenor der Agenten: ›Versicherungen leben vom *Nicht*-zahlen-Müssen.‹ Bei dir sehen sie keine Chance, diesem Grundsatz treu bleiben zu können.«

Endlich Nouakchott. Kapitän Frederiksen half mir wie einem Freund. Der Abschied war fast rührend.

»Nehmen sie noch diese Angel mit.« Frederiksen war Angler. Eine schleppte er immer hinter der *Arctis Sky* her, und in den südlichen Häfen pirschten er und seine sieben Filipinos sich an Tintenfische heran, mit Spezialhaken und Scheinwerfern.

»Haben Sie genug Seil? Seil kann man nie genug haben.« Und schwupp – schenkte er mir eine Rolle »Herkules«-Seil, das Nylonseil mit Drahteinlagen zum Festlaschen der Fracht. Ich sollte es noch gut verwenden können.

»Und hier, alle zwanzig Möbelgurte, mit denen ihr Baum an Deck festgezurrt ist, nehmen Sie auch mit!«

Das waren Geschenke! Mit den Gurten sicherte ich die Traversen diesmal noch zusätzlich rund um den Stamm herum. Mit den Gurten schnallte ich die Hütte dreifach fest. Mit den Gurten stabilisierte ich die beiden Hecknetze. Lieber einer zuviel als ein halber zuwenig, dachte ich mir. Ich war der reinste Gurte-Dampfer. Wer mich so sah, mußte glauben, ich handele damit. »Mit Gurten gut spurten«, versuchte ich mich als Goethe.

»In zwei Stunden haben wir entladen. Dann müssen Sie von der Bordwand ablegen.«

Ein komisches Gefühl. Mir war zumute wie damals, als ich von meiner Mutter abgenabelt wurde. Vor fünfundsechzig Jahren. Lange her. Aber das Langzeitgedächtnis funktioniert ja bekanntlich besser als Kurzzeiterinnerungen.

Beim Montieren der Windsteueranlage stellte ich einen Bruch fest an einer der beiden Schellen. Sie waren aus Gußaluminium. Da half kein Schweißen. Da mußte improvisiert werden.

»Wenn ich die nicht repariert kriege, nutzt mir die ganze Anlage nichts«, klagte ich Regnar mein Leid. »Kannst du mir das Windsteuer mit zwei soliden Stützen stabilisieren?«

Eine halbe Stunde später hatte er die Arbeit erledigt. Er sprang zurück an Deck der *Arctis Sky*. Dann trennten sich unsere Wege.

»Wo kann ich hier ein paar Tage liegen?« erkundigte ich mich bei dem arabischen Hafenmeister, als wir plötzlich so mutterseelenallein an der Kaimauer dümpelten.

»Am besten da hinten an der Boje. Da sind Sie sicher.«

Angesichts der Mengen umherstehender Hafenarbeiter, die sämtliche anlegenden Schiffe wie Heuschrecken überfielen, schien mir das ein wertvolles Angebot. Dort draußen auf dem Wasser konnte man ungehindert jeden Herannahenden rechtzeitig ausmachen. Hier im Hafenwirrwarr war das entschieden aussichtsloser. Der gute Rat entpuppte sich schnell als Falle. Wir waren in Mauretanien, dem Land der Arbeitslosigkeit. Hier schien der Haupterwerb die Korruption, Nebenerwerb der Diebstahl.

Der Hafenmeister schleppte uns mit dem kleinen Staatsboot zur Boje. Sie war dreihundert Meter von der Pier entfernt und gehörte einem Kormoran. Damit das jedermann und -frau klar war, hatte er die Boje weiß getüncht. Sie war fest verankert. Der Wind ablandig aus Nordost. Meine beiden Halteseile standen unter schwerer Spannung.

»Wenn die reißen, sausen wir ab nach Brasilien«, warnte ich Annette. »ich werde sie an der Boje mit Tüchern gegen das Durchscheuern polstern.«

Der Kormoran war sauer. Ständig diese Störungen.

Wir hingegen genossen die Ruhe vor den Neugierigen am Kai und brühten uns einen Tee. Arabisch, mit frischer Pfefferminze.

»Hoffentlich kriegen wir morgen gleich ein Boot, das uns an die Pier bringt. Es ist noch einiges zu erledigen am Baum, damit wir den Test auf dem Meer durchführen können.«

Dann kam der Morgen, aber es kam kein Boot. Wir winkten, bimmelten mit der Schiffsglocke, riefen über Kanal sechzehn – der Hafenmeister war nicht zu erreichen. Keins der geschäftig hin und her fahrenden Schifflein nahm uns zur Kenntnis. Alle machten einen großen Bogen um uns. Aber noch vermuteten wir dahinter keine Strategie.

Längst war es Mittag geworden. Da endlich kam sein Boot. Sogar mit ihm persönlich am Motor. Ich stieg ein. Annette hielt Wache auf dem Baum.

»Tja«, eröffnete der Hafenmeister mir, »das kostet 200 amerikanische Dollar. Gestern war der Transport kostenlos. Gastfreundschaft, Sie verstehen.«

Dabei mußte er sich nicht einmal ein Lachen verkneifen, während ich große Mühe hatte, meine Fäuste bei mir zu behalten.

Damit ich das auch ja richtig verstand, wiederholte er seine Forderung noch einmal. »Ab jetzt kostet jede Fahrt, hin *oder* zurück, zweihundert US-Dollar.«

Ich lehnte strikt ab und ließ mich augenblicklich zurückbringen. Meine Wut war größer als die Vernunft. Ich versuchte nicht einmal zu handeln. Bei solcher Skrupellosigkeit blockiert etwas in meinem Hirn. Mir war klar, daß ich nun echte Probleme bekommen würde. Wie sollten wir jetzt die vielen Male an Land kommen? Sein arrogantes Lächeln ließ mich innerlich kochen. Aber es steigerte auch meine Entschlossenheit.

»Ich werde dir nicht einen einzigen Ouguiya geben«, versprach ich ihm in meiner Ohnmacht.

Mir fehlten alle weiteren Worte. Annette wollte vermitteln. Sie versuchte es mit »Regenwald« und »Naturschutz«.

»Interessiert mich nicht«, meinte der Hafenmeister, »wir haben auch keinen Wald. Nur Wüste und Kamele.« Dabei wies er lachend zum Festland und war stolz auf seine Antwort.

Ich hatte mich längst abgewandt und ihn keines Blickes mehr gewürdigt. Statt dessen hatte ich mich umgeschaut. An dem grauen Patrouillenboot *Surmar 002* der mauretanischen Kriegsmarine blieb mein Blick hängen. Sonst war der Hafen ziemlich öde und verlassen. Die Frage war lediglich, wie käme ich dorthin, ohne vorm Hafenmeister einen Kniefall machen zu müssen. »Ob ich mal bei dem Kriegsschiff frage?« fragte ich Annette.

»Wir haben keine andere Wahl, glaube ich.«

Im Moment war Flut. Sie machte hier nur einen Meter Höhenunterschied aus. Und es war windstill. Also keine Gefahr abzutreiben. Kurz entschlossen sprang ich ins Wasser und schwamm zur *Surmar 002*. Mit einem Mix aus Rüdi-mentär-Französisch und

Arabisch aus alten Zeiten bat ich den Kommandanten um Hilfe. Ich erzählte von meinem Vorhaben, vom Training bei den Kampfschwimmern, und sofort war er Feuer und Flamme.

»Können wir nicht an ihrem Heck festmachen?«

»Gerne«, sagte er. »Wenn Sie sonst noch Hilfe brauchen, lassen Sie es mich wissen.«

»Wir könnten eine warme Dusche gebrauchen«, scherzte ich.

»Selbstverständlich«, antwortete er. »aber dann müssen Sie mir auch eine Gefälligkeit erweisen.«

Er lächelte erneut, und mich beschlich das ungute Gefühl, vom Regen in die Traufe geraten zu sein. Garantiert hatte der windige Hafenmeister ihn informiert, und nun machten sie gemeinsame Sache. Jetzt würde er garantiert mein GPS erpressen oder etwas anderes, auf das ich nicht verzichten konnte. Ich kochte bereits erneut vor Zorn. Aber ich unterdrückte ihn, so gut ich konnte. Ich denke, es ist mir gelungen. Immerhin liegt Schauspielerei in unserer Familie. Meine Tochter gehört diesem Berufszweig an.

»Was wäre das?« fragte ich vorsichtig.

Er lächelte zum drittenmal innerhalb von zwei Minuten.

»Dafür bitte ich Sie und Ihre Frau heute zum Abendessen. Sie würden mir eine große Freude bereiten.«

Bautz! Das war das andere Mauretanien. Nur zu gern bereiteten wir ihm die Freude und genossen zuvor die Dusche.

Sein Schlauchboot brachte mich zurück zur Boje. Es sollte den Baum zum Kriegsschiff ziehen. Wir lösten die Seile von der Boje und reichten sie den beiden Soldaten. Die hielten sie einen Moment in der Hand. Dann ließen sie sie ins Wasser gleiten, winkten und fuhren davon. Ohne sich noch einmal umzusehen. Wir schrien und pfiffen. Der laute Motor überdröhnte alle unsere Schreie. Wir sahen nur noch, wie ihr Boot in der Ferne an Deck gehievt wurde. Das absolute Mißverständnis.

Mit großer Zielstrebigkeit trieb *THE TREE* seewärts. Ich paddelte wie ein Wilder. Keine Chance gegen die zwölf Tonnen Baum, ablandigen Wind und die Ebbe!

Annette blieb cool. Sie rief ins Handsprechgerät über Kanal 16 um Hilfe. Daß das Gerät überhaupt schon aktiviert war, war reiner Zufall.

Wenn eine Antwort zu hören war, dann war sie unverständlich. Mal glaubte man, einen englischen, dann einen französischen Wortfetzen und schließlich viel arabisches Gemurmel verstanden zu haben. Nie aber ergab das Gehörte einen Sinn.

Das Meer wurde größer, der Hafen wurde kleiner. Keiner der zweihundert Arbeiter oder Schiffsleute bemerkte unser Problem. Annette redete unentwegt weiter, ich paddelte unentwegt weiter, obwohl alles so hoffnungslos wirkte. Ich kam mir vor wie die Fliege in der Sahne, die so lange mit ihren Füßen strampelte, bis die Sahne zu Butter wurde und sie sich auf den Butterklumpen retten konnte.

Längst hatte ich auch den Fall durchgespielt, ob wir beide eine Chance hätten, mit dem halbfertigen Schiff lebend in Brasilien anzukommen. Wasser und Lebensmittel würden allemal reichen. Nur mit der Stabilität mancher Verspannungen war es noch nicht so weit her. Notfalls konnte man das aber auch während der Fahrt nachholen.

Jedenfalls ein gar nicht so ungeiler Gedanke, fand ich. Das viel größere Problem schien mir, daß uns niemand glauben würde, daß es ein Unfall war und keine Absicht. Weil Annette zwei jugendliche Kinder hat, war die *GfbV* von Anfang an ausdrücklich gegen ihre Teilnahme gewesen. Denn mitgewollt hatte sie immer.

»Ruf Mayday!« rief ich ihr zu.

»Wie geht das denn?« Hastig erklärte ich es ihr.

»Dreimal Mayday, dreimal *Surmar 002*, dreimal *THE TREE*!«

»Mayday – *THE TREE*! We are drifting offshore, we are not yet ready to sail. We need help. Mayday!«

Und endlich, nach zwanzig bangen Minuten, unverständlichem Gemurmel, Zischen, Rauschen und nur noch sehr kleinem Hafen, kamen die ersten verständlichen Worte. Und sogar sehr deutlich: »Okay, *THE TREE*, we are coming.«

Und dann sahen wir, klein wie einen Punkt, das Schlauchboot. Es wurde zu Wasser gelassen und brauste auf uns zu.

Abends lagen wir wohlvertäut hinter der *Surmar 002* wie ein Pilotfisch am Hai. Hier waren wir außerhalb des Einflußbereichs des korrupten Hafenchefs. Sichtbar mißgelaunt schaute er zu uns herüber. Ich erkannte einen Taschenrechner in seiner Hand.

Wahrscheinlich errechnete er sich soeben seinen Verlust. Allahu akbar, Gott war gerecht.

Aber dennoch wäre vieles in Nouakchott anders gelaufen ohne Wane Demba Moussa von der MTM, der Maritimen Transportagentur Mauretanien. Er war ihr Chefmanager und verantwortlich für die Entladung der *Arctis Sky*. Er fühlte sich auch für uns verantwortlich. Er war unser Gastgeber und umsorgte uns mit traditioneller islamischer Gastfreundschaft. Ob er beim Landgang meinen Paß vom korruptionsgierigen Polizisten am Hafentor, Freund des Hafenmeisters, zurückverlangte, ob es um einen besseren Schwarzmarkt-Dollarkurs ging oder später um Annettes verbilligten Rückflug (»Du bist Matrose! Da kriegen wir fünfundzwanzig Prozent Nachlaß.«), Moussa war trotz ständigen Handy-Klingelns immer hilfsbereit.

»Ohne ihn wäre Nouakchott zu Nouakschock geworden«, meinte Annette und traf damit die Nase mit der Faust.

»Moussa, du bist ein Lichtblick für dieses Land«, sagte ich ihm zum Abschied. »Deine Gastfreundschaft hat mir unendlich wohlgetan.«

»Das war für mich selbstverständlich«, antwortete er. »Ich habe in Hamburg auch viel Gutes erlebt.«

Ich war überrascht. Daß er in Deutschland gewesen war, zudem in Hamburg, hatte er nie verraten.

»Das hast du mir ja noch gar nicht erzählt, daß du in meiner Stadt gewesen bist.«

»Ich mag auch nicht gern davon sprechen. Ich wurde in Hamburg von Skinheads fast totgeschlagen. Nur weil ich schwarz bin.«

Mir blieb das Herz stehen. Wieviel Größe mußte dieser Mann besitzen, uns, die Landsleute der Killer-Skins, so freundlich zu umsorgen!

»Und dann opferst du dich so für uns auf?«

»Ja. Ich habe ja auch *andere* Deutsche kennengelernt. Solche wie euch. Zwar hast du ja auch eine Glatze«, meinte er grinsend zu mir, »eine Glatze wie die Skins, aber Skins reisen nicht in fremde Länder. Sie hassen Ausländer. Es waren die anderen

Deutschen, die damals beherzt eingriffen und die Skins in die Flucht schlugen. Sonst hätten sie mich garantiert totgeschlagen.«

Ich bastelte am Baum. Ein wenig bammelte mir vor der Abfahrt. Ich wollte sie hinauszögern. Noch frisches Gemüse kaufen, Baguettes, Kamelmilch. Hatten die Warner vielleicht doch recht? Wenn man hundertmal das Gleiche hört, glaubt man es allmählich selbst. Ich verdreifachte die Wanten mit Herkules-Seil, machte mittels schwerer Kette die Stake leichter nachspannbar, als Spannschrauben es mir ermöglicht hätten. Ich füllte verbrauchtes Wasser auf und montierte im Bugbereich ein weiteres Netz, als sich beim Segelhissen herausstellte, daß ich gar keine solide Standfläche hatte, um das Segel vorm Mast zu greifen.

Ich montierte die Deckbeleuchtung und das Telefon. Als ich nicht klarkam, half mir der Russe und Radiomann Sergej aus St. Petersburg von einem russischen Frachter, der gerade im Hafen lag.

Annette kam vom Einkaufen zurück. Sehnsüchtig wartete ich auf kalte Milch und knusprige Baguettes. Um in der Stadt nicht aufzufallen, hatte sie ihren knöchellangen blauen Baumwollrock angezogen. Darüber trug sie eine langärmelige weiße Bluse. Ein Taxi brachte sie zurück. Aber sie stieg nicht aus. Auch nach drei Minuten noch nicht. Hatte sie Probleme mit dem Taxifahrer? Forderte er mehr Geld als vereinbart? Ich legte mein Werkzeug beiseite, kletterte auf die Pier und schlenderte zur Taxe. Heftige Diskussion im Inneren. Also doch erhöhte Geldforderung. Der Fahrer hielt Annettes Hand fest und fuchtelte darunter mit einem brennenden Feuerzeug herum. Es schien, als wollte er sich ein Stück Fleisch grillen. Bei allem Verständnis für den Hunger der armen Bevölkerung – das ging mir zu weit! Ich stürmte zu seiner Tür und wollte ihn gerade filetmäßig mürbe klopfen und ihn grillen, als ich Annettes lachendes Gesicht sah. Demnach war hier keine Grillparty im Gange. Hier war offensichtlich Spaß angesagt.

»Was ist los? Hast du Schwierigkeiten? Oder will er dir einen Zaubertrick zeigen?«

»Nein«, sie lachte, »er will mich zur Muslimin machen. Wenn ich es nicht werde, wenn ich eine Ungläubige bleibe, muß ich in der Hölle braten. Das hat er mir gerade wegen der Sprachschwierigkeiten mit seinem Feuerzeug demonstriert.«

Ich briet derweil in der glühenden Mittagssonne. Was mich deshalb besonders überraschte, war die Kälte des Wassers. Statt erwarteter wettervorhersagemäßiger 26 Grad hatte es lausige 17.

»Du brauchst Stiefel. Mit den ewig nassen Turnschuhen holst du dir steife Füße und eine Erkältung.«

Annette war besorgt. Wieso holen? Die Erkältung hatte ich längst. Schnupfen wie Eiter, die Nase wie eingegipst.

»Ich frage einfach mal da drüben auf dem deutschen Schiff *Baco Liner 1*«, sagte sie, und schon war sie davon. Sie hatte den deutschen Frachter an der Pier entdeckt. Dreißig Minuten später war ich Besitzer eines Paares solider grüner Gummistiefel.

»Weißt du, was die gekostet haben?«

»Nö.«

»Dafür müssen wir heute abend auf einen Trunk an Bord kommen. Und zu einer Dusche.«

So lernten wir einen weiteren gastfreundlichen Kapitän kennen. Kapitän Jochen Müller und seinen zweiten Offizier Frank Hauschatz aus Rostock. Wir verbrachten unterhaltsame zwei Stunden an Bord in der Offiziersmesse.

»Wir fahren in zwei Tagen weiter. Dakar. Lagos.«

»Lagos? In diese kriminelle Stadt?«

»Apropos Lagos«, unterbrach einer. »Die Filipinos fragten heute, ob sie wieder Kondome kriegen für den Landgang in Lagos.«

»Ja, selbstverständlich. Sie sollen ja gesund zurückkommen. Obwohl sie die ja doch verkaufen, wie immer, um sich mit dem Geld noch einen Spaß mehr zu gönnen. Ohne Kondom. Es ist unglaublich, wie bedenkenlos die trotz aller Warnungen mit den Huren verkehren.«

Die Filipinos und Frank waren es schließlich, die uns mit einem ihrer Rettungsboote aufs offene Meer zogen. Frank, erfahrener Katamaranfahrer, kam an Bord. Ich kümmerte mich um die beiden Steueranlagen, Frank um das Segel.

Ein wunderbarer Moment. Das Segel blähte sich im Wind und setzte sofort den Baum in Bewegung. Es war nur Windstärke drei, aber ich schnurrte ab, als hätte ich einen kleinen Motor. Vor allem aber: Die Windsteueranlage hielt das Schiff tatsächlich allein auf Kurs. Das Hauptruder konnte ich getrost festlegen.

»Was hältst du davon, Frank?«

»Das funktioniert. Ich habe ein sicheres Gefühl. Damit kommst du immer an. Das Boot ist okay. Und – wie sagt man: ein gutes Boot ist das eine, das andere ist eine gute Mannschaft. Ich wünsche dir eine gute Mannschaft.«

Ich entschloß mich, eine gute Mannschaft zu werden, und legte ab.

Franks Boot mit Annette und seinen Helfern wurde immer kleiner. Dann war es am Horizont verschwunden. Ich für sie auch. Ich war allein. Die Zivilisation lag hinter mir. Zwei Monate Einsamkeit vor mir. 21. Januar 2000.

Noch bevor das Boot meinen Blicken entwichen war, begann ich fieberhaft zu werkeln. Ich hüpfte über die Netze und Balken, balancierte über das schmale, nasse Deck, kontrollierte Segel, Seile, Knoten, Schrauben, Sonne und Wind, um bloß nicht einen irreparablen Fehler zu begehen.

»Nur drei Windstärken«, sagte ich mir, »da kann das Segel auf voller Größe bleiben.« Am Druck auf das Tuch und an der Spannung in den den Mast sichernden Seilen hoffte ich zu spüren, welche Belastung ich dem Material zumuten durfte.

Mein Bug hob und senkte sich, schnaufte wie ein Wal beim Atmen und prustete sich voran. An den vorbeiziehenden Luftblasen konnte ich ablesen, daß ich so schnell wie ein Fußgänger war. Erste Hochrechnung: rund 4 000 Kilometer. Das sind 1 900 Seemeilen. Kapitän Frederiksen hatte das seinem Bordcomputer entlockt. Legte ich die 5 km/h zugrunde, war ich in achthundert Stunden, Zickzackkurs mal nicht gerechnet, in Brasilien. Das waren, mit anderen Worten, nur armselige dreiunddreißig Tage! Der reinste Kurzurlaub. Hatte ich etwa den vielen Aufwand betrieben, um jetzt mal eben in 33 Tagen da rüberzuhüpfen? Nein, das konnte nicht sein! Meine Strecke war doch sogar um vier Tage länger als die mit dem Tretboot und dem Bambusfloß, weil ich nördlicher gestartet war. Da konnte ich jetzt unmöglich früher drüben sein. Mit dem Tretboot hatte ich 63, mit dem Floß 50 Tage benötigt. Ich mußte mich verrechnet haben. Aber die Rechnungskontrolle kam aufs selbe Resultat. Das war ja fast Frachtertempo. Ich wagte gar nicht zu glauben, was sich spätestens am Ziel bestätigen sollte: Der Baum war mein schnellstes Schiff. Länge läuft.

Für alle Fälle hatte ich mir gegen Seekrankheit ein Pflaster Scoporderm hinters Ohr geklebt. Ich durfte keinen Moment ausfallen. Ich mußte immer fit sein. Und gerade die Seekrankheit war auf den vorangegangenen Reisen immer zur besonderen Belastung für mich geworden. Sie warf mich nicht mehr wirklich aus der Bahn, reduzierte aber die Freude an der Seefahrt, und Freude wollte ich ja vor allem haben, nach all den bestandenen Mühen.

Die Pflaster wirken drei Tage. Dann nimmt man ein neues. Früher bekam ich schon beim zweiten Pflaster Sehstörungen. Dann riß ich es ab und – reiherte wie ein Weltmeister, wie ein Hochhaus-Müllschlucker im Rückwärtsgang.

Ich hatte auch Alternativen dabei. Das Sea-Band zum Beispiel. Das trägt man wie eine Armbanduhr. Es hat am Innengelenk einen Druckpunkt, der den Akupressurpunkt gegen die Seekrankheit bearbeitet. Ich hatte auch Super Pep, das Kaugummi gegen Reisekrankheit aus der Apotheke. Aber das betäubte meine Zunge in unangenehmer Weise. Ich hatte es bei den Kurzzeittrainings mit Erfolg kennengelernt. Hier verzichtete ich darauf.

Und schließlich bot meine Bordapotheke noch Ingwer. Aber ich mag keinen Ingwer und wollte ihn nur schlucken, wenn alle anderen Mittel nichts bewirkt hätten.

Sehr beunruhigend war die erste Nacht. Zwar schien der Mond, aber nun wirkten die Wellengeräusche doppelt. Tagsüber konnte ich sehen, was die Geräusche von sich gab. Jetzt wirkte alles undefinierbar, schauriger, größer. Aber der Baum lag unerschütterlich wie ein Grundstück in der Ebene am Fluß. Unerschütterlich, solide, vertrauenerweckend. Mobil, nicht immobil.

Wenigstens im Nahbereich hatte ich einen deutlichen Überblick. Meine Decklampe war die Erleuchtung schlechthin. Rotes Backbordlicht, grün für Steuerbord und klar für vorn. So komfortabel reiste ich zum erstenmal. Früher erfüllten Petroleumlampen diesen Dienst. Aber bei starken Winden gaben sie ihren Geist auf.

Wer mich jetzt von weitem sah, mußte mich für eine fahrende Disco mit Highlife an Bord halten. Wenn er dann jedoch näher käme, würde er feststellen, daß sie sehr schlecht besucht war. Keine Frauen, nur ein einziger Typ. Und das war dann ausgerechnet ich, ein Oldie. Der Alte Mann und das Meer.

Aber vielleicht gelänge es mir mit dem Buntlicht tatsächlich, Leute anzulocken. Ich wollte es geduldig abwarten. Dann wäre ich nicht so allein.

Ich richtete meine Kabine ein. Die Küchenkiste, der Schlafsack – mehr paßte nicht hinein. Denn da standen ja schon die Batterien der Solaranlage.

In Kniehöhe hatte ich beiderseits je ein Holzbord. Das eine war dünn, das andere wirkte eher wie ein Balken. Aber das täuschte. Es war kein Balken. Es war ein Doppelbrett mit Zwischenraum. Wenn man es umdrehte – und das hatte ich als allererstes in Nouakchott getan – war es das Geheimfach für meine mehrschüssige Schrotflinte.

Aus Erfahrung wußte ich, wie unsicher manche Küstenregionen sind. Allein vor Nouakchotts Stränden sind bis zu dreitausend kleine Fischerboote unterwegs! Sie haben viele Männer an Bord, die zwar nicht bewaffnet sind. Dafür aber sind sie in der Überzahl und sehr gewandt im Von-Bord-zu-Bord-Springen.

Ich traf nur zwei Boote, die sich neugierig näherten, aber nicht zudringlich wurden.

»Gib uns ein Geschenk«, war alles, was die Belegschaft sagte, dann brauste sie lachend davon.

Annette war nach Hause zurückgekehrt. Zusammen mit der *GfbV* organisierte sie die Medienarbeit. Ihr Material über die letzten Tage vorm Start war so gut, daß sie mir stolz am Telefon das Fax vorlas, das Thomas Reinecke ihr geschickt hatte: »Herzlichen Glückwunsch! Material sehr gut und brauchbar. Alle Sender haben Magazinbeiträge genommen!«

Kaum hatte sie das verdaut, folgte der Anruf des ZDF-Redakteurs Wolf Konerding, der ihr Material zu einem Dreiminutenbericht für »Hallo Deutschland« zusammengestellt hatte.

»Solches Material hätte ich gern immer. Es war alles dabei, was man braucht, wenn man ein derartiges Vorhaben beschreiben will. Sie haben sich wirklich gut an Reineckes Tips gehalten. Sie haben, das kann man so sagen, wirklich bemerkenswert unerschrocken draufgehalten, saubere Bilder geliefert, keine hastigen Wackelschwenks ... für eine Laiin jedenfalls ein guter Anfang.«

Als wäre das nicht schon Lob genug für eine Anfängerin, setzte er noch ein I-Tüpfelchen oben drauf.

»Wenn Rüdiger genauso dreht, müßten wir für die Freitag-Reportage im ZDF ein sauberes Stück zusammenbekommen.« Schei ..., dachte ich. Also hatte ich mal wieder den Schwarzen Peter.

»Da legen wir uns jetzt aber noch keinesfalls fest«, warnte Reinecke die euphorische Annette. »Die Startversion wurde auf sieben Sendern gebracht. Wir warten erst mal ab, wie sich alles weiter entwickelt, und dann schauen wir, wer sich wofür interessiert. Natürlich hat Konerding die Option, weil er sich als erster gemeldet hat und weil ich seine gute Arbeit als Redakteur schätze.«

Annette war in einen neuen Beruf gerutscht. Für unsere zukünftigen Vorhaben in Afrika die topidealen Voraussetzungen.

Fisch und Fleisch

Ich hatte es von Anfang an befürchtet. Täglich Fisch, sogar freitags, obwohl ich gerade dann aus Opposition zu kirchlichen Gepflogenheiten Fleisch aß. Bestimmt würde er mir nach der Reise aus den Ohren spritzen, ich würde ihn leid werden, zeitlebens. Schon beim akustischen Empfang des Wortes *Fisch* würde ich allergische Reaktionen verspüren. Wie bei allen Lebensmitteln, wenn man sich daran überfrißt. Das gilt sogar für Gummibärchen.

Da ich Fisch aber grundsätzlich sehr gern esse, hatte ich vorgebeugt. Ich hatte mehrere Sorten Fertigsoße mitgenommen. Damit wollte ich meine Sinne täuschen und aus simplem Fisch eine Vielfalt zaubern, wie man sie sonst nur in brasilianischen Obstsaftläden antrifft.

Denn das Meer ist voller Fische. Neptuns Supermarkt. Auch ohne Tiefkühltruhe bietet er den frischesten Fisch der Welt an. Direkt ab Erzeuger. Man braucht kein Geld. Man benötigt nur das Know-how, wie die Selbstbedienung funktioniert. Es gibt die unübertroffene Auswahl. Alle Sorten der Welt. Jede hat ihren speziellen Aufbewahrungsort. Die einen in der tropischen Abteilung, die anderen in Neptuns Kühltruhe, der Nordsee, der Arktis. Kein Händler der Welt vermag eine größere Auswahl zu bieten. Vor allem nicht in derselben Qualität und Frische. »Neppis Supermarket« ist der beste.

Seine Vorräte standen immer feil, man mußte nur wissen, wie seine Schatzkammern geöffnet wurden. Und da lag das Problem.

Von meinen anderen beiden Reisen hatte ich in Erinnerung, daß sich schon bald nach dem Start Hunderte kleiner und großer Fische um mich versammelt hatten. Sie begleiteten mich Tag und Nacht. Es gab Doraden (Goldmakrelen bis 180 Zentimeter), die mir von Afrika bis Amerika Gesellschaft geleistet hatten. Durch ihre oft sehr unterschiedlichen Rückenzeichnungen waren sie gut voneinander zu unterscheiden.

Angel rein, Fisch raus – keine Kunst. Am verlockendsten für sie waren Fischreste. Aber bevor ich die hatte, mußte ich mit künstlichen Ködern improvisieren. Bis ich den ersten Fisch an Bord hatte. Unter diesen Ködern waren Garnelen der herausragende Hit.

Bald aber merkte ich auch, daß Harpunieren ungleich leichter war als das Angeln. Die Tiere folgten einem hautnah. Warum das so ist, kann ich nur raten. Ich vermute, sie merken, daß der »große Fisch«, mein Boot, ihnen nichts tut. Er bietet ihnen Sicherheit, die sie nirgends sonst auf dem offenen Meer finden. Ich war ihr Superversteck, ihr Korallenriff. Ich bot ihnen eine gewissen Schutz gegen die Vielzahl ihrer allgegenwärtigen Verfolger.

Darauf war ich auch diesmal wieder eingestellt. Nur diesmal funktionierte das nicht. Ich war zu schnell, wie sich inzwischen bestätigte. Doppelt so schnell wie das Bambusfloß. Und noch mal etwas schneller als das Tretbötchen. Nur Doraden gesellten sich zu mir. Aber sie wollte ich zunächst nicht fangen. Achtundneunzig Prozent ihres guten Fleisches hätte ich dann immer über Bord werfen und verfüttern müssen. Sie waren lecker, aber zu groß.

Doch Neptun fürchtet offenbar irgendwelche Konkurrenz. Fische in Dosen, zum Beispiel, von Aldi. Deshalb macht auch er schon mal Sonderangebote, genau wie Herr Aldi.

Sein erstes Präsent für mich war ein winziger Tintenfisch. Er lag morgens auf einem meiner Kanister. Vertrocknet. Mit ihm als Köder fing ich einen kleinen Thun. So klein nur wie eine Forelle. Aber sein Fleisch war einfach einmalig. Eher Fleisch als Fisch.

Der Thunkopf bescherte mir, mangels anderer Kleinfische, die erste Dorade. Nun hatte ich Köderfleisch satt. Damit es nicht stinkend verdürbe, präparierte ich einiges als Trockenfisch. Ich hängte es auf eine Leine in den Wind. Den Rest gab ich dem Ozean zurück. Restlos-Recycling.

Aber den Trockenfisch habe ich nie gebraucht. Ich wurde Neptuns Freund, und so erhielt ich den Schlüssel für den nächtlichen Hintereingang. Das war mein Decklicht. Sobald ich es abends aufleuchten ließ, strömten alle mich begleitenden Doraden zu meinem Schiff. Wie Eisenspäne zum Magneten oder Kinder zu der Mutter Brust. Als wäre jetzt die Fütterungszeit. Vor allem dann wirkte mein Licht auf sie attraktiv, wenn der Himmel mondlos war. Bei Mond war es um vieles schwieriger, die Tiere in meinen Bannkreis zu locken. Dann mußte ich die Stunden nutzen, bevor er auf- oder untergegangen war.

Die Doraden waren leicht auszumachen. Ihre Haut leuchtete in grünlichblauen Farbtönen. Ein Anblick wie eingeschaltete Neonröhren. Im Gegensatz zum Tage, wo sie tiefer und weiter entfernt das Boot begleiteten, waren sie nun alle in Greifweite und dicht an der Oberfläche. Wenn ich mir eine fangen wollte, harpunierte ich sie. Es war so leicht, daß es schon unfair war. Die Tiere hatten keine Chance. Aus waidmännischen Erwägungen zwang ich mich, mir jeweils nur einen Wurf zu gestatten. Warf ich daneben, blieb die Küche kalt, und es gab trockenes Müsli. Zur Strafe. Die beste Erziehungsmethode.

Sehr oft besuchten mich Delphine. Sie tanzten um meinen Baum herum, als verursache er eine Melodie, nach der sie tanzten. Schnell holte ich jedesmal meine Mundharmonika hervor und begleitete ihre Tänze musikalisch. Einige der Tiere schwammen mir voran, als wollten sie mich ziehen und mir den Weg nach Brasilien weisen. Drei von ihnen kratzten ihren Rücken an meinen diagonalen Drahtseilen, die den Bug mit den Auslegern verbanden. Wie gern hätte ich sie von Hand gekrault! Aber da waren sie bereits wieder untergetaucht.

Haie sah ich nur zweimal. Einen kleinen hatte ich an der Angel. Wale sah ich nie. Für sie war es zu warm.

Den kapitalsten »Fang« machte ich südlich des Äquators. Ich hatte soeben geduscht und die Zähne geputzt. Es war Flaute wie meistens am Äquator. Ich dümpelte auf der spiegelglatten See und genoß den klaren Sonnenaufgang.

Plötzlich trieb neben mir eine knallrote Boje. Sie war nur 10 Meter entfernt. Eine schwarze 80 kennzeichnete sie als jemandes Eigentum. Ich holte den Fotoapparat. Das dauerte einige Augenblicke, weil meine Kajüte keine Tür, sondern nur ein kleines Einstiegsloch besaß. Als ich das Foto machen wollte, war die Boje bereits am Heck vorbeigetrieben. Wie war das möglich, fragte ich mich. Wir hatten doch beide dieselbe Flaute. Trieb ich oder trieb sie? Und dann sah ich die winzige Bugwelle, die die Boje verursachte.

Da hängt ein Fisch dran, war mir sofort klar. Mit großer Kraft und Beständigkeit zog er die Boje zum Horizont. Ich fühlte mich wie in »Der Alte Mann und das Meer« von Hemingway, wo der alte Fischer von seinem Riesen-Marlin tagelang über den Ozean gezogen wird. So erging es nun der Boje. Ich konnte nicht hinterher. Weder schwimmen noch fahren. Ich durfte mein Schiff nie und nimmer verlassen, und erst recht nicht konnte ich wenden und ihr folgen. Flaute. Ich sagte es schon.

In diesem Moment tauchte eine zweite Boje auf. Auch sie zog zielstrebig in dieselbe Richtung. Da war mir klar, daß kein Fisch daran hing, sondern ein Netz, das jemand Unsichtbarer mit Motorkraft zu sich ins Boot einholte.

Wie zur Bestätigung kam am westlichen Horizont ein Schiff in Sicht. Die Bojen, inzwischen waren es fünf, eilten ihm entgegen. Und das Schiff kam mir langsam entgegen.

Da eine Meldung auf Kanal 16! In Portugiesisch. Ich stellte mich vor.

»Ich bin ein Baumstamm und will nach Fortaleza.«

»Fortaleza ist unser Heimathafen. Wir sind Fischer und arbeiten für die *Municipal Pesca Ltda* in Natal. Bist du okay? Benötigst du irgend etwas? Hast du genug Wasser?«

Ich konnte sie beruhigen. Ich war kein Schiffbrüchiger und konnte eher anderen helfen, als daß ich selbst Hilfe benötigt hätte.

Inzwischen waren sie heran.

»Wenn du nicht schiffbrüchig bist, bist du verrückt, oder du weißt nicht mehr, was du redest. Wie kann man mit einem solchen Fahrzeug über den Atlantik fahren?«

»Das kann ich euch sagen. Weil ich Angst hätte, mit einem solch wackeligen und sinkbaren Schiff wie dem euren zu fahren. Zumal ihr auch noch *Titanic* heißt.«

Aber dann hatte ich eine Idee, um ihnen das Gefühl zu geben, jemandem in Not geholfen zu haben.

»Ich könnte jetzt eine eiskalte Caipirinha gebrauchen!« (Gestoßenes Eis, Limettensaft mit zerquetschter Schale, etwas (oder mehr) Zuckerrohrschnaps, brauner – notfalls weißer – Zucker.)

Einen Moment lang herrschte Funkstille. Dann kam die Antwort.

»Du bist ein Witzbold. Eine Caipirinha hätten wir selbst gerne. Wir haben nicht einmal mehr Tabak. Hast du nicht Zigaretten für uns?«

»Leider nein. Mein Schiff ist ein Nichtraucher-Schiff. Aber ihr könntet mir einen kleinen leckeren Fisch schenken. Habt ihr ein Thunbaby an Bord?«

»Positivo. Das haben wir. Wir kommen längsseits und werfen dir eins rüber.«

Behutsam, obwohl flautissimo, schoben sie sich an meine Seite. Neun wild aussehende Männer mit nacktem Oberkörper und brauner Haut standen mit offenen Mündern an der Reling und glaubten, ihren Augen nicht mehr trauen zu können. *TITANIC* las ich am Bug. Und am Heck stand außerdem »Fortaleza/Ceará«.

Sie warfen mir eine Fangleine zu. Ich griff sie und zog. Drüben plumpste ein großer blauer Plastiksack ins Meer. Was hatten die mir denn da wohl eingepackt? Hand über Hand zog ich ihn näher. Fast fühlte ich mich wie an Weihnachten. Kaum gelang es mir, ihn an Bord zu hieven. Ich löste das Seil und riß den Sack auf.

Sein Inhalt: ein 40 Kilo schwerer Thunfisch. Mein allergrößter »Fang«.

Ein solches Geschenk konnte ich unmöglich ohne Gegengabe annehmen. Bestimmt lebten sie seit Tagen nur von Bohnen, Reis und Fisch. Die brauchten leckere Desserts. Ich schnürte ihnen ein großes, wasserdichtes Paket mit meinen leckeren Süßspeisen. Davon hatte ich reichlich. Folker Schultheiss, Boss von *Globetrotter-Lunch,* hatte mein Schiff damit ausgerüstet, als gälte es, eine globale Hungerkatastrophe zu besiegen oder als wollte er mir mit seinen wasserdicht verpackten schwimmenden Alu-Tüten für alle Fälle einen letzten garantierten Auftriebskörper schenken. Ich gab den Fischern Blaubeersuppe, Mousse au chocolat, Aprikose-Maracujá und Rote Grütze mit Sago. Einer von ihnen sprang ins Wasser und holte sich das Paket ab. Dann trennten sich unsere Wege.

Ich briet mir sofort anderthalb Kilo Thun und genoß diese unerwartete Delikatesse mit Fertigsoße hollandaise und Tee. Mehr schaffte ich nur, wenn ich mich übergab. Und das tat ich gerne, weil ich dann erneut zuschlagen konnte.

Den Rest des Riesenfisches teilte ich unter den Doraden auf, die mich wie wild gewordene Haie umkreisten, bis nichts mehr übrig war. Wer weiß, wann sie je so üppig und gut zu essen hatten. Ich jedenfalls schon lange nicht mehr. Es lebe die Seekrankheit!

Und dann passierte dies: Es war stockdunkle Nacht. Ich hatte das Segel nachgestellt, als meine Stirnlampe etwas erfaßte, das mich regelrecht zusammenzucken ließ. Zwei große gelbe Augen blickten zu mir herüber und reflektierten das Lampenlicht. Es waren die typischen Augen nachts jagender Tiere. Aber welches konnte das hier sein? Es gab weder Hunde noch Katzen, und schon gar nicht gab es Radfahrer mit Rückleuchten. Immer wieder verschwand der Reflex aus dem Lichtkegel, weil die Wellen das Tier wie auch mich durcheinanderschüttelten. Immer wieder sah ich die Augen, aber die Umrisse des Tieres waren nicht zu deuten.

War es ein Krake? Waren es Täuschungen infolge der Gischt? Die Gischt schied sofort aus, weil die Augen konstant nah beieinander blieben. Und weil sie gelb waren. Vielleicht hatten der Sturm und die Dunkelheit den Kraken neugierig gemacht und an die Oberfläche gelockt. Dabei wußte ich nicht einmal, ob Kraken überhaupt an die Oberfläche kamen. Damals bei der Bambusfloßreise war es ein gewaltiger Manta gewesen, der uns drei Stunden lang an der Oberfläche gefolgt war. Bei hellichtem Tage. Warum also nicht ein Krake bei Nacht? Ich legte die Kamera bereit, aber er blieb auf Distanz.

Erst einige Nächte später klärte sich der Fall auf. Ich hatte mir gerade eine Dorade gefangen, als ich wieder genau solche Augen sah. Diesmal allerdings viel näher. Ich konnte die Umrisse des Tieres deutlich ausmachen. Es war eine besonders große Möwe, die, anders als die meisten übrigen Artgenossen, solche Nachtjägeraugen besaß.

Und ein weiteres Mal, diesmal bei nächtlicher Flaute, sah ich die allergrößten Augen der gesamten meiner Reisen. Sie waren faustgroß. Das konnte unmöglich wieder diese Möwe sein. Sonst hätte sie die Größe eines Delphins haben müssen. Mir schwante, daß dies endgültig mein Traumkrake sein mußte. Ganz langsam trieb er auf mich zu. Als wäre ich blöd und würde das nicht merken, pirschte er sich heran. Dann erfaßte ihn meine Lampe. Und was war es diesmal?

Es war meine Rettungsboje, die ich normalerweise 50 Meter hinter mir herzog. Wegen der Flaute trieb sie nun seitlich. Sie bildete den Abschluß meines Treibseiles. Um sie auch nachts sehen zu können, sofern ein Funken Licht schien, hatte ich sie bestückt mit großen runden Reflexleuchten. Mein ganz persönlicher Krake also.

Hilfe! Alle wollen mich retten

Die Fischer aus Fortaleza waren nicht die einzigen, die mich retten wollten. Auch andere schienen wie besessen, mir zu helfen. Und ich muß gestehen, solche Momente waren die bewegendsten auf der gesamten Reise.

Der erste »Retter« war ein Flugzeug der mauretanischen Luftwaffe. Ich war den dritten Tag unterwegs, als ich das Motorengeräusch wahrnahm. Und im selben Moment brauste es bereits über mich hinweg. Ziemlich dicht über dem Segel. Ein Gefühl wie Gegenwind und Lawinengetöse.

Der Pilot hatte mich nicht sehen können. Ich hatte in der Hütte gehockt und geschrieben. Schnell sprang ich ins Freie. In der Ferne sah ich die Maschine in weitem Bogen wenden. Was das Steuern betraf, waren der Pilot und ich Kollegen. Auch er konnte nicht einfach einen hasengleichen Haken schlagen oder kreuzen wie ein Yacht. Er mußte einen sehr weit gespannten Kreis fliegen. Da dröhnte er bereits erneut über mich hinweg.

Ich hatte mich am Bug aufgestellt, weil man mich da am besten sehen konnte, reckte beide Daumen in die Höhe und nahm Kontakt auf über das Sprechgerät.

»Ist bei Ihnen alles klar?« fragte mich der Flieger.

Natürlich war bei mir alles klar. Einfach deshalb, weil Holz schwimmt. Aber Piloten wissen das nicht. Denn Flugzeuge schwimmen nur so lange, bis sie vollgelaufen sind.

Der Kapitän der *Surmar 002* sei in Sorge gewesen und habe Meldung erstattet, weil ich ganz plötzlich aus Nouakchott verschwunden sei, ohne das vorher angekündigt zu haben. Sie wünschten mir jedenfalls alle eine gute Reise.

Die Maschine schwang mit den Flügeln und entschwand im Dunst des Saharastaubes am Horizont. Richtung Mauretanien.

Der zweite »Retter« war ein russischer Frachter. Das Schiff kam auf mich zugerast wie ein Torpedo. Die gigantische Bugwelle ließ mich ahnen, wie viele Momente mir noch blieben, bevor es mich völlig über den Haufen oder unter die Wasserberge fahren würde.

Ich griff das Sprechgerät. Notkanal 16.

»Achtung, Achtung! Ich bin ein ganz kleines Schiff und befinde mich unmittelbar vor euch. Ich kann nicht ausweichen.«

Keine Antwort. Wahrscheinlich mal wieder Kaffeepause. Oder Personalnot. Das hatte ich schon oft erlebt. Obwohl jedes anständige Schiff auf Kanal 16 immer hörbereit zu sein hat, erhielt ich nur in maximal 50 Prozent der Anrufe eine Antwort.

Ich drückte die Taste und rief weiter und lauter und ängstlicher, je näher das Ungetüm angestürmt kam. Resultat Null.

Ich schoß rote Raketen ab und warf orangefarbenen Rauch. Mir wurde erstmals klar, daß ein Mensch eigentlich mit vier Händen ausgestattet sein müßte.

Der Rauch hatte noch gar nicht richtig gezündet und sich von schwarzem Anfangsqualm in sichtbares Orange gewandelt, als ich merkte, daß ich Glück haben könnte. Es sah, wenn ich angestrengt unter dem Segel hindurchblickte, jetzt so aus, als würde das Ungetüm haarscharf vorbeisausen.

Und noch etwas glaubte ich plötzlich zu sehen: Die Bugwelle war doch nicht so gewaltig, wie ich sie zunächst eingeschätzt hatte.

Aber nun war das Metallmonster heran, verlangsamte spürbar sein Tempo, und ich sah, warum mir niemand geantwortet hatte und warum die Bugwelle nun kleiner wurde. Die gesamte Mannschaft, jedenfalls etwa zehn Leute, stand wild gestikulierend an der Reling. Statt Kaffeepause machten die Frühgymnastik. Allerdings sehr unkoordiniert. Jeder fuchtelte auf seine persönliche Art und Weise in der Luft herum. Da gab es den Helikopterrotor, den Krauler, den Winker, den Ertrinkenden, den Frauenbegrapscher ... Jedenfalls wirkte es so.

Und dann merkte ich natürlich sehr schnell, daß die freundlichen Gesten, der gesamte Frühsport nur meinetwegen veranstaltet wurden. Einige riefen sogar etwas. Ich also wieder an die Funke. Und diesmal kam die Antwort klar und deutlich.

»Was ist passiert? Warten Sie, wir lassen sofort ein Boot zu Wasser.«

»Um Himmels willen! Ich benötige keine Hilfe. Es geht mir gut. Ich bin ein Baum und will nach Brasilien.«

Unverständliches Gemurmel. Fassungslosigkeit.

»Wohin wollen Sie? Geht es Ihnen wirklich gut? Haben Sie genug Wasser?«

Die dachten offenbar, ich redete schon im Delirium.

»Ich zeige es euch.«

Ich spielte den Spendablen, öffnete mit gekonntem Griff den großen Schraubdeckel eines meiner Wassercontainer und goß ein paar Liter durch die Netze. Ich reckte meinen Daumen hoch.

»Alles okay. Alles positiv.«

Ich hatte sie überzeugt. Nach den üblichen Fragen über das Woher und Warum und Wieso nahm das Schiff wieder Fahrt auf und die Mannschaft ihre Frühgymnastik. Diesmal etwas geordneter: Sie machte die Nummer Winke-winke.

Ich versuchte, entsprechend zu antworten, aber auf Grund der Enge meines Decks purzelte ich ins Netz. Vielleicht war es auch das unerhörte Glücksgefühl, das mich wanken ließ. Dieses Glücksgefühl, das ich schon so manches Mal erlebt hatte, wenn mir die große Hilfsbereitschaft auf See zuteil wurde.

Dann passierte lange nichts, weil ich in einer Zone war, in der es wenig Schiffsverkehr gab. Also außerhalb üblicher Routen. Weit und breit und tagelang nur Salzwasser. Als sei das nicht schon genug, war es hier auch noch zehn Kilometer tief. Mit diesem vielen Salz könnte man die gesamte Menschheit pökeln.

Doch eines Morgens – ich war wieder gerade bei der Morgendusche im Licht der aufgehenden Sonne – sah ich am Horizont trotz der gleißenden Helligkeit ein Lichtsignal. Es näherte sich auffallend schnell und direkt in meine Richtung. Ich verschob das Duschen auf später und holte das Sprechgerät.

Auch in diesem Falle war die weiße Bugwelle deutlich sichtbar und ein Zeichen für hohes Tempo. Ich kriegte Besuch.

Das Rennboot kam näher, und nun konnte ich erkennen, daß es sich um ein brasilianisches Kriegsschiff handelte. *P 43, Goiana* konnte ich schließlich lesen, und die brasilianische Flagge winkte flatternd herüber. Ich beneidete das Schiff um seine Unabhängigkeit vom Wind. Denn ich dümpelte mal wieder in der Flaute. Die vollkommene Ohnmacht.

»Bom dia«, begrüßte ich die Neugierigen. Es war, nach den Fischern auf der *Titanic,* der zweite Kontakt mit Menschen meines Gastlandes. Ich hatte hier eigentlich noch kein Militär erwartet, weil es bestimmt noch 400 Meilen bis zur Küste waren. Allerdings lag im Südosten von mir die brasilianische Insel Fernando de Noronha. Wahrscheinlich kam das Schiff von dort.

Augenblicklich kam die Antwort. »Bom dia, schalten Sie um auf Kanal 05!«

Militärische Disziplin.

Ich stellte mich vor und erklärte, wohin ich wollte.

Sie antworteten, daß es sich bei ihrem Besuch um eine reine Patrouillenfahrt handle. Ich sähe aus, als sei ich kurz vorm Untergang, ob ich Hilfe benötigte.

»Auch kein Wasser, keine Lebensmittel? Benötigen Sie Material?«

»Nein danke. Nur Wind. Sonst habe ich wirklich alles. Es geht mir wirklich gut. Ich bin ein funktionstüchtiges Schiff. Aber ist bei Ihnen selbst alles in Ordnung? Haben Sie genug Wasser? Damit könnte ich Ihnen sonst gern aushelfen.«

Kleiner Scherz unter Seebären.

»Nein, mit Wind können wir auch nicht dienen. Aber wir können Ihnen fest versprechen, daß er kommen wird. Wir wissen nur nicht, wann.«

Kleiner Rachescherz unter Seebären.

»Na dann willkommen in brasilianischen Gewässern, und erreichen Sie gesund Fortaleza!« wünschte mir der Kommandant. Lachend verabschiedeten wir uns.

Sie drehten noch ein paar Ehren- oder Routinerunden um mein Unikum und fotografierten das Segel mit dem brasilianischen Text. Ich blieb weiter auf Empfang. Aber die Marineiros meldeten sich nicht mehr. Sie entschwanden in einer schwarzen Auspuffwolke. Umweltignoranten.

Hoffentlich sind sie nun nicht verstimmt ob des Segeltextes, dachte ich und feierte die freundliche Begegnung mit einem starken *cafezinho*. Einstimmung auf Brasilien.

Tagaus, tagein

Zu Anfang der Reise nahmen auch Experimente ein paar Stunden des Tages in Anspruch. War der Stamm schon tiefer gesunken? Oder trotzte er dem Wasser? Das war schwer zu messen. Denn immer wurde er von gekräuselten Wellen zumindest beleckt, wenn nicht zischend oder donnernd überkracht. Letztlich kam es auch nicht auf Millimeter an. Daß er unsinkbar war, stand ohnehin fest. Da mußte ich nicht unbedingt noch nachmessen. Der Bayer-Schaum hielt, was er versprochen hatte. Mit ihm könnte ich auch noch den Pazifik machen. Oder den Atlantik zurück. Jedenfalls schaute mein Bug, einem schnaufenden Wal gleich, immer noch gleich weit aus dem Wasser. Die Namensschilder »*THE TREE*« waren der beste Wasserstandsanzeiger. Nur die unteren waagerechten Striche der Buchstaben waren permanent unter Wasser.

Dann war da der Experimente-Winzling an Bord: ein Solarenergie-Meßgerät der Firma MacSolar. Es war nur handtellergroß, auf dem Dach montiert und registrierte getreu die einstrahlende Sonnenmenge. Anhand der gespeicherten Daten könnte man errechnen, wie groß eine Solaranlage bei welchem Bedarf zu sein hätte. Interessant für Häuslebauer. Für mich selbst waren die Daten nicht relevant, weil deren Auswertung erst hinterher stattfinden würde.

Ich verließ mich auf meine Solaranlage von EBV aus Oldenburg. Sie bestand aus zwei Solarplatten, die auf dem Dach montiert waren und zwei voneinander unabhängige Batterien mit Strom versorgten. Ganz bewußt hatten wir auf Schalter verzichtet, um die Reparaturanfälligkeit so gering wie möglich zu halten. Die Anlage war genau richtig dimensioniert und hat sich hervorragend bewährt. Sie lieferte mir den Strom für eine Innenbeleuchtung, ein Decklicht und das Satellitentelefon.

Die wesentlichen Experimente betrafen die Trinkwassergewinnung. Das wichtigste und simpelste Utensil dafür waren wohl die Regenrinnen beidseits des Regendaches meiner Hütte (sprich: Kommandobrücke). Schon bei nieselndem Regen lieferten sie eine Tasse Wasser pro Stunde. Wenn es jedoch schüttete, tropenmäßig, dann waren die Großhandelsmengen angesagt: in 30 Minuten 40 Liter! Das einzige Problem: Man kann Regen nicht als zuverlässigen Quell einplanen. Es kann wochenlang auch gar nicht regnen. Übrigens schmeckt Regen nicht wie destilliertes Wasser. Durch die Anreicherung mit Saharastaub schmeckte er so, wie es sich für leckeres Wasser gehört.

Wenn ich das Segel unten etwas aufrollte, fing auch das Segel Regen auf. Man kann sich ausrechnen, wieviel das war. Das Segel hatte dreißig Quadratmeter, mein Dach nur vier. Natürlich mußte man einen Großteil der Fläche abrechnen, weil es senkrecht und nicht waagerecht stand. Hätte ich die dreißig Quadratmeter flach ausgelegt, dann hätte ich einen Swimmingpool füllen können.

Neu für mich war, wieviel Tau des Nachts fiel. Segel, Dach, Rettungs-Boot, alles klatschnaß, sobald die Sonne untergegangen war. Man konnte ihn mit dem Tuch sammeln und auswringen.

Darüber hinaus zierte mein Dach eine plexigläserne Kugel. Sie war luftdicht verschlossen. In ihrem Inneren stand ein schwarzes Gefäß mit Meerwasser. Schwarz war es, um die Wärme anzuziehen. Sobald die Sonne schien, entstand in der Kugel eine gewaltige Hitze. Das Wasser verdunstete, kondensierte an der Innenseite der Kugel und lief ab auf den Boden der Kugel. Dort gab es eine winzige Öffnung, durch die es in ein Auffanggefäß tropfe, das aber auch zu dem luftdicht verschlossen Ganzen gehörte.

Das Salz blieb zurück im schwarzen Gefäß.

Bei diesem Experiment zeigte es sich, daß steiler ablaufende Wandungen, etwa wie bei einer Pyramide, effektiver gewesen wären. Okay. Beim nächstenmal. Aber ich hatte eine Kugel gewollt. Sie wirkte so schön geheimnisvoll. Und diesbezüglich hat sie meine Erwartungen voll erfüllt: »Was ist denn das da?« war eine der meistgestellten Fragen.

Das Wichtigste für mich war, nie Langeweile zu haben. Ich hatte mich dagegen gewappnet und reichlich Arbeit mitgenommen. Vor allem war es das Buch mit den 60 verrücktesten Geschichten meines Lebens, an dem ich arbeitete. Kein Telefon störte mich, keine Zeitung, kein Radio lenkten mich ab, kein Termin lockte mich aus der Hütte. Ich genoß die völlige Abgeschiedenheit und konzentrierte mich aufs Schreiben. Das einzig Störende war die unbequeme Sitzhaltung auf Grund der winzigen Hütte. Wenn ich saß und schrieb, hockte ich auf einem der Filmkoffer oder auf dem Boden. Ich mußte immer gebeugt sitzen, sonst stieß ich an die Decke.

Wenn ich mich mal richtig ausstrecken wollte, mußte ich raus und mich in die Netze zwischen den Auslegern werfen. Sie wirkten wie Hängematten. Aber in ihnen war man ungeschützt der Sonne und den Wellen ausgesetzt. Beides war nur vorübergehend zu ertragen.

Flaute

Ich hatte beim Bau des Schiffes unterschätzt, daß das immer nasse, glitschige, sich bewegende, brettartige Deck mir keinen echten Auslauf bot. Hätte ich es bedacht, hätte ich meine Hütte größer gemacht. Ich hatte mich leiten lassen von Gewichtsersparnisaspekten. Doch zumindest war die Hütte angenehm trocken und schattig. Sie maß 140 mal 180 Zentimeter und war 120 Zentimeter hoch. Sie war vorne und hinten zu klein. Weil ich die Grundfläche teilen mußte mit zwei großen Batterien, den zwei Fotokoffern und der Kochkiste. Was mir übrigblieb, waren Länge und Breite eines Schlafsacks.

Wegen der unbequemen Sitzhaltung übermannten mich oft die Müdigkeit und der Wunsch, mich zu strecken. Also gönnte ich mir ein Nickerchen. Zwar meinte ich immer, nur halb zu schlafen und mit der anderen Hälfte des Geistes wachsam zu sein für den Fall, daß das Schiff meine Hilfe brauchte und ich schnell hinausklettern mußte.

Aber das war meist ein Trugschluß. So auch diesmal.

Im Unterbewußtsein spürte ich eine lähmende Totenstille um mich herum. Weil es die in der Realität noch nie gegeben hatte, hielt ich sie für einen Traum.

Solche irritierenden Träume hatte ich öfter. Da wälzte ich gewaltige Probleme durch den Schlaf, daß ich gar nicht mehr wagte aufzuwachen, bevor ich sie nicht gelöst hatte. Selbst wenn ich dann allmählich wacher wurde und erkannte, daß wohl doch alles nur ein Traum gewesen war, verfolgte und belastete mich das Problem noch nach Stunden. So auch diesmal.

Ich wagte nicht, mich zu bewegen, und überlegte fieberhaft, was die Ruhe zu bedeuten haben mochte und wie ich reagieren müßte. Eine leichte Panik kribbelte in mir hoch. Entweder war ich auf einen Strand gespült worden und würde gleich ausgeraubt werden, oder ich war noch auf hoher See und hatte mein Gehör vollends verloren.

Nach Wochen des Schaukelns, Seileklapperns und Wellengeschwätzes schien mir nichts anderes für die Ruhe in Frage zu kommen. Da ich wegen des allgegenwärtigen Salzes meine Hörgeräte nicht trug und ich sie sicher verpackt hatte, mußte die Ruhe mit den Ohren zusammenhängen. Ich machte den Hörtest: »Eins, zwei, drei«, und konnte mich sprechen hören. Die Ohren waren es also nicht. Blieb der Strand. Aber der schied auch aus. Denn inzwischen war ich so weit erwacht, daß mir klar war, wo ich mich befand: mitten auf dem Ozean. Und da gab es keinen Strand weit und breit. Die Strichliste an meiner Kabinendecke zeigte mir 27 Tage an. Ich war vorm Äquator und mindestens noch zwei Wochen vom Land entfernt.

Endlich wichen Träume und Ängste der Realität. Die Schlafpause war zu Ende. Ich mußte hoch und nachschauen, was wirklich los war, wer den Lärm abgeschaltet hatte. Es kostete mich immer einige Überwindung, denn je länger ich unterwegs war, je länger die ungewohnten Wach- und Schlafphasen währten, desto tiefer und traumgeplagter war der Schlaf.

Wenn ich dann hochschreckte, passierte es immer wieder, daß ich mir den Kopf an irgend etwas stieß. Ich fluchte über meine Unkonzentriertheit und die zu enge Hütte und schälte mich aus der Schlafritze wie die Banane aus der Schale.

35°C im Schatten. Obwohl ich beide Kabinenklappen geöffnet hatte, spürte ich nicht den geringsten Durchzug. Es war tatsächlich absolut windstill. Die See lag wie ein Spiegel. Das Segel hing so desinteressiert an der Rah, als läge es noch beim Segelmacher auf dem Boden, warte auf den Zuschnitt und wisse gar nicht, welche Aufgabe es noch zu erfüllen hatte.

Kein einziges der vielen Seile zeigte auch nur den geringsten Lebenswillen. Im gesamten Schiff bewegte sich nichts außer mir. Und da vor allem das Herz. Vor Aufregung. Das gleißende Sonnenlicht schmerzte in den Augen. Ich setzte die Schirmmütze und die Sonnenbrille auf. Nicht einmal kleine Knabberwellen kräuselten sich am Stamm. Ich kletterte vollends aus der Hütte und bemerkte noch ein Novum: Mein Deck war erstmals stockfischtrocken. Ich konnte siebzehn Meter hin- und herlaufen, ohne das Gleichgewicht halten zu müssen. Es war wirklich so, als läge ich an Land. Bestimmt hielt dieser Zustand schon über zwei Stunden an. Das verrieten mir Trockenheit und Uhr. Sämtliche Entenmuscheln an Deck waren verdorrt. Es herrschte totale Flaute.

Noch vor zwei Stunden hatte ich Windstärke drei gehabt. Das war das Minimum, das ich benötigte, um voranzukommen. Und das bedeutete Wellen, dauernasses Deck, Bewegung und ein mäßig arbeitswilliges Segel.

Erst ab Wind drei kam auch meine automatische Windsteueranlage zur Entfaltung. Bei Windstärke zwei konnte ich sie vergessen und mußte das Hauptruder so justieren und belegen, daß sich das Schiff auch ohne Windsteuer gen Brasilien vorwärts quälen konnte.

In jedem Falle, also auch bei Sturm, erwies sich die Länge des Baumes als ideal. Mußte ich die Segelstellung verändern, konnte ich das meist in Ruhe erledigen und dann erneut ans Heck eilen, um die Steuer mit dem Segel in Einklang zu bringen. Bevor der lange Stamm seinen Kurs merklich veränderte, war so viel Zeit, daß ich mir fast noch einen Kaffee aufbrühen konnte.

Diese Behäbigkeit war ein unerwartetes Geschenk des Baumes an mich. Er und ich, wir waren nach überwundenen Anfangsschwierigkeiten nicht so schnell aus der Ruhe zu bringen. Und weil ich allein war und alles selbst tun mußte, verlieh mir das viel Gelassenheit und Sicherheit.

Ich ahnte nicht, daß die flauen Tage noch lange anhalten würden. Zwar blies zwischendurch mal ein Hauch von irgendwoher, und ich machte mir gleich wieder Hoffnung auf eine »Rekord«-Überquerung in vier bis fünf Wochen. Aber dann entpuppte sich der Hauch als Blähung des Herrn Wettergott oder als die Folge des Flügelschlages einer müden Möwe.

Was macht man an solch einem Tag ohne Action? Die zehn Bücher, die ich mitgenommen hatte, waren gelesen. Fünfzig meiner sechzig Anekdoten waren geschrieben. Lektion 19 aus dem Brasilianisch-Buch und die Ankunftsrede waren gepaukt. Was blieb, war Mundharmonika spielen und noch einen Tee oder noch eine Brühe zubereiten.

Aber dann bot die Natur mir unerwartet Unterhaltung. Jetzt, auf der Stelle dümpelnd, schwammen vier Schiffshalterfische den Stamm entlang und begrüßten mich. Während der Fahrt waren sie nicht so eifrig. Da nutzten sie ihre Saugplatten, hefteten sich ans Ruderblatt und ließen sich mitziehen. Schmarotzerbande hatte ich sie immer genannt und mir vorgestellt, wie sehr sie mich bremsen würden, wenn ich hundert von ihnen mitzuziehen hätte. Aber diese vier waren eher wie Freunde. Wie froh sie wohl gewesen waren, als sie mich entdeckten und ich ihnen Halt und Sicherheit bot. Und nun schwänzelten sie munter um mich herum.

Bisher hatte ich sie nur sehr selten wahrgenommen. Das war nur dann der Fall, wenn ich irgendeinen organischen Abfall über Bord geworfen hatte und sie sich kurz vom Ruder lösten, um ihn sich zu schnappen. Das dauerte aber jeweils nur Sekunden. Weil ich sehr schnell war, kehrten sie sofort zurück, damit ich ihnen nicht entkam.

Und dann tauchte noch ein kleiner Drückerfisch auf. Mit seinen scharfen Zähnen riß er sich einige von den fünfzigtausend Muscheln ab, die sich am Stamm angesiedelt hatten. Seine Rückenflosse wirbelte wie der Rotor eines Helikopters. Wenn ich mein Geschirr abwusch, war er sofort zur Stelle und ließ sich die Abfälle schmecken. Sehr schnell wurde er zutraulich und fraß mir aus der Hand. Und fast ebensoschnell hatte er herausgefunden, daß meine Finger besser schmeckten als das Brot. Von dem Moment an konnte ich ihn nur noch mit der Gabel füttern.

Es war der Drücker, der mich auf die Idee brachte, zu schnorcheln.

»Komm runter, du feiger Lungenatmer«, schien er zu sagen, »schau dir unsere Welt an.«

Wie immer band ich mich aus Prinzip auch bei Windstille fest. Ob über oder unter Wasser – die Gefahr, mit dem Kopf irgendwo dagegenzuschlagen, war immer gegeben. An Deck konnte man ausrutschen oder einen Sonnenstich bekommen. Unter Wasser konnte man sich erschrecken oder sich verschlucken, wenn Wasser durch den Schnorchel eindrang. So mutterseelenallein steigerte sich die Vorsicht ganz von selbst.

Als ich unter das Schiff tauchte, war ich froh über die Flaute. Erschien mir das Meer von oben wie eine leblose Wüste, entfaltete es nun, durch die Taucherbrille betrachtet, seine volle

Schönheit und das vielfältige Leben. Zwar hatte ich nicht die Hundertschaften kleiner Begleitfische um mich wie beim Tretboot oder Bambusfloß, aber es waren da – neben den fünf genannten Fischen – die vielen Doraden und vereinzelte andere Fische in größerer Tiefe. Die Doraden kamen jedesmal auf Tuchfühlung heran. Wenn sie sich zu vielen zusammenschlossen und mich von allen Seiten beobachteten und fast berührten, brauchte ich sie nur anzublaffen, um sie wieder auf Abstand zu bringen.

Der Tauchausflug war nicht zu vergleichen mit einem Spazierschwimm durch Korallenriffe, aber er war ein wohltuender Kontakt mit anderen Lebewesen, mit Leidensgefährten gewissermaßen, weil auch sie in diesem Ozean überleben mußten und keine andere Chance hatten als ihre Schnelligkeit oder den Schutz im Fischschwarm.

Was mich außerdem faszinierte, war der veränderte Baumstamm. Zehntausende von Muscheln hatten es sich daran bequem gemacht. Sie saßen dicht gedrängt. Anfangs waren sie noch so winzig klein gewesen, daß ich sie nur mit der Lupe erkennen konnte. Und trotz dieser Winzigkeit besaßen sie die Kraft, sich am schnellen Baum festzuhalten und anzusiedeln. Jetzt waren sie bereits drei Zentimeter lang und verzauberten den Baum in einen bewachsenen, bunten Urwaldriesen. Allerdings nahmen sie ihm seine Glätte und bremsten. Das mußte ich in Kauf nehmen. Befreien konnte ich mich nicht von ihnen. Das hätte eine Mordsarbeit bedeutet. Damit der Nutzen nicht nur einseitig zu meinen Lasten ging, futterte ich regelmäßig einige von ihnen. Sie schmeckten auch roh sehr lecker. So kam es zur Symbiose zwischen ihnen und mir.

Vor allem ergab der Schnorchelgang, daß alle Metallverbindungen hundertprozentig intakt waren. Auch die beiden Ruder waren in Topform. Das war eine beruhigende Feststellung. Oft hatte ich vorgehabt, auch bei rauherer See zu tauchen. Wenn ich dann aber sah, mit welcher Wucht die Traversen, Drahtseile und Ausleger von den Wellen auf und nieder gehämmert wurden, vertraute ich vorerst lieber den Herstellern und meinem Glück und verzichtete auf die Kontrolle. Obwohl es gegen die alte Lenin-Regel verstieß, die da sagt: »Vertrauen ist gut, Kontrolle ist besser.«

Nachdem ich den Check unter Wasser absolviert hatte, war ich erleichtert. Der Submarine-Part war bis dahin der Schwachpunkt meiner täglichen Kontrollen gewesen. Jetzt, da ich wußte, daß alles okay war, hätte ich gern wieder Wind gehabt.

»Sie müssen Geduld haben«, ließen mich meine treuen Wetterdienstler in Hamburg telefonisch wissen. »Sie sind in den Kalmen. Andere Schiffe haben da schon fünf Wochen ohne Wind gelegen.«

Fünf Wochen? Vor Schreck mußte ich rülpsen. In der Zeit wollte ich den gesamten Törn längst hinter mich gebracht haben. Fünf Wochen in der engen Bude – dann säße ich auf abgewetzten Knochen. Obwohl nur ganz zu Anfang etwas seekrank, hatte ich doch arg abgenommen. Die Fleischpolsterung am Schinken war mir abhanden gekommen. Ich hatte einfach nicht den Appetit wie daheim. Vielleicht lag es auch an der eingeschränkten Speisenauswahl. Aber ich sah die Abmagerung positiv, weil der Wechsel von Überfluß und Mangel dem Körper guttat. Schließlich will ein Körper belastet werden, um seine Kampfkraft trainieren zu können. Ein Körper, der nie herausgefordert wird, erlahmt. Und einen lahmen Körper konnte ich mir noch nicht erlauben. Zu vieles spukt noch an Plänen in meinem Kopf und möchte realisiert werden.

»Aber wir können Sie beruhigen, übermorgen nachmittag kriegen sie Wind 4 aus Nordost«, trösteten mich die Hamburger. Und sie behielten tatsächlich recht. Für Meteorologen sicher eine ebenso schöne Erfahrung wie für mich.

Und da sie auch mit anderen Prognosen richtiglagen, gaben sie mir den verlorenen Glauben an Wettervorhersagen zurück. Ihre Ratschläge waren sehr tröstlich. Zwar konnten sie mir nicht navigatorisch beistehen, weil mein Gefährt zu plump war, um Unwettern auszuweichen. Aber sie halfen mir psychisch. Ich fuhr nach der alten Survival-Regel, immer mit dem Schlimmsten zu rechnen und es zu genießen, wenn es weniger heftig wurde.

Sturm

In Deutschland war es 10.30 Uhr Winterzeit. Bei mir an Bord auch. Denn ich hatte zwei Uhren mit. Die der deutschen Winterzeit, um immer zu wissen, wie spät es daheim war und um meine Telefonate danach richten zu können, und die mit der brasilianischen Zeit, um mich schon mal auf den neuen Rhythmus einzupendeln.

Nach dieser deutschen Winterzeit ging die Sonne heute um halb elf auf. Blutorangerot erhob sie sich über einem Wolkenband, das im Osten auf dem Meer lag.

Ich liebe die Sonne. Ich bin ein Lichtmensch. Sonne macht mir beste Laune. Sie ist meine Verbündete gegen die dunkle Nacht, die ich überhaupt nicht mag. Die Dunkelheit nimmt mir den Weitblick. Sie ist die Partnerin vieler Verbrecher. Sie versteckt Gefahren unter ihrem schwarzen Tuch. Sie fördert das Böse. Tagsüber, selbst bei eingeschränkter Sicht infolge des roten Saharastaubes, sah ich rechtzeitiger, was da auf mich zukam. Wenn sich glattes Wasser plötzlich durch aufkommenden Windhauch kräuselte wie eine sorgenvolle Stirn, dann war Windschwäche 1 angesagt. Für mein Segel bedeutete das, sich ausruhen zu können. Es hing schlaff am Mast und ich ebenso schlaff in meiner Hütte. Dann war ich verärgert über den Wettergott. Ich bevorzuge Action.

Wehte er stärker und ließen sich hier und da erste weiße Schaumkrönchen blicken wie beim frisch eingeschenkten Kaffee, dann hatte ich Windstärke 3, und mein Segel begab sich lustlos und gelangweilt an die Arbeit.

Wurden die Wellen jedoch größer und war jede einzelne mit einem Schaumkamm gekrönt, dann war Windstärke 5 aktiv, und ich machte ideale Fahrt.

Türmten sich die Wasserberge dann noch höher und raste jedem eine weiße Gischtfahne voran, dann wurde es Zeit, das Segel zu reffen. Mindestens von 30 auf 20 Quadratmeter.

Ab 6 Knoten und in hohen, schnellen Wellen arbeitete mein Baum unökonomisch. Dann mußte ich ihm Ruhe geben. Jetzt noch mit Vollsegel weiterzufahren, das stellte sich schnell heraus, hatte zur Folge, daß sich im Durcheinander von wilden Wellen und Dreikufenboot zu viele verschiedene Kräfte bildeten, die sich gegenseitig aufhoben. Dann fühlte ich mich wie in einem Auto, das in zu hohem Gang gefahren wird und dann durchdreht oder das ab einer bestimmten hohen Geschwindigkeit vom Luftwiderstand seine Grenzen gezeigt bekommt.

Schlugen die Wogen noch höher und pfiff die Gischt in geraden Streifen weit voraus (wie Rüdiger, als er noch seekrank war und der Wind ihm das Erbrochene wie eine heftig flatternde und zerfetzte Fahne aus dem Mund riß), dann mußte das Segel auf ein Drittel oder völlig gerefft werden. Verpaßte ich diesen Moment und wurde ich erst wach, wenn die Seile pfiffen und die Bordglocke durch die Schwankungen zu läuten anfing, ja hallo, dann artete das Reffen in harte Arbeit aus und wurde zum unnötig großen Risiko. Dann wirkten Kräfte auf das Material, daß es nicht nur auf dem letzten Loch pfiff, sondern alles um mich herum ächzte und stöhnte.

Und all das erkannte man tagsüber rechtzeitig. Nachts spürte man es erst, wenn die Schaumkämme der Großwellen sich wie wild gewordene Raubtiere im windzugewandten Ausleger verbissen, als sei ich ihr Todfeind und nicht ihr Freund.

Hin und wieder wurde es noch schlimmer. Windstärke 10. Dann kamen die Wassermonster auf mich zugerast wie Flutwellen gebrochener Dämme. Oder wie geifernde Raubtiere mit weißem Schaum vorm Maul. Wasserfallartig ergossen sie sich über mein Deck. Spätestens das war der Moment, wo alles an und in mir in Alarmzustand versetzt war. Das Adrenalin spritzte aus den Ohren, der Schweiß aus den Poren, der Urin in die Hose. Das war der Moment, wo Anspannung, Angst und Reaktionsbereitschaft ein Wahnsinnstrio bildeten und versuchten, mich zu beschützen. Am schlimmsten waren solche Wetter, wenn sie nachts auftauchten. Wenn man sie nicht kommen sah. Wenn sie unangekündigt über meinen Baum hereinbrachen, als wollten sie ihn ein zweites Mal fällen und zerbrechen. Aber dann geschah immer das Wunder, daß die Wassermassen ins Leere schlugen und ihre Kraft nicht entfalten konnten. Sie plumpsten kraftlos durch die Netze zurück in ihr eigenes Chaos.

Wie oft habe ich mir in diesen Stunden gewünscht, filmen zu können. Aber dann war alles naß. Sogar die Luft. Es spritzte, zischte und gischtete. Und ich lebte mit der Angst, die Kamera zu zerstören und dann überhaupt keine Dokumente von der Reise mitbringen zu können. Ein einziger Tropfen Salzwasser genügte, um das sensible Elektronik- und Mechaniksystem zu blockieren. Salz ist wie Ätze.

Ereigneten sich die gleichen schweren Stürme tagsüber, sah ich alles wesentlich entspannter. Da hatte ich den Überblick und stellte schnell fest, daß die angreifenden Wellentiere mehr bellten als bissen. Ich sah auch viel klarer, daß mein Baum einfach unschlagbar war. Im Handumdrehen lag er wieder in der Waage, wenn die Wellen ihn aus seiner verträumten Horizontalen in die Schräglage gehoben hatten.

Um wie vieles ich tagsüber weniger Angst hatte, merkte ich an einem besonders einfachen, aber wichtigen Indiz. Plötzlich hatte ich Zeit, nicht in die Hose, sondern ins Meer zu pinkeln. Fast war das ein Gradmesser für meine Ängste. Mitunter wurde ich sogar regelrecht übermütig. Ich verhöhnte die Wellen, lachte über Orkane (damals beim Bambusfloß) und pinkelte verwegen und lauthals vor Wollust schreiend gegen den Wind. Dabei mußte ich oft an die vielen abergläubischen Seeleute denken, die nie im Leben wagen würden, die Meeresgötter so arg auf die Schippe zu nehmen.

Den großen Schreck kriegte ich eines Nachts. Der übliche tiefe Kurzschlaf, der übliche irritierende Traum – und dann das Glockengeläut. Ich sauste hoch, als hätte ein Krakenarm mich gepackt und versucht, mich aus der Kabine zu saugen. Prompt stieß ich mir zum x-tenmal Kopf, Ellenbogen und Knie. Aber ich war draußen. Schneller als jeder Krakenarm. Angeseilt, Messer in der einen, Signalraketen als gefährliche Waffe in der anderen Hand. Die Tatsache, daß meine Schiffsglocke geläutet hatte, konnte nur bedeuten, daß jemand sie betätigt haben mußte. Es war stockdunkel, es regnete Aale vom Himmel, und wieder machte es »bim«. Noch nie zuvor hatte meine Messingglocke am hinteren Klettermast freiwillig geläutet. Und nun tönte sie schon wieder. Nicht »bim-bim-bim« wie in Todesnot, sondern nur »bim« und nach einer Minute wieder »bim«. Eher wie klagend, wie eine Totenglocke. Es war unheimlich wie auf einem nächtlichen Friedhof ohne Mondschein.

Die Szene wurde um so gespenstischer, als ich jetzt auch das Heulen des Sturmes wahrnahm. Es sauste und pfiff, als führen Schnellzüge durch die Nacht. Die Seile klapperten nicht nur gegen die Masten, sondern sie pfiffen wie nie zuvor. Die beiden Fahnen von *Globetrotter Ausrüstung* und der *GfbV* peitschten knallend wie Schüsse.

Gestern hatte ich das fast befürchtet.

Denn seit zwei Tagen hatte ich tagsüber keinen Horizont mehr gesehen. Alles war in roten Saharastaub gehüllt. Als hätte es die Masern, war mein Boot mit dicken roten Flocken überzogen. Das Meer wirkte wie flüssiges Blei. Ich konnte keine 500 Meter weit sehen. Da in meiner unmittelbaren Umgebung alles klar zu sehen war, kam ich mir vor wie im Auge eines Orkans. Aber da es bei dieser trüben Sicht blieb und nichts weiter geschah, gab ich mir Entwarnung. Zu früh, wie ich nun wußte.

Der Wind kam genau von rechts hinten und traf voll ins Segel. Obwohl es nur zu zwei Drittel entrollt war, machte ich gewaltige Fahrt. Das Wasser schäumte, und der Baum bäumte. Ich schaltete die Deckbeleuchtung ein und grapschte nach der Stirnlampe. Die Wogen brachen sich immer heftiger in den Auslegern. Sie stürzten drüber hinweg, wollten das Schiff zertrümmern. Aber sie fielen kraftlos durch die Netze.

Wie gut, daß ich kein Festdeck gewählt hatte, schoß es mir sofort durch den Kopf. Sonst hätten die tonnenschweren Ladungen jetzt ihre ganze Kraft entfalten und mich auseinandernehmen können. So brachen sie in sich zusammen, als hätte ich ihnen ein Bein gestellt. Eine leise Schadenfreude konnte ich mir nicht verkneifen.

Torkelnd, meine Rettungsleine umklammernd, halbblind von den Regenmassen, kroch ich auf allen vieren ans Heck. Das Stück Baumstamm hinter meiner Hütte war immer überflutet, aber diesmal krachten die überholenden Wogen einen Meter hoch darüber hinweg. Nie erschien es mir wichtiger als in diesen Momenten, eine Hand grundsätzlich zu meiner Sicherung einzusetzen und mich mit der anderen ums Schiff zu kümmern. Und, toi, toi, toi, ich bin kein einziges Mal über Bord gerutscht. Bei einem Schiff ohne Reling wie dem meinen ist das nicht selbstverständlich.

Jetzt war ich bei der Glocke. »Bim« machte es zum wiederholten Male, als wolle sie mich warnen vor der bevorstehenden neuen Gefahr. Und genau in dem Moment gab die Taschenlampe ihren Geist auf. Die Batterien waren leer. Ich tastete mich von Haltepunkt zu Haltepunkt.

Ich führte das Geläut zurück auf den heftigen Seegang und die starke Schräglage. Aber dann erkannte ich trotz Dunkelheit im regenverhüllten Schimmer der Deckbeleuchtung den Hauptgrund. Eines der vier Seile, die den Kletterbaum hielten, war schlapp wie die Fahnen bei Flaute. Der Mast torkelte wie betrunken. Die Glocke hatte ihn gerettet. Vielleicht auch mich, denn viel hätte nicht gefehlt, und er wäre umgestürzt. Womöglich auf die Hütte oder auf mich.

Mir war klar: Bei nächster Gelegenheit mußte ich sämtliche Wanten verdoppeln. Beim Hauptmast würde ich sie gar verdreifachen. Mit diesem Vorsatz schlotterte ich mich zurück in die trockene Kabine, um schnell neue Batterien zu holen.

Die Seile pfiffen unerträglich. Ich mußte daran denken, warum das Liederpfeifen an Bord von Segelschiffen verboten war. Die Seile pfiffen in der gleichen Weise.

Im diffusen rot-grünen Decklicht wirkten die Brecher wie herannahende, zähnefletschende Ungeheuer. Sie verbissen sich wütend in den Auslegern, stürzten über den Stamm an Bug und Heck und verschwanden im Dunkel der Nacht.

»Feiglinge!« höhnte ich ihnen nach, um mir selbst etwas Mut zu machen.

Der Wind nahm zu. Mir wurde trotz meiner Flüche bange. Zwangsläufig mußte ich noch mehr fluchen. Zwar läutete die Glocke nicht mehr, aber das Hin- und Herrollen hatte zugenommen. Die Ausleger tauchten voll ins Wasser und auf der anderen Seite voll *aus* dem Wasser. Aber trotzdem beschlich mich nie das

Gefühl der Gefahr völligen Schiffbruchs. Die fünfzig Spanngurte hielten, als wären sie mit dem Ausleger verwachsen. Wie viele Tonnen Kraft mochten sie wohl aushalten? Hatten die *Greenpeace*-Leute nicht etwas gesagt von fünf Tonnen pro Gurt? Dann war bestimmt alles okay. Denn das bedeutete 250 Tonnen Widerstand gegen diese heranrückenden grölenden Wasserrocker. Da hatten sie keine Chance.

Was meine Ängste in Grenzen hielt, war auch das Wissen um die absolute Unsinkbarkeit meiner Baum- und Bauteile. Sie konnten nicht untergehen, und ich war angebunden. Was blieb, war die Sorge, beim Kentern unter die Netze zu geraten. Ich mußte dringend den Druck aus den Segeln nehmen. Wie ein abgestürzter Zirkusartist torkelte ich auf allen vieren über mein Schiff, hin zum Segel.

Die Seile waren zum Zerreißen gespannt. Manche Knoten ließen sich leicht öffnen, andere schwerer. Ich wollte keine Zeit verlieren, riß das Messer aus der Scheide und kappte die widerspenstigen unter ihnen.

Ich brauchte die Schneide nur andeutungsweise an die Seile zu halten, also ohne Druck auszuüben, und schon rissen sie auseinander. Wie von einer Sprengladung zerfetzt. In derselben Sekunde stand das Segel waagerecht am Himmel.

Die Seilenden peitschten wie von Furien gejagt mit lauten Knallen durch die Luft. Dreimal erwischten sie mich am Körper. Hart wie Knüppel. Sie trafen meine rechte Hand, den Oberschenkel und meinen linken Arm. Überall hatten sie starke Prellungen und Schwellungen zur Folge. Ich hielt mir die Hände vor den Kopf, um die Augen zu schützen. Ein Treffer auf den Kopf hätte verheerende Folgen haben können.

Blitze zuckten, Donner krachte. Der eben noch stockdunkle Ozean war bis zum Horizont erleuchtet. Eine gewaltige runde Scheibe. Ich überlegte, ob ich einen elektrischen Schlag bekommen würde, wenn einer der Blitze in meiner Nähe ins Wasser träfe. Oder genoß ich die Sicherheit wie jemand, der im Auto sitzt? Solange ich an Deck war, bestimmt nicht. Eher in meiner trockenen Kunststoffhütte. Die Blitze waren so grandios, und sie gingen mit solcher Kraft ins Wasser, daß ich sicher war, an den Einschlagstellen jede Menge Bratfische zu finden. Ich brauchte sie nur abzusammeln. Aber das mochten andere erledigen. Ich hatte keinen Fischmangel und im Moment auch absolut keinen Nerv dafür. Es war nur ein Gedanke inmitten des großen Naturschauspiels.

Als die Luft aus dem Segel war, ließ ich es herunter. Obwohl der Wind weiter tobte, trat eine spürbare Erleichterung ein. Sowohl für mich wie für das Schiff.

Ich schätzte den Sturm auf zehn Windstärken.

Zweimal gab es den Augenblick, wo ich fürchtete zu kentern. Blitzschnell kroch ich auf die Luvseite und war absprungbereit, bekleidet und ausgerüstet mit Overall, Messer, Schwimmweste, Signallampe und Notsender. Mir ging nur eins durch den Kopf: keinesfalls unter die Netze geraten!

Sobald die Wellen mir eine Verschnaufpause gewährten, gewann die Sachlichkeit sofort die Oberhand. Schließlich krabbelte ich zurück in die mollige Hütte. Wie unter eine schützende Hand.

Aber ich blieb wachsam. Mit der wieder geladenen Stirnlampe leuchtete ich ständig die Umgebung ab. Ich hoffte, besonders bösartige Wellen rechtzeitig zu erkennen und mich nicht mehr von ihren Attacken überraschen zu lassen.

Gute Nachrichten!

»Ich habe deine Rede den Beratern des Staatspräsidenten gezeigt.« Armin von Plotho machte eine Pause.

»Na und? Was sagten sie?«

Armin schwieg immer noch.

»Hallo, bist du noch da?« rief ich in den Hörer.

»Ja, ja, ich bin noch da. Ich überlege gerade, wie ich es dir sagen soll. Na, jedenfalls waren sie so empört, daß du jegliche Hoffnung begraben kannst, am Ende deiner Reise von Henrique Cardoso empfangen zu werden. Um es kurz zu machen: Man fand die Rede der *Gesellschaft für bedrohte Völker* dermaßen überheblich, daß nun alle Türen zugeschlagen sind. Auch wenn ihr die Rede ändert, bleiben die Türen geschlossen. Etwas derart

Arrogantes hätten sie schon lange nicht mehr zu hören und lesen bekommen.«

Ich mußte zunächst heftig schlucken. Allerdings fiel mir das bei dem herben Seegang nicht schwer. Da schluckte ich ohnehin ständig. Einer der wenigen Momente also, wo mir die See endlich einmal direkt beistand.

Ich überlegte einen Ausweg. Eine solche Reaktion und Unversöhnlichkeit der Politiker hatte ich nicht erwartet. Sie machte mir natürlich auch klar, wie sie wirklich dachten, wenn sie auf der anderen Seite von Menschenrechten und Umweltschutz sprachen. Wir rüttelten an ihren fünfhundert Jahre alten Pfründen. Und das wir, die Ausländer. Dabei appellierten wir nur daran, die Verfassung zu respektieren. Und wir waren längst nicht allein.

Gerade um dem Argument »Einmischung von außen« jegliche Wirkung zu nehmen, hatten wir uns längst – wie auch bei früheren Aktionen – mit brasilianischen Indianer- und Menschenrechtsorganisationen kurzgeschlossen. Und so traten wir nur noch als deren Freunde und Sprachrohr auf und nicht als suspekte besserwisserische *estrangeiros*.

Ich telefonierte mit Theo Rathgeber. Er war der Verfasser meiner geplanten Rede und Fachmann für südamerikanische Eingeborenenprobleme. Er hatte einen dicken Report über die Verbrechen im Laufe der brasilianischen Geschichte erarbeitet (anzufordern bei *GfbV*, Postfach 2024, 37010 Göttingen) und kannte auch die Empfindlichkeit von Politikern im allgemeinen und die der südamerikanischen im besonderen.

Er hörte sich Armin von Plothos übermittelte Argumente ruhig an und dachte lange nach.

»Rüdiger, wir stehen vor folgender Wahl: Wollen wir zum Präsidenten und ihm die Bitten vortragen? Dann wird er schöne Worte machen und anschließend den Brief in den Müll werfen. Oder wollen wir die Verantwortlichen in Zugzwang bringen, indem wir unsere Vorwürfe öffentlich und zu einem politischen Diskussionsgegenstand machen und vielleicht eine Lawine auslösen, die unserem Anliegen letztlich zum Erfolg verhilft?«

So wie Theo die Frage formulierte, erübrigte sich meine Antwort. Mit dem Präsidenten unter vier Augen zu sprechen brachte genausoviel, wie den Baum zu Hause zu lassen und ihm einen Brief zu schreiben.

Unser Ziel war klar: Da wurden seit 500 Jahren Grundrechte mit Füßen getreten, und das sollte weltweit bekannt werden. Als Gegenpart zu den gigantischen Feiern, die die Politiker zur eigenen Beweihräucherung angesetzt hatten.

Aber ich konnte auch nicht leugnen, daß meine Rede tatsächlich überheblich klang. Da ich es war, der sie zu halten hatte, suchte ich nach einem Kompromiß und bat sowohl Armin als auch meine Freunde Álvaro und Carola in Hamburg um Verbesserungen. Da die Zeit drängte – mein Baum war ja schließlich superschnell –, setzten sich alle noch über Nacht daran und faxten ihre Vorschläge an Annette, und die sandte sie an Theo.

»Rüdiger, ich habe mir die anderen Vorschläge durchgelesen. Ich werde einige in die neue Rede einbauen. Aber laß uns nicht vergessen, wir sind eine Menschenrechtsorganisation und keine Almosenbettler, die zum Small talk bitten. Wir mahnen die Durchsetzung eines gültigen Rechts an, eines Grundrechts, mit dem sich Brasilien gern in aller Welt als Demokratie brüstet.«

Er las mir die Änderungen vor, und ich konnte damit leben.

»Wir werden sie sauber abtippen, und ich übergebe sie dir bei deiner Ankunft. Dann kannst du sie notfalls ablesen. Politiker lesen ihre Reden ja auch häufig vom Blatt.«

Die guten Nachrichten wollten gar nicht abreißen. Schon kam die nächste. Annette, meine Aktionsreferentin, in Höchstform: »Sitzt du gut?«

»Warum? Hast du schlechte Nachrichten?«

»Nein. Ganz im Gegenteil. Aber diese Nachricht ist so gut, daß du unbedingt sitzen mußt. Sonst kippst du aus den Turnschuhen, egal, wie fest du sie zugebunden hast.«

»Soll ich mir zur Feier des Tages zunächst einen Mokka brühen?« wollte ich scherzen. Da sagte sie nur ja und legte auf.

Ich also den Gaskocher angemacht, eine Tasse Wasser mit Kaffeemehl aufgekocht, etwas stehengelassen, damit sich das Kaffeemehl setzte, und harrte ihres nächsten Anrufs. Da klingelte das Telefon bereits. Sie kannte meine Kaffeebrühzeiten.

»Die Reederei *Hamburg-Süd* will dir deinen Baum nicht nur kostenlos von Brasilien nach Deutschland zurücktransportieren. Du kannst sie auch in Anspruch nehmen, wenn du in Brasilien selbst irgendwelche Hilfe benötigst.«

Jump!, sprang ich an die niedrige Hüttendecke, holte mir prompt eine weitere Beule, stieß dabei den wertvollen heißen Trunk um, verbrühte meinen rechten Oberschenkel, aber ich schrie vor Freude. Das war mehr, als ich je erwartet hatte. Oft hatte ich überlegt, was mit dem treuen Baum geschehen würde, wenn ich ihn aus finanziellen Gründen nicht nach Deutschland zurückholen könnte. Sollte ich ihn in Brasilien verkaufen? Oder machte es Sinn, ihn am 22. April, dem eigentlichen Geburtstag Brasiliens, in Porto Seguro auszustellen und einfach liegen zu lassen als Mahnmal, bis ihn jemand entsorgte? Müßte ich ihn zerstückeln und als Brennholz verschenken? Ich hatte sogar schon ausgerechnet, wie viele Zahnstocher man daraus machen könnte. Und nun kam die *Hamburg-Süd* und machte mir dieses gigantische Geschenk!

Nie hätte ich in diesem Moment geahnt, daß dem Baum nach seinem Leben im Wald und dem auf See damit eine dritte Karriere ermöglicht wurde. Doch davon später.

Kaum hatte ich das Geschenk in seinem ganzen Umfang begriffen, als sich auch die Firma *Seeland* meldete: »Sie können Ihr Schiff unbegrenzt und gratis auf unserem Gelände in Hamburg lagern.«

Manchmal glaubte ich, mein NERA-Satelliten-Telefon verfügte über einen Spezialfilter, der unangenehme Telefongespräche absorbierte und eliminierte.

Denn da war schon wieder eine gute Nachricht: »Das ZDF will den Film vom Baum nehmen«, verkündete Annette beim nächstenmal. »Wenn dein Material so gut sei wie meins, sei die Chance hundertprozentig, hat Wolf Konerding gesagt. Der Film käme dann wieder in der ›Reportage‹.«

Ich rekapitulierte sofort noch einmal all das, was ich gedreht hatte. Hatte ich die Grundregeln beachtet, auf die Thomas

Reinecke von unserer Nachrichtenagentur TNC hingewiesen hatte? Hatte ich oft genug die Perspektive gewechselt, obwohl ich auf dem brettschmalen Glitschdeck kaum festen Boden für das Stativ besaß? Hatte ich genügend stürmisches Wetter gefilmt?

Diese und andere Fragen stellte ich mir immer wieder. Ich hoffte, es wäre genügend brauchbares Material dabei, obwohl mir auch klar war, daß man zu zweit eine viel beeindruckendere Dokumentation zustande gebracht hätte. Vor allem in den Momenten, wenn die Not am größten und sofortiges Handeln angesagt war und das Filmen zurückzustehen hatte. Oder wenn bei besonderen Aktionen die Kamera hätte mitschwenken müssen.

Als völlig illusorisch hatte sich zum Beispiel sehr schnell meine Uridee entpuppt, bei Sturm an langer Leine mit dem knallgelben Kunststoffboot »Amiginho« (»kleiner Freund«) den Baum zu verlassen und von weitem dessen Eintauchen in die Wellentäler zu filmen. Immer, wenn es soweit war, fehlte mir der Mut dazu.

Und dann rief mich auch noch Udo Lindenberg an: »Hey, du alter Seemann. Ich habe das Lied fertig. Soll ich dir den Text mal vorlesen? Es heißt ›I'm on my way‹. Ich werde es dir in Hamburg vorstellen.«

Dann verlas er den Text:

I'm on my way

I'm on my way.
Einsame Reise über den Ozean,
Haie und Stürme, Meer und Wind,
2000 Meilen nach Brasilien,
Wo Himmel und Hölle zu Hause sind.

I'm on my way.
Aus dem Dschungel der großen Stadt
Fahr ich rüber zum Regenwald,
Wo man Schwestern und Brüder hat
Im Amazonasdschungel.

I'm on my way.
Mit dem Floß übers weite Meer,
Durch Wind und Wetter, Blitz und Flammen;
Stadtindianer und Yanomami gehören zusammen.

Moloch Großstadt – Urwald Brasilien,
Ganz weit weg und doch so nah,
Und in Rio feiern sie Geburtstag,
Tanz und Tränen, 500 Jahr,
Goldgräber – Totengräber,
Weißer Mann fällt den Baum,
Bedrohte Völker sind unsere Freunde,
Laßt ihnen ihren Lebensraum.

I'm on my way
Aus dem Dschungel der großen Stadt.

Udo verstummte.

Ich saß mucksflautenstill und wartete auf weitere Worte.

»Na, wie gefällt es dir?«

Ich blieb sprachlos und mußte schlucken. Da saß ich auf dem weiten Ozean, »einsam und allein«, wie er gesagt hatte, war »on my way«, hatte Mengen von Wasser um mich und heulte still ein paar Tränen dazu. Süßwassertränen, wohlgemerkt.

»Hallo, wie gefällt es dir?«

»Udo, ich bin sprachlos vor Freude. Das ist eins der größten Geschenke, die Menschen mir je gemacht haben. Ich weiß, wie du und deine Branche von Bittstellern umlagert werden wegen Benefiz hier und Benefiz da. Und nie hätte ich gedacht, daß unsere Idee irgendwann Wirklichkeit würde.«

»Klar bin ich gut ausgelastet mit Plänen und Arbeit. Aber du weißt ja auch, daß ich und meine Paniker seit Jahren Fans von dir sind. Die meisten haben viele deiner Bücher gelesen, und immer, wenn wir von neuen Aktionen hörten, die du wieder durchgezogen hast, haben wir ungeduldig die Nachrichten verfolgt, die es über dich gab, und haben deine Energie und die Kreativität bewundert. Da mußte eine solche Zusammenarbeit zwangsläufig zustande kommen.«

Dabei war es mir mit Udo ähnlich gegangen. Auch ich hatte seine Kreativität immer aufs neue bewundert. Denn wer sich in der harten Musikbranche ein Leben lang über Wasser zu halten verstand, mußte ebenfalls über viel Kreativität und Ausdauer verfügen. Und Kreativität hatte Udo auf jeden Fall.

Richtig aufgefallen war er mir vor vielen Jahren, als er mit dem »Sonderzug nach Pankow« fuhr. Die Art, wir er Erich Honecker auf die Schippe nahm, hatte mich tief beeindruckt. Als er dem DDR-Häuptling dann auch noch seine Rockerjacke schenkte mit Worten wie: »Honey, gib doch zu, daß du sie am liebsten heimlich anziehen und mal richtig einen abhotten möchtest«, da wurde Udo Lindenberg irgendwie zu meinem Vorbild. Vor allem, als »Honey« Honecker auch positiv darauf reagierte. Diese seine Honecker-Nummer zeigte mir damals, daß man mit besonderen Ideen, demokratisch, witzig und medienwirksam angelegt, durchaus etwas erreichen konnte. Etwas, das einem erstrebenswert schien. Gewissermaßen war Udo mein Lehrmeister. Genau wie *Greenpeace.*

Udos Jacke gab mir damals den Mut, ebenfalls an Honecker zu schreiben. Ich wollte ein zweietagiges Floß aus Sperrmüll bauen und darauf mit sechs Jugendlichen die Elbe hinunterschippern. Von Dresden bis zur Nordsee. Die Hälfte der Mannschaft sollten DDRler sein, die andere Westler.

Ich hatte nicht soviel Glück wie Udo. Ich erhielt eine Absage. Begründung: »... weil Sie die Schiffahrt der DDR gefährden ...«

Der wahre Grund lag natürlich woanders. Eine Bedingung dieser »Völker«-verbindenden Fahrt sollte sein, die letzten Schönheiten und die Probleme der Elbe zu zeigen. Bestimmt fürchtete er, daß sich die Darstellung der Probleme auf seinen Landesteil beschränken könnte. So kam es dazu, daß wir die Reise ab der damaligen Grenze oberhalb von Lauenburg durchführten. Ohne unsere Landesnachbarn.

Und Kreativität bewies Udo erst kürzlich wieder, als er sich als Kunstmaler outete.

»Ich habe mich des Themas Goethe und Weimar angenommen«, erzählte er angelegentlich eines Besuches in Rausdorf, während er mir gerade eine Karikatur ins Gästebuch skizzierte.

Es war diese Begegnung gewesen, die mir etwas von Udos Seele offenbart hatte. Trotz seines großen Bekanntheitsgrades ist er vor allem ein Mensch geblieben.

Danke, Udo! Dank auch deinem Panik-Orchester!

Neben allem gab es noch die zahllosen telefonischen Interviews. Daß das Medieninteresse von Anfang an ungewöhnlich groß war, lag an Annettes Umtriebigkeit und an TNC. Sie kurbelten die Reise mit vielen kleinen TV-Beiträgen an. Zeitungen und Hörfunk folgten.

Aber es lag auch an Tilman Zülch. Sein Kamikaze-Spruch hatte Aufmerksamkeit erregt. Seit er ihn bundesweit per Pressemitteilung verkündet hatte, meldete ich mich bei ihm telefonisch nur noch mit Kamikaze-Rudi und fertigte mir eine entsprechende kleine Flagge aus einer Windel an. Aufschrift ebenfalls KAMIKAZE-RUDI. Irgendwie doch ein Kompliment.

Annette hatte mich damals gleich zu trösten gewußt.

»Eine bessere Werbung kannst du dir gar nicht wünschen. Sie ist unbezahlbar. Sofern du heil ankommst.«

Genau so war es. Schlaumeier hielten Tilmans Äußerung zwar für einen geplanten Werbegag. Aber es war sein Ernst, damit mußte man als Einzelkämpfer nun mal leben. Daß sein Pessimismus und seine Angst in der Öffentlichkeit zur Kenntnis genommen worden waren, merkte ich sofort an den Fragen der Journalisten.

»Haben Sie das Schiff auch wirklich voll im Griff?« fragte einer und tat so, als mache er sich Sorgen um mich.

»Ehrlich gesagt, nein. Genau das Gegenteil ist der Fall. Das Schiff hat mich im Griff.«

»Da hat es ja Kritik an Ihrem Segel gegeben. Warum haben Sie solch ein schweres Segel genommen?«

Wieder einmal hatte demnach ein Oberschlauer – ich könnte wetten, jemand, der noch nie Ähnliches gemacht hatte – ein Haar in der Suppe (oder auf meinem Kopf, wo es ebenfalls unangebracht ist) entdeckt und seinen Profilierungsproblemen freien Lauf gelassen. Mein Segel war also ungeeignet. Wenn das Jürgen Diekow hören würde!

»Weil sich die schwere Qualität bewährt hat«, antwortete ich. »Bei dünnerem Material hätte ich eines Reservesegels bedurft. Bei diesem genügte ein einziges Segel. Außerdem hat das verwendete Material sich bereits beim Bambusfloß bewährt. Warum also Bewährtes ändern? Aber ein wichtiger Entscheidungsgrund war auch, daß es nicht durchsichtig sein durfte. Es mußte beidseitig beschriftbar sein.«

Einen Frager quälten andere Gedanken: »Wo zum Teufel haben Sie denn in Ihrer zwei Quadratmeter großen Hütte die Toilette? Warum sparen Sie dieses Thema in Ihren Berichten immer aus?«

»Ich spare das nicht aus. Ich spare höchstens am Geld zum Bau einer unnötigen Toilette. Die Natur ist das größte und sauberste Klo. Und das liegt gleich neben meiner Hütte, jenseits der 4-Zentimeter-Reling.«

»Ist der Baumstamm schon gesunken?«

»Zwei Zentimeter, soweit sich das bei ständigem Wellengang messen läßt. Noch zwei weitere Zentimeter gestatte ich ihm bis Brasilien. Dann wird der Schaum zum Tragen kommen. Ich bin unsinkbar.«

»Wie gehen Sie mit der Einsamkeit, der Langeweile um?«

»Damit habe ich überhaupt keine Probleme, weil ich gewußt habe, was mich erwartet. Deshalb habe ich mir Arbeit mitgenommen und Lesestoff. Ich lerne Portugiesisch, schreibe an meinem Buch der ungewöhnlichsten selbsterlebten Geschichten und lese mich in mein zukünftiges Aktionsthema ein, die Verstümmelung der Frauen in Afrika. Dazu kommen die täglichen Aufgaben an Bord. »

»Was vermissen Sie am meisten?«

»Das sind die Gespräche im Freundeskreis und grüne Pflanzen. Um das etwas aufzufangen, rede ich mit mir selbst, und gegen die Armut an Grün habe ich eine Plastiktanne an Bord.«

»Wovon träumen sie nach ihrer Ankunft in Brasilien?«

»Ich werde den festen Boden unter den Füßen genießen, eine Samba tanzen und Caipirinha trinken.«

Die ständige Verbindung mit der Heimat gab mir viel Freude, Trost und Kraft. Mitunter hätte ich am liebsten ein Paddel geschnappt, wie ein Wilder den Ozean aufgemischt, um noch schneller nach Hause zu können und all die treuen Mitstreiter zu umarmen.

Aber der beste Anruf erreichte mich aus Göttingen. Theo war dran.

»Es gibt eine gute Nachricht. Brasilien und Norwegen haben je etwa 5 Millionen Dollar bereitgestellt, um bei den Yanomami flächendeckend kleine Krankenstationen mit angegliederter Schule aufzubauen. Das heißt, es wäre ab jetzt unverhältnismäßig gegenüber anderen bedrohten Völkern, wenn wir unsere Kraft weiter ausschließlich ihnen widmen würden. Natürlich müssen wir die Entwicklung im Auge behalten. Aber ich glaube, du kannst dich neuen Aufgaben zuwenden.«

Wenn das keine gute Nachricht war! Wenngleich mein Anteil an diesem Sieg nach 20 Jahren Einsatz nur ein sehr geringer war, gönnte ich mir sofort eine Tasse Schokolade und ließ die beiden Jahrzehnte in aller Ruhe noch einmal Revue passieren.

Endlich Frieden für die Yanomami!

Ich brauchte lange, bis ich die gute Nachricht in ihrer ganzen Dimension begriffen hatte. Nach genau 20 Jahren Einsatz hatten die Yanomami ihren Frieden erhalten. Ich hoffte sehr, daß Brasilien nun erfahren würde, wieviel Imagegewinn es aus diesem Umdenken ziehen würde. Vielleicht machte der Friede Schule und könnte dann auch anderen eingeborenen Völkern helfen. Es wäre alles so einfach, wenn die führenden Politiker und Richter sich wirklich gesetzestreu verhielten.

Ich erinnere mich, als sei es gestern gewesen, wie ich auf die Yanomami gestoßen bin. Es war 1979 durch das Buch von Ettore Biocca. Darin erzählte er die unglaubliche authentische Lebensgeschichte einer brasilianischen Frau, die als 13jährige von den Yanomami geraubt wurde. 25 Jahre lang lebte sie im Wald, war dreimal verheiratet, hatte drei Kinder mit diesen Männern und floh 1956 zurück nach Manaus. Ihre Lebensgeschichte war ein Krimi par excellence. Er schilderte nicht nur das Schicksal dieser Frau, sondern machte auch mit den extremen Lebensgewohnheiten der Yanomami vertraut.

In Brasilien erfuhr ich dann, daß die Yanomami tatsächlich das allerletzte große Urvolk dieses Kontinents seien, das seiner Ausrottung bisher entgangen sei. Es handele sich um etwa 20 000 Menschen, die im Grenzgebiet zu Venezuela in einem Land von der Größe Portugals lebten. In beiden Ländern je zur Hälfte. Und weil es das letzte Volk sei, das sich seine ursprüngliche Lebensform bis in die Gegenwart gerettet hatte, habe man es unter Schutz gestellt. Ein Militärgürtel sei um sein Gebiet gelegt, der diesen Schutz garantiere. Dieser Schutz sei auch ausdrücklich in der brasilianischen Verfassung festgelegt. Das fand ich vorbildlich und habe es respektiert. Ich wollte ihr Land nie betreten.

Doch dann hörte ich von der damals kurz zuvor in Hamburg gegründeten *Gesellschaft für bedrohte Völker*, daß das gelogen war. Zwar stimme, daß die Verfassung des Landes den Ureinwohnern deren Anspruch auf ihr angestammtes Land garantiere. Aber die Praxis sehe entschieden anders aus. Tilman Zülch, Präsident dieser Menschenrechtsorganisation: »Man hat dort Gold entdeckt. Nun strömen Tausende von Goldsuchern ins Yanomami-Land. Es soll zu blutigen Auseinandersetzungen gekommen sein. Die brasilianische Regierung sieht tatenlos zu.«

Das alte Lied also. Statt zu lernen von ihrer ökonomischen Genügsamkeit, ihrem Empfindungsreichtum, ihren intakten Großfamilien und ihrem Respekt vor der Schöpfung, praktizieren wir weiterhin Entfremdung, Vertreibung, Entmündigung, Verachtung, Entwürdigung und Ermordung.

In diesem Moment wurde der Fall für mich ein Thema. Er entsprach meiner Freude am Risiko, meiner Lust auf Abenteuerliches und der Möglichkeit, beides mit einem Sinn zu verbinden. *Abenteuer mit Sinn*, meine Maxime. Ich wollte hin und mir einen eigenen Eindruck verschaffen. Dann würde ich weitersehen. Nie war geplant, daraus eine Lebensaufgabe zu machen. Sie ergab sich von selbst, nachdem ich Augenzeuge der Vorgänge geworden war. Im Hamburger Völkerkundemuseum beschaffte ich mir alle erreichbare ethnologische Literatur und machte mich vertraut mit den Lebensgewohnheiten der Yanomami.

Beim ersten Besuch war ich allein. Allein war man unabhängig, allein wirkte man auf niemanden gefährlich. Ich hoffte, daß dann ihre Neugier größer wäre als ihre Furcht und sie mich bei sich aufnähmen. Ich ging fast unbekleidet, um besser durchschaubar zu sein. Sie sollten auf Anhieb sehen, daß ich unbewaffnet war und kein Goldsucher. Wegen der Goldsucher hatte ich dennoch eine Waffe. Aber sie war unsichtbar in meinem wasserdichten Kanisterrucksack verstaut, meinem einzigen Gepäck.

Mein wichtigstes Ausrüstungsteil war eine kleine Mundharmonika. Auf ihr spielte ich alle 15 Minuten eine kleine Melodie, um die unsichtbaren Menschen anzulocken und positiv zu stimmen. Musik wird, wie Lächeln, weltweit als positives Signal verstanden.

Schon nach wenigen Tagen traf ich auf die ersten Yanomami. Sie nahmen mich freundlich auf. Im Zusammenleben mit ihnen erfuhr ich auch von der Bedrohung. Aber es waren Anfänge, die nicht vergleichbar waren mit dem, was sich dann aufbaute. Der Goldboom eskalierte. In seinen schlimmsten Zeiten (1985 bis 1995) standen 65 000 bewaffnete Goldsucher 10 000 Yanomami gegenüber. Feuerwaffen und Übermacht gegen Pfeile und Minderheit.

Ich versuchte eine Lobby aufzubauen. Mit Büchern, Hunderten von Interviews, TV-Filmen und spektakulären Aktionen. Ich überquerte den Atlantik im Tretboot, um eine Bittschrift der *GfbV* an den brasilianischen Staatspräsidenten ins Gespräch zu bringen. Ich verdingte mich als Goldsucher, um Durchblick in die mafiösen Strukturen zu gewinnen. Mehrfach wurde ich von Goldsuchern ausgeraubt. Zweimal hatte ich Malaria, einmal erwischte mich eine Giftschlange. Ich war beim Papst und bei der Weltbank. Ich schrieb mehrere Bücher und hielt Tausende von Vorträgen zu diesem Thema. Es war eine langwierige Arbeit, und ein Erfolg schien aussichtslos. Aber die Pro-Yanomami-Lobby wuchs. Zuerst langsam, dann immer schneller. *Greenpeace* und *amnesty international* machten die Verteidigung dieses Waldvolks zu ihrem Anliegen. Irgendwann gab es wohl keine Naturschutz- und Menschenrechtsorganisation mehr, der die Yanomami unbekannt geblieben wären. UNO, Weltbank und die Europäische Gemeinschaft schalteten sich ein und machten Brasilien immer vehementer aufmerksam auf die Verletzung seiner Aufsichtspflicht und den Verfassungsbruch.

Vor allem aber war die Rettung der Yanomami ein Verdienst der brasilianischen Pro-Yanomami-Organisation *CCPY*. Sie hatte es trotz massiver Morddrohungen verstanden, eine geachtete Nichtregierungsorganisation im Land zu etablieren. Auf ihr Konto geht der jetzige Frieden. Unterstützung vom Ausland war die wichtigste Rückendeckung für die *CCPY*. Ich habe die Lawine von Europa aus angeschoben. Die *GfbV* war mir dabei ein wichtiger Partner gewesen. Die letzte Aktion war der Bau einer Krankenstation mit Schule mitten im Yanomami-Land, zusammen mit Christina Haverkamp. Das Haus wird sehr verantwortungsbewußt geführt von Ana Ballester, einer Französin, und ist inzwischen geradezu zu einem kleinen Wallfahrtsort geworden.

Das letzte große Indianervolk des Kontinents war also der Vernichtung entgangen. Jedenfalls im Moment. Wie dauerhaft der Schutz war, ließ sich natürlich nicht vorhersagen. Ein anderer Präsident, und schon konnte alles widerrufen werden. Verdankten die Yanomami diesen überraschenden Wandel womöglich der Weltbank? Sie hatte Brasilien erneut hohe Kredite gewährt und diese mit der Auflage verbunden, 10 Prozent davon verbindlich für Ureinwohnerprojekte zu verwenden. Die *CCPY* konnte daraufhin sage und schreibe 120 neue Mitarbeiter einstellen und beginnen, flächendeckend neue Kranken- und Schulstationen aufzubauen.

Natürlich ist Schule ein starker Eingriff in die alte Kultur. Romantikern und Indianerfreunden werden die Haare zu Berge stehen, wenn sie das Wort »Schule« hören. Aber verändern wir Bleichgesichter uns nicht noch viel schneller? Gibt es bei uns nicht tagtäglich spürbare Umbrüche wie Computerisierung, Globalisierung, Bevölkerungsexplosion …? Werden diese Indianerfreunde es irgendwann persönlich und mit ihrem Leben verantworten wollen, wenn es erneut zur blutigen Konfrontation kommt, die Kluft zwischen deren und unserer Lebensweise noch größer geworden ist und die Yanomami uns Gegnern noch viel weniger gewachsen sind? Ich denke, das wird, will und kann niemand. Die Indianer in einem Reservat gegen uns abzuschotten wäre jedenfalls die schlechteste Alternative. Bildung ist die wichtigste Waffe gegen Unterdrückung und Vernichtung. Bildung ist im Grunde die einzige Chance, möglichst viel von der indianischen Ethik zu retten. Auch für uns zu retten.

Es gibt genügend indianische Kräfte, die die alten Traditionen pflegen werden. Natürlich gibt es auch die Gegenkräfte, wie überall. Es gibt junge Indianer, die den Duft der Seife kennen oder Angelhaken schätzengelernt haben. Es gibt alte Indianer, die dem Alkohol verfallen sind. Sie alle werden Veränderungen bewirken. Wir in Europa leben schließlich auch nicht mehr wie zu Adams Zeiten, nicht einmal mehr wie vor 20 Jahren. Evolution kennt keinen Stillstand.

Gern brüstet sich Brasilien mit seinem bunten Völker- und Rassengemisch. Aber in Wirklichkeit gibt es auch dort die Klassenunterschiede zwischen Schwarz und Weiß und allen Schattierungen dazwischen. Wieviel positive Kraft könnte das große Land zum eigenen Nutzen freisetzen, wenn Politiker sich an ihrer Verfassung orientierten und nicht am reinen Eigennutz! Dann hätten die Ureinwohner ihre abgesicherten Territorien, und Brasilien hätte eine Lebensvielfalt, die ihresgleichen suchte. Man könnte stolz sein auf diese Vielfalt, statt sich ihrer zu schämen, wenn es sich um scheinbar unterentwickelte »unzivilisierte« Existenzformen handelt. Es ist die Vielfalt der unterschiedlichen Kulturen, Religionen, Sitten, Sprachen, Kunst, Musik und Traditionen, die die Welt so bunt, interessant und bereisenswert macht. »Nur Vielfalt – und nicht Monokultur – ist die beste Garantie für eine lebenswerte Zukunft.« Dieser Satz steht ja auch auf meinem Segel.

Es liegt mir fern, Indianer als »edle Wilde« zu verherrlichen. Sie sind ebensolche Ballerköppe wie wir. Aber ebenso fern liegt es Brasiliens Machthabern, ihren verfassungsgemäßen Aufträgen gegenüber den Ureinwohnern nachzukommen. Die Yanomami werden nun zu ihrem Vorzeigeobjekt. Aber darüber werden wir nicht vergessen, daß es noch viele andere bedrohte Indianervölker in Brasilien gibt.

Okay. Aber vielleicht schaffen wir Blaßköpfe es ja doch noch, die fehlende Fortschrittshörigkeit vieler Naturvölker oder ihren Respekt gegenüber der Natur in unsere Lebensweise einfließen zu lassen. Das mögen Illusionen sein. Wahrscheinlicher ist es, daß auch weiterhin blinde Fortschrittsgläubigkeit zum Lebensleitsatz erhoben wird und eine entfesselte, skrupellose Wissenschaft immer hemmungsloser russisches Roulette mit der Erde spielt. Eigennutz vor Umweltschutz. Erst dann, wenn Katastrophen uns zum Umdenken zwingen, werden wir uns dankbar ursprünglicher Naturvölker-Lebensformen erinnern. Wenn wir es dann noch können.

Zumindest hatten die Yanomami nun die wohlverdiente Verschnaufpause und die Menschheit damit eine Chance mehr erhalten, etwas von deren Ethik zu lernen. Ich gönnte mir auch ein Päuschen und brühte mir einen *cafezinho*. Endlich konnte ich mich neuen Themen zuwenden, und ich wußte schon genau, was das wäre: Ich werde meine ganze Kraft gegen die Verstümmelung von Frauen einsetzen.

Land in Sicht

Es konnten nur noch fünf Tage bis Brasilien sein. Da kriegte ich ein Problem, mit dem ich überhaupt nicht gerechnet hatte.

Heftige Böen rüttelten am Schiff und testeten zum wiederholtenmal Segel und Takelage. So als wollte der Seegott unangemeldet die nächstfällige Inspektion durchführen. Durch Schaden klug geworden, wollte ich sofort den Wind aus dem Segel lassen. Aber irgendwie hatte ich mal wieder Seilesalat. Zwei Knoten klemmten. Mit größtmöglicher Kraft zog ich an den Schoten, um sie leichter lösen zu können. Und dabei geschah es: Ich renkte mir mein Kreuz aus. Und das gleich so heftig, daß ich nur noch auf allen vieren kriechen und nicht mehr gehen konnte. Ich war auf der Stelle k.o., ausgeschieden.

Verzweifelt überlegte ich, was ich nun tun müßte. Schmerzlindernde Salben hatte ich nicht an Bord, weil sie mir nie wirklich geholfen hatten. Ich mußte mein Kreuz aushängen. Das hatte ich schon einige Male in Deutschland gemacht, wenn ich bei der Landschaftsgestaltung daheim zu schwer gehoben hatte. Meistens war es passiert, wenn ich zentnerschwere Findlinge durch die Landschaft gerollt hatte. Man ist eben nicht mehr der Jüngste.

Zu Hause habe ich eine Vorrichtung, an der ich mich kopfüber, nur an den Füßen eingeklemmt, aushängen kann. Die Wirbel werden entlastet, und die Bandscheiben können sich zurückziehen zwischen die Wirbel. Eine solche Vorrichtung hatte ich hier auf dem Meer nicht. Wo also auf- und aushängen?

Schmerz macht verzweifelt, und Verzweiflung macht erfinderisch. Warum nicht am Kletterbaum aufhängen? Lange stand ich davor und überlegte, wie ich mich da frei pendelnd und kopfüber kurieren könnte. Ganz einfach wäre es mit dem Flaschenzug. Aber immer wieder drängte sich die Frage auf, wer mich herunterholen würde, wenn mir dabei das Blut in den Kopf stiege, ich ohnmächtig würde und mich nicht mehr selbst herunterlassen könnte. Wer auf dieser Welt würde, wenn er mich so hängend und tot fände, glauben, daß es sich nicht um ein Verbrechen, sondern um eine reine Dummheit gehandelt hatte? Niemand. Sollte ich vorsichtshalber eine schriftliche Erklärung hinterlassen?

Daß mir diese kleine Denkaufgabe Kopfzerbrechen bereitete, zeigte mir, daß meine Denkfähigkeit infolge meines Gewichtsverlustes merklich nachgelassen hatte. Doch immerhin war mir noch so viel Grips geblieben, mich zu warnen. Wenn das bereits ein Problem darstellte, war es besser, die gesamte Prozedur lieber abzublasen und zu vertagen, bis mich der Schlaf gestärkt hatte. Solch kräftespendenden Schlaf aber fand ich nicht. Und notgedrungen kroch ich tagelang mit steifem Kreuz über das Schiff. Wie eine lahme Schildkröte. Erst die Zeit renkte alles wieder ein. Aber da war ich längst zurück in Deutschland.

Je näher ich Brasilien kam, desto größer wurde meine Sorge, vom starken Südnordstrom vor der brasilianischen Küste in die Karibik getrieben zu werden. Der Strom ist zwei Knoten stark, und bei ungünstigem oder fehlendem Wind machte ich weniger Tempo. Das hätte zur Folge, daß ich der Strömung ausgeliefert wäre.

Und diese ungünstigen Winde häuften sich. Sie kamen aus Südost. Ich wollte nach Südwest, und da wird's mit dem Rahsegel schwierig.

Ich mußte jede Chance nutzen, Süd zu machen. Ich mußte einen Punkt ansteuern, der südlich von Fortaleza lag, um im Falle ausbleibenden Windes dennoch ans gewünschte Ziel zu gelangen. Wäre ich erst an Land, könnte ich den Baum quasi am langen Seil nach Fortaleza hinziehen.

Hatte ich bisher nur einmal täglich per GPS meine Position bestimmt, tat ich das jetzt alle paar Stunden. Deutlich merkte ich, daß ich immer nördlicher stand, als ich angesteuert hatte. Das hieß, die Strömung versetzte mich spürbar. Aber dennoch gelang es mir, immer noch ein paar Meilen Süd zu schaffen.

Da brach der Telefonkontakt zusammen. Ich war zum zweitenmal in einem sogenannten Satellitenloch. Meine Antenne suchte und suchte und fand keinen Satelliten. Der heulende Suchton, von meiner Hütte verstärkt, wurde allmählich unerträglich. Ich schaltete das Gerät nach jeweils zwei Stunden vergeblicher Suche einfach ab. Ich tat das auch, weil ich Angst hatte, die Batterien würden zu sehr beansprucht. Seit einer Woche hatte es keine Sonne mehr gegeben. Die Nachladung über meine Solarplatten war also nur minimal. Eine Batterie war bereits leer. In vier Tagen mit bedecktem Himmel war es ihr nicht gelungen, sich wieder aufzuladen. Das mahnte mich zu äußerster Vorsicht. Sollte ich aus dem Satellitenloch herauskommen, wollte ich auf jeden Fall ausreichend Strom haben. Nicht, daß ein Unglück das andere, die leere Batterie das Satellitenloch ablöste. Weil ich Satellitenlöcher nicht für möglich gehalten hatte, verfügte ich auch nicht über entsprechendes Kartenmaterial. Deshalb wußte ich nicht, wann der Kontakt wieder zustande käme.

Wie immer hatte ich Annette und Theo Rathgeber beim letzten Gespräch meine Position durchgegeben. Sie konnten sich hoffentlich selbst ausrechnen, wie meine restliche Strecke verlaufen würde. Mein Kurs war seit Tagen gleich. Einen Tag vorm Ziel wollten sie mir mit einem Fischerboot entgegenkommen, um für den Film die Aufnahmen zu drehen, die ich allein nicht machen konnte. Die Aufnahmen aus der Ferne, wenn mein Baum sich auf und ab durch die Wellenberge kämpfte. Dafür war eigens ein Team aus Hamburg angereist.

Wegen zu starken Seegangs mußte das gemietete Motorboot nach dreieinhalb Stunden und nur 21 Meilen unverrichteter Dinge umkehren. Sowohl das Boot als auch Annette und die Filmer Nils und Morris waren außer Gefecht gesetzt. Alle drei, die sich für seefest gehalten hatten, lagen, hoffnungslos blaß und der letzten Tropfen ihres Mageninhalts beraubt, an Deck.

Annette, kaum wieder an Land, wollte im nächsten Morgengrauen erneut los. Vorsichtshalber aß sie nichts.

»Wer einen leeren Magen hat, kann auch nichts ausspucken«, meinte sie. Es schien ihr logisch. Aber ganz offensichtlich kannte sie die Seekrankheit noch nicht in voller Tücke. Es soll Fälle geben, wo sich sogar der Unterleib und die Beine durch den Mund nach außen stülpen. Aber das passiert nur Sensibelchen.

»Wenn Rüdiger vom Strom vorbeigetrieben wird, waren seine ganzen Mühen umsonst«, versuchte sie die anderen zu motivieren. Aber die hatten geschworen, nie wieder einen Fuß auf das Motorboot zu setzen.

Maria, die Dolmetscherin, bot sich an, mitzufahren und zu suchen. Sie kam aus Portugal und war an das Meer gewöhnt.

»Daß du noch mal diese Höllentour machst, zeigt mir, daß Frauen doch die stärkere Hälfte der Menschheit ausmachen«, sagte Kameramann Nils anerkennend zu Annette, als er sie bis ans Schiff – und keinen Schritt weiter – begleitete. »Mir wird schon vom Hingucken schlecht.«

Die erhoffte portugiesische Seefestigkeit nutzte Maria nichts. Sie übertrumpfte die Rekorde ihrer Kollegen. Bereits nach dreißig Minuten hing sie über der Reling und konnte von da an, wenn überhaupt, nur noch in der Horizontalen dolmetschen. Nach siebzehn Stunden Suche brachen sie auch den zweiten Versuch ab, ohne mich gefunden zu haben.

»Ich war erschrocken, wie groß das Meer ist«, erzählte Annette mir später. Jedes Segel am Horizont ließ sie neue Hoffnung schöpfen, jedes gehörte zu einem Fischerboot. Meines war nirgends auszumachen. War ich etwa in letzter Sekunde noch untergegangen? Oder war ich doch schon vorbeigetrieben und nun auf dem Wege zu Fidel Castro?

In der Zwischenzeit mietete Theo kurz entschlossen einen Hubschrauber. Er und das Filmteam, in der Luft fitter als auf dem Wasser, flogen mit. Wenn sie schon nicht die gewünschten Wellenaufnahmen gekriegt hatten, wollten sie zumindest mit interessanten Luftaufnahmen von der Ankunft brillieren.

»Flog man zu tief, war die Sichtweite sehr begrenzt. Flog man zu hoch, waren Boote kaum noch auszumachen. Das Meer ist einfach irre groß.«

Das erzählte Theo, nachdem auch dieser dritte Versuch gescheitert und die Crew wieder ins Hotel zurückgekehrt war.

Von alledem ahnte ich nichts. Ich wußte nur, daß ich am dritten März landen wollte. Ich freute mich riesig darauf, und inzwischen war es mir egal, ob das Team mich noch aufspürte oder nicht. Notfalls ließen sich die Aufnahmen nachholen. Ich wollte Festland spüren, Caipirinha trinken und eine Samba tanzen. Und ich wollte nie wieder zur See fahren, wie ich das schon zweimal geschworen hatte. Meineidiger Typ, der ich bin.

Als ich abends die See begutachtete, stellte ich fest, daß sie entschieden heller geworden war. Sie hatte einen klaren hellblauen Farbton angenommen wie der von Swimmingpools. Man glaubte, den Sandboden sehen zu können. Das Land war greifbar nahe.

Wie zur Bestätigung tauchte die erste Fliege auf. Obwohl sie mich nur ärgerte, ließ ich sie leben. Sie war eine persönliche Botin des Landes, sie war meine Taube Noahs.

Oft wurde ich in dieser Nacht wach und hielt Ausschau nach Lichtern. Aber erst um vier Uhr morgens sah ich sie. Und da waren es gleich fünf einzelne Lampen, die von kleinen Fischdampfern stammen mußten. Ich setzte mich aufs Dach, in der Hand einen heißen Mokka, und genoß das Wiedersehen mit der Zivilisation. Über UKW versuchte ich, Kontakt zu ihnen herzustellen. Aber ich blieb ohne Antwort. Never mind. Jetzt konnte sowieso nichts mehr schiefgehen. Fast konnte ich das Land riechen.

Um 4.45 Uhr spürte ich den ersten Lichtschein der nahenden Sonne im Osten. Um 5.15 Uhr war es hell. Und da tat mein Herz einen Freudensprung. Es waren nicht nur die fünf Fischer am Horizont, sondern um mich herum tauchten immer mehr der typischen brasilianischen Jangadas aus der Tarnung von Nacht und Wellen.

Die Jangadas gehören zu den urtümlichsten Booten der Welt. Ursprünglich waren sie Flöße aus leichtestem Holz. Fünf bis sieben Baumstämme, mit Lianen zusammengebunden. Heute findet man die Baumstamm-Jangadas nicht mehr. Sie sind denen aus Brettern gewichen, deren Auftrieb mit Styropor erfolgt. Nur von der Form her sind sie den Flößen gleichgeblieben. Es gibt einfache, die nur einen Tag unterwegs sind. Und es gibt die besser gearbeiteten, die bis zu fünf Tage auf der offenen See sind.

Voller Freude über dieses Wiedersehen mit Menschen und der Begegnung mit ähnlich armseligen Fahrzeugen wie dem meinen, winkte ich ihnen zu. Ich rief und spielte Mundharmonika. Aber fast alle reagierten ganz anders, als ich es erwartet hatte. Sie hißten ihre gewaltigen dreieckigen Segel und fuhren davon. So, als hätten sie mich nicht gesehen. Und das, obwohl ich mehrfach auf Rufweite heran war. Da war nichts von der Neugier, die ich sonst erfahren hatte. Für sie war ich wohl eher einer von denen, die sie in Schwierigkeiten bringen könnten.

Immer wieder erstaunte mich, mit welchem Tempo die Jangadas durch die Wellen glitten. Sogar *gegen* den Wind und sogar bei Windstärke 1 machten sie flotte Fahrt. Sie funktionieren wie überdimensionale Surfbretter.

Eines dieser urtümlichen Fahrzeuge kreuzte meinen Weg in nur fünfzig Metern Entfernung. Das Segel lag aufgerollt um den peitschenartigen Holzmast an Deck. Trotzdem machte das Boot mit fünf Männern an Bord flotte Fahrt. Und das gegen den Wind. Ich verstand die Welt nicht mehr. Sie bewegten sich auf dem Ozean, als hätten sie einen Motor. Ich verspürte den dringenden Wunsch, einen der Männer abzuwerben, um mir von ihm zeigen zu lassen, wie ich mein eigenes Segel optimieren könnte. Und ich wollte jemanden bei der Landung dabeihaben, um beim *nächtlichen* Auftreffen auf die Küste dieser nicht allzu hilflos ausgeliefert zu sein. Und als Schutz gegen Beraubungsversuche.

Dann sah ich, warum die Jangada so flott ihres Weges zog. Einer der Männer hatte einen großen Fisch an der Angel. Er mußte sehr groß sein, denn er zog das 1 000-Kilo-Boot mit dem Tempo eines eiligen Fußgängers.

Von früher wußte ich, daß Jangadeiros ihre Fische nur mit der Angel fangen. Sie haben keine Netze. Die Sehne ist einen Millimeter stark und zweihundert Meter lang. Sie haben nur einen kleinen Haken daran, weder metallenes Vorfach noch Wirbel. Auf zweihundert Metern Länge baut sich in der Sehne so viel Elastizität auf, daß kein Fisch sie durchzureißen vermag. Sie lassen ihn sich austoben. Das kann länger als eine Stunde dauern. Dann holen sie ihn allmählich längsseits und hieven ihn mit einem Haken heraus.

Diese Männer winkten wenigstens. Ich war überzeugt davon, daß sie gehalten hätten, wenn der Fisch sie nicht vorbeigezogen hätte.

Aber dann hatte ich doch noch Glück. Die Jangada *Amanda* tauchte auf. Ihr elegantes blaues Segel hob sich leuchtend vom Horizont ab. Sie hielt genau auf mich zu. Denen würde ich einen Helfer abwerben. Um ihnen zu zeigen, daß ich sie sprechen wollte, ließ ich das Segel runter und winkte.

Zielstrebig kamen sie näher. Da erkannte ich, daß nur ein einziger Mann an Bord war. Also wieder nichts mit Abwerbung.

Neben mir drehte er in den Wind und ließ das Segel flattern.

»Bom dia!« rief ich ihm zu.

»Bom dia! Como vai?«

»Tudo bem. Haben Sie Ihre Leute im Sturm verloren?«

»Nein«, er lachte. »Die schlafen noch.« Dabei wies er auf eine der beiden Kisten, die auf dem Deck des Bootes standen.

Hätte er auf die größere gewiesen, sie maß einen Kubikmeter, hätte ich seine Antwort für einen Scherz gehalten. Aber er wies auf die kleine, die kaum größer war als ein Sitzkissen. Das bedeutete, er hatte mich entweder nicht verstanden, oder er war ein Witzbold.

Ich wollte die Frage neu formulieren, als sich der Deckel der kleinen Kiste hob und ein Kopf herauslugte. Dem Kopf folgte der Mann. Es war wie bei einer Zaubershow. Da zeigt dir einer eine Kiste, die nur leer sein kann, und plötzlich kommt ein Mann zum Vorschein. Noch starr vor Staunen, erblickte ich zwei weitere

Hände am Kistenrand. Dann den dazugehörigen Mann. Auch er kam ans Tageslicht. Und schließlich ein dritter. Jetzt fehlte nur noch ein Elefant. Dann wäre ich geschockt geflohen.

Meine Verblüffung war perfekt. Denn die Jangadas sind nur fünfzig Zentimeter hoch. Von diesen fünfzig Zentimetern gehen noch die Spanten und die Bretter ab. Somit verbleiben vierzig Zentimeter lichter Raum, in den sich die Männer hineinquetschen müssen.

Ich bat die Besatzung der *Amanda*, neben mir festzumachen. Um keinen Schaden in dem Geschaukel zu nehmen, kam sie wohl näher, blieb aber auf fünf Meter Distanz. Wir trieben parallel auf denselben Wellen. Ich schwamm hinüber. Als Gastgeschenk nahm ich ein paar Tüten Maracuja-Aprikosen-Suppe mit. Tabak wäre ihnen sicher lieber gewesen, aber den hatte ich nicht.

Sie zogen mich an Bord, und ich starrte sofort in ihr Schlafloch. Unvorstellbar, diese Enge! Wer so schlafen mußte, würde Sardinen in der Dose um ihren üppigen Platz beneiden. Ich kroch mit einem von ihnen hinein. Es war nicht möglich, sich zu drehen. Man konnte sich nur wie ein flüssiger Teig seitwärts weiterschieben. Bis das Einstiegsloch von sechzig mal sechzig Zentimetern frei war für den nächsten. Und schließlich für den dritten.

»Wird der Deckel geschlossen?«

»Nur bei starkem Wellengang und Regen. Meistens kann man ihn aber wenigstens einen Spalt weit offenlassen, weil die Luft im Schlafraum schnell verbraucht ist«, erklärte mir der Ältere. Ihm gehörte die Jangada.

»Was macht ihr denn, wenn die Jangada kentert?«

»Das ist uns gerade letzte Woche passiert«, meldete sich der Jüngste zu Wort. Er hieß Luis.

»Ein großes Schiff hat uns fast versenkt. Es kam genau auf uns zu. Die Bugwelle warf uns um. Mein Vater stand an Deck. Er ist in großem Bogen ins Wasser geschleudert worden, und Airton, Tomas und ich waren in der Schlafkabine.«

»Und wie seid ihr da rausgekommen?«

»Als das Schiff vorüber war, bin ich zurückgeschwommen zur Jangada«, erklärte der Vater. »Sie ist an den Enden mit Styropor gefüllt und kann nicht untergehen. Dann bin ich sofort getaucht und habe den Deckel vom Einstieg entfernt. Das geht leicht. Er ist nur übergestülpt.«

»Man kann ihn auch von innen aufstoßen«, führte Luis vor, indem er mit beiden Fäusten nach oben in die Luft schlug. »Aber wir, Airton, Tomas und ich, waren vollkommen durchgeschüttelt. Überall schmerzte es, es war dunkel. Man braucht sehr lange, bis man sich zur Öffnung vorgetastet hat. Du hast ja gesehen, man kann sich nicht einfach drehen und kriechen.«

»Strömt denn nicht sofort Wasser ins Innere?« fragte ich und bekam schon bei der Vorstellung einer solchen Situation die volle Panik.

»Nein, diese Räume sind absolut dicht gearbeitet. Da darf es kein Loch geben. Sonst zischt die Luft raus, und das Wasser kommt rein.«

Airton mischte sich ein. »Ehe wir alle draußen waren, dauerte es zwei Stunden. Es war höchste Zeit. Die Luft war verbraucht.«

»Ja. Und dann haben wir das Boot zurückgedreht und weitergearbeitet.«

»Ihr seid wahnsinnig! Ich glaube, ich würde dann nie wieder mit einer Jangada fahren«, sagte ich aus Überzeugung.

»Das ist nicht das erste Mal gewesen«, warf der Vater lächelnd ein. Man konnte glauben, er mache einen Witz. »Als der Tag anbrach, haben wir weitergeangelt.«

»War denn beim Kentern nichts kaputtgegangen? War der Mast noch heil?«

»Ja. Nur unser Trinkwasser war weg. Da haben wir den Durst mit Eisstücken hier aus der Fischkiste gestillt.«

Er zeigte auf die große, metallbeschlagene Kiste. Ihr Deckel war durch Riegel gesichert. Das Eis halte sich bis zu fünf Tagen, erfuhr ich. Denn die Kiste sei gut isoliert.

»Es schmeckte allerdings nach Fisch.«

»Wie kriegt man denn solch eine schwere Jangada gewendet?« wollte ich wissen, denn die Dinger wiegen ein bis zwei Tonnen.

»Das ist ganz einfach. Schau mal in den Schlafraum. Dort ist ein kleines Spundloch. Es ist mit einem Zapfen verschlossen. Den zieht man raus. Dann strömt das Wasser ein, und es ist leicht, das

Schiff mit Hilfe von Seilen und Wellen zurückzudrehen. Vor dem Drehen wird das Loch wieder verschlossen und das Wasser über das Einstiegsloch ausgeschöpft.«

Jangadeiros sind für mich Helden. Die Not zwingt sie aufs Meer. Es ist ihr einziger Broterwerb. Sie haben weder Kompaß noch Karte.

»Die Gestirne, der Wind, die Farbe des Meeres und unsere Erfahrung sagen uns genau, wo wir sind. Das einzige Hilfsmittel, das wir haben, ist dieses Lot.« Vom eisernen Willen schwieg er bescheiden. Er wies auf ein dickes Bleistück an langer Sehne. »Wenn wir die Tiefe wissen, wissen wir auch, wie weit es zum Land ist.«

Airton hatte eine kleine Plastikschüssel aus der »Kabine« gezaubert und entfachte ein Holzkohlefeuer in einer durchlöcherten Konservendose. Es gab für alle einen heißen, süßen *cafézinho*.

»Du wirst heute noch auf den Strand treffen«, schätzte der Vater. »Es kann aber Abend werden.«

»Wie ist der Strand?« wollte ich wissen. »Gibt es Felsen?«

»Nein, es ist alles Sandstrand. Du kannst überall landen.«

Nun, das war schon mal tröstlich. Ich wollte unbedingt heute noch ankommen. Notfalls auch in der Dunkelheit. Notfalls »blind« auf den Strand rutschen.

Wir trennten uns. Ich hatte viel Psyche und Seele aufgetankt, zog das volle Segel hoch und hielt auf den Strand zu. Vom Kletterbaum aus sah ich ihn vor mir. Aber mir wurde gegen Nachmittag klar, daß ich es nicht mehr bei Tageslicht schaffen würde.

Da hielt ein Motorboot auf mich zu. Es kam so zielstrebig, daß ich davon überzeugt war, es könne nur meine Gruppe mit dem Filmteam sein. Ich jubelte und versuchte, Annette ausfindig zu machen, denn die Filmer kannte ich noch nicht persönlich. Aber es waren nur Männer an Bord. Fünf Fischer auf ihrem Boot *Ascompem I*.

»Könnt ihr mich in den nächst gelegenen Hafen ziehen?« schrie ich rüber.

»Kein Problem«, war ihre Antwort.

Und schon sprang einer über Bord und schwamm zu mir herüber. Er befestigte ein stabiles Schleppseil am Bug, und ab ging's.

»Wo wollt ihr heute noch hin?« fragte ich ihn. »Wollt ihr auch da vorne in den kleinen Hafen?«

»Nein, wir fahren nach Fortaleza. Wir waren fünf Tage in den Gewässern von Natal fischen. In zwei Stunden wollen wir zu Hause sein.«

Wie ein elektrischer Schlag traf mich das Wort »Fortaleza«. Kaum wagte ich die nächste Frage zu stellen, aus Angst vor einem Nein. Aber ich tat es dennoch. Voller Erwartung und Herzklopfen. Was ich heute morgen noch gar nicht in Erwägung zu ziehen gewagt hatte, konnte plötzlich Wirklichkeit werden. Ich konnte heute abend in Fortaleza im Bett schlafen. Alles wäre überstanden und vorbei. Nicht auszudenken!

»Könnt ihr mich auch bis Fortaleza ziehen? Ich würde euch gut bezahlen.«

Das mit der Bezahlung hatte ich sofort hinterhergeschoben, um meine Chancen zu erhöhen.

Um 23 Uhr waren unsere beiden Schiffe im *Porto dos pescadores*, direkt neben dem Jate-Clube, dem Yachtclub, vertäut. Etwa hundert Meter entfernt vom Strand war ich gesichert mit einem Anker und einem zweiten Seil, das mich mit der *Ascompem I* verband. Ich war angekommen. Nach 43 Tagen! Das alles war plötzlich so schnell gegangen, daß ich zu träumen glaubte.

»Nimm alle Wertgegenstände mit, und laß dein Boot unbedingt bewachen. Sonst findest du morgen nichts mehr wieder«, riet mir einer der Männer.

Ein Kahn mit einem alten Mann kam herangerudert und brachte uns an den Strand.

In der Dunkelheit erkannte ich kleine Elendshütten zwischen aufgedockten reparaturbedürftigen Fischerbooten. Einige Hütten entpuppten sich als Kneipen, andere als Läden und Wohnstätten. Dahinter tropische Vegetation und Hochhäuser im Bau. Die Tage der Favela-Leute am Strand waren damit gezählt. Irgendwann würden sie den Neubauten weichen müssen.

Der Fischer weckte mehrere Leute, die mich und das Gepäck sicher an die nahe Straße brachten. Ein Taxi brachte mich ins Hotel, in dem sich die *GfbV* und Annette einquartiert hatten. Von der Rezeption aus rief ich in Annettes Zimmer an.

Es hatte höchstens einmal geklingelt. Schon hob sie ab. Bestimmt hatte sie auf dem Telefon geschlafen.

»Hallo, Annette, kannst Du mich verstehen? Seit drei Minuten habe ich wieder einen Satelliten und damit eine Telefonverbindung. Schreib schnell meine Position auf.«

Sie hatte nicht nur auf dem Telefon geschlafen, sondern auch auf dem Bleistift und Papier.

»Gott sei Dank! Du lebst. Wir hatten solche Sorge. Geht's dir gut? Leg los. Wo befindest du dich?«

»Es ist um mich herum ziemlich dunkel«, log ich, »ich will Strom sparen und habe nur meine trübe Taschenlampe an. Ich kann die Daten nicht so genau lesen. Moment mal. Doch, jetzt kann ich's erkennen. Ich bin in der Rua Nunes Valente. Oder so ähnlich heißt das.«

»Was ist los mit dir? Geht es dir wirklich gut? Kannst du mich deutlich verstehen? Ich habe dich nach deiner Position gefragt und nicht nach meiner Adresse.«

»Ja, ich habe dich verstanden. Warte bitte, dann muß ich noch einmal genau hinschauen.«

Ich ließ sie zappeln, raschelte etwas mit Papier, rieb die Hörermuschel.

»Ja, nun kann ich es ganz deutlich lesen. Ich befinde mich genau – bist du schreibfertig, ja? – also, ich befinde mich in der Rua Nunes Valente, in der Pousada Colonial de Gramado – vorne in der Rezeption. Wenn du die Tür aufmachst, kannst du mich sehen ...« Weiter kam ich nicht. Da stand sie schon vor mir.

Am Ziel

Ich hatte während der Fahrt nicht nur den Kochtopf und den Eßlöffel beim Abwasch aus Unvorsichtigkeit verloren, sondern auch zwölf Kilo Gewicht und viel Kraft. Das sollte ich schon am ersten Tag an Land erfahren, als ein junger Mann der portugiesischen Dolmetscherin Maria auf belebter Straße und nur fünfzig Meter von mir entfernt die Umhängetasche von der Schulter riß und damit davonrannte. Zwar gelang es mir, den Dieb zweihundert Meter zu verfolgen, aber er war deutlich schneller. Das lag nur unwesentlich daran, daß ich ungeeignete Sandalen trug. Ich hatte Kraft eingebüßt, ich war ein schlapper Sack. Als der Dieb zuletzt einen Schotterhang hinaufstürmte, rutschte ich gar aus, und er verschwand mit vielen Längen Vorsprung in einer Favela, einem Elendsviertel am Berg oberhalb unseres Fischerhafens. Ihn dort hinein zu verfolgen war nicht nur aussichtslos, sondern wäre auch noch dumm gewesen. Niemand hätte mir verraten, wer der Mann war und wo er sich versteckt hielt. Eher hätte man mich verprügelt. Ihr Zusammenhalt ist die einzige Stärke, die den Menschen der Favelas geblieben ist. Deshalb stoppte ich vor dem schmalen Hausdurchschlupf.

Maria und Annette waren inzwischen auch heran. Maria zitterte vor Aufregung und Wut. Es war der einzige Moment in den vierzehn Tagen unserer Zusammenarbeit, wo sie sogar das Rauchen vergaß.

»Ich bin sicher, die Leute kennen den Dieb. Er wird hier wohnen, denn ich kann mir nicht vorstellen, daß er in eine fremde Favela läuft«, versuchte ich ihr Hoffnung zu machen. Die vielen Menschen um uns herum gaben sich unwissend.

»Auffallend unwissend«, stellte Annette mit ihrer Beobachtungsgabe sofort fest.

Natürlich behaupteten alle, den Mann nicht gesehen zu haben, geschweige denn, ihn zu kennen. Aber die tuschelnden Kinder oder das Fehlen jeglichen wirklichen Interesses an einer Aufklärung und ihre Blicke sprachen deutlich eine andere Sprache.

»Hattest du etwas Wertvolles in der Tasche?«

»Ja, über zweihundert Reais und alle meine Papiere. Das schlimmste ist, daß mein Paß weg ist.«

»Wir sollten einen Finderlohn aussetzen«, schlug ich vor, »es ist die einzige Möglichkeit, wenigstens die Papiere wiederzubekommen.«

Dieser Vorschlag traf auf offene Ohren. Nicht nur bei Maria, wenngleich sie bestimmt sofort den Gegenwert des Verlustes in Nikotin umgerechnet hatte, sondern bei den umstehenden Leuten.

Aus allen Häusern waren sie inzwischen herausgeströmt und berichteten einander gegenseitig die Neuigkeit. Eine Frau notierte sich unsere Hoteladresse. Vierzig Reais Finderlohn waren viel Geld. Anders als in Diktaturen, wo ein Paß Leben retten kann und Tausende von Dollar wert ist, war Marias Paß hier in Brasilien für den Dieb wertlos. Niemand sonst würde ihm dafür Geld geben. Aber nun konnte er sich damit einen Zusatzlohn verdienen. Umsonst würde er ihn niemals rausrücken. Ganz sicher würden die »Finder« die Vierzig-Reais-Prämie mit ihm teilen müssen.

Wir gingen hinunter zum Hafen. Dort wußte man bereits Bescheid. Favela-Mülltelefon.

Zwei junge Männer, die eines der Ruderboote für den Fährdienst besaßen, gaben sich darüber besonders empört.

»Das ist in unserer Favela passiert. Das lassen wir uns nicht gefallen. Wir werden rauskriegen, wer das war.«

Wir mußten den Vorfall noch einmal beschreiben, machten vor allem deutlich, daß wir einen Finderlohn zahlen würden, und schon stürmten sie los.

Dreißig Minuten später hatte Maria ihre Tasche und die Papiere wieder.

Nach dieser beeindruckenden Bewährungsprobe heuerte ich die beiden Jungs sofort als Wachen für meinen Baum an.

»Nimm unbedingt *zwei* Wachen«, hatten die Fischer mir geraten, »einer ist schnell zu überrumpeln oder mit einem kleinen Diebstahl von Bord zu locken. Dann kommen die anderen Bandenmitglieder und räumen den Rest ab. Sie müssen aber an Bord schlafen, denn die verbreitetste Art zu stehlen ist, die Ankerseile zu kappen, das Boot raustreiben zu lassen und dann auf offener See alles Brauchbare zu demontieren. Auch wir bewachen unsere Schiffe.«

Und trotzdem wurden die Jungen überfallen. In der dritten Nacht kam ein Dinghi mit zwei Männern zu ihnen herausgepaddelt, die Interesse heuchelten.

»Ist das das Boot, mit dem der Deutsche aus Afrika gekommen ist?«

Eigentlich eine überflüssige Frage. Jeder im Hafen kannte den Baum. In jeder Zeitung hatte es gestanden, in den TV-Nachrichten hatte es Beiträge gegeben, und alle drei Stunden tauchte tagsüber das Touristenboot *Saveiro II* auf und bot *THE TREE* als Fotomotiv an.

Die Jungen konnten gerade noch *sim*, ja, sagen, als die Männer schon an Bord gesprungen waren. In ihren Händen Revolver.

»Wir mußten uns mit den Gesichtern nach unten in die Netze legen, und die beiden durchsuchten die Hütte und die Kanister. Sie hatten es auf eure Filmausrüstung abgesehen. Als sie nichts fanden und nur Lebensmittel, Fahnen und Werkzeug entdeckten, verschwanden sie ebenso schnell, wie sie gekommen waren.«

Theo Rathgeber, der Amerikaspezialist der *GfbV*, hatte am Tag nach meiner Ankunft eine Pressekonferenz organisiert. Sie war gut besucht. Nicht nur von Journalisten und Neugierigen, sondern auch je eine Abordnung der Tapeba-Indianer bereiteten mir die Freude ihrer Aufwartung. Für Chef Antônio war es eine unwiederbringliche Gelegenheit, seine Anliegen medienwirksam vorzutragen.

»Ceará ist das einzige Bundesland Brasiliens, das noch kein Indianergebiet anerkannt hat«, beklagte er sich gegenüber den Medien. Deshalb habe er vor geraumer Zeit zur Selbsthilfe gegriffen. In einer Nacht- und Nebelaktion besetzten Antônio und seine 300 Leute ihr eigenes Land.

»Täglich müssen wir damit rechnen, daß es uns mit Gewalt wieder entrissen wird. Nachts müssen wir Wache stehen, um uns gegen Überfälle durch Pistoleiros zu schützen.«

Die Reporter zeigten ehrliches Interesse und ließen sich Zeit. Abends kam Antônios Anklage sogar korrekt im Fernsehen. *O Globo* hatte der Sache einen kurzen Magazinbeitrag gewidmet.

»Ohne euch wäre ich kein Wort bei den Medien losgeworden«, gestand er hinterher.

Längst hatten die Tapebas alle portugiesische Namen. Von nichtindianischen Brasilianern sind sie äußerlich nicht zu unterscheiden. Ihre Stammessprachen existieren nur noch mit wenigen Worten.

»Es war und ist nur von Nachteil, wenn wir sie noch pflegen würden. Es wird uns als Separatismus und Verschwörung ausgelegt.«

»Bringt es denn überhaupt etwas, wenn wir als Ausländer für euch demonstrieren?«

»Ganz sicher«, antworteten alle einhellig. »Und besonders, wenn es Deutsche sind. In Ceará sind viele deutsche Unternehmen ansässig. Die haben einen sehr guten Ruf.«

Oft wird die fehlende Anerkennung indianischer Gebiete mit Geldmangel begründet. Dazu kommt, daß der Oberste Gerichtshof in Brasília alle Gerichtsentscheide zum Nachteil der Indianer blockiert, obwohl die brasilianische Verfassung den Ureinwohnern die angestammten Gebiete ausdrücklich garantiert.

»Die obersten Richter sind von der Regierung eingesetzt, und die verfolgt andere Interessen, als uns Ländereien zu überlassen.«

Wir brachen auf nach Brasília. Die Behördenhürden waren genommen. Die größte Schwierigkeit war zunächst, daß ich in kurzer Hose erschienen war. Ich hatte vergessen, daß eine solche Aufmachung in Brasilien unerwünscht ist. Ich entschuldigte mich, blieb vor der Tür stehen, holte die fehlenden Hosenbeine aus der Tasche und befestigte sie mit dem Reißverschluß unterm Knie – und war behördenfein gestylt.

Als zweitgrößtes Handicap hatte sich herausgestellt, daß mein Schiff nicht registriert war.

»Wir glauben Ihnen, daß Sie es nicht gestohlen haben, aber Schiffe dieser Größe müssen amtlich erfaßt sein.«

Was mich schließlich aus der Patsche riß, war die Registriernummer auf meinem Notsender, dem Epirb. Dort war die Kennung »amtlich« eingedruckt: MMSI 211313940. Ab jetzt war ich ein richtiges Seeschiff.

Ein chinesischer Frachter holte uns mit seinem Geschirr kostenlos aus dem Meer, schwenkte uns zum Kai hinüber und lud uns auf den zwanzig Meter langen Tieflader, der den Baum in vier Tagen nach Brasília bringen sollte. Wegen Mangels an Gerät dauerte die Demontage mit vier kräftigen Helfern, einer Frauenkraft und mir geschlagene elf Stunden! Theo spendierte ein fürstliches Hühnermenü. Es war unsere einzige Pause. Ich ließ mich nicht lumpen und spendierte den schuftenden Männern einen ebensolchen Lohn.

Als allerletztes befestigten wir noch etwas hoch auf dem Wagen. Etwas, das ich mir selbst spendiert hatte. Etwas, das mich an das Ende meiner Seereise, an Fortaleza, an mutige Männer und an Phänomene des Schiffsbaus erinnern sollte: eine kleine, originale Jangada. Sie sollte später auf meinem See in Rausdorf schaukeln oder bei *Globetrotter Ausrüstung* in den Bootsabteilungen ausgestellt werden. Zu Ehren der Jangadeiros und aller Fischer auf allen Meeren der Welt, die soviel Risiko eingehen müssen, um mit ihren Familien zu überleben.

Das Finale

»Wir haben keine Genehmigung für die Demonstration eingeholt«, eröffnete mir Theo Rathgeber, als ich mit Annette in Brasília eintraf. »Wir haben dem Bürgermeisterbüro nur von einem ›Transparent‹ erzählt, das wir aufstellen werden.«

»Und wenn wir nun verjagt werden?«

Ich hatte plötzlich Angst, die zeitaufwendige Reise könnte nicht das erhoffte Finale finden und der kostenträchtige Transport über die Straße von Fortaleza zur Hauptstadt vergeudetes Geld sein.

»Unsere brasilianischen Freunde waren der Meinung, so sei es besser. Würden wir genau angeben, was wir planen, bestünde die Gefahr, daß der Antrag abgelehnt wird. Dann wäre es unnötig riskant, es dennoch zu versuchen. So aber stehen die Chancen besser. Da kann man uns nur sagen: ›Abbauen und verschwinden.‹«

Ein Brasilianer des *CIMI* (Conselho Indigenista Missionário) hatte einen weiteren Rat: »Das alles muß schnell gehen. Die Journalisten müssen ihre Aufnahmen im Kasten haben, bevor wir zum Abbruch gezwungen werden.«

Also hieß es alles gut vorbereiten. Um den Originalmast aufzustellen, benötigten wir einen Kran. Ihn fertig montiert anzufahren würde sofort die Polizei auf den Plan rufen. Der Mast war acht Meter hoch. Er würde Laternen und Kabel zerfetzen oder selbst zu Bruch gehen.

Ich nahm eins der Bambusrohre, die als Ersatzmast an Bord waren. Sie hatten den Nachteil, daß man das Segel nicht voll hochziehen konnte. Es mußte dann seitlich vom Wagen hängen. Noch fehlte es an der Örtlichkeit, wo wir die Vorarbeit leisten konnten. Wieder half die *Hamburg-Süd.*

»Wenden Sie sich an Lindolfo Goebel bei der Speditionsfirma *Metropolitan.* Dort erhalten Sie jede Hilfe. Und wenn doch etwas fehlen sollte, dann scheuen Sie sich nicht, uns wieder anzurufen. Sie haben ja meine Handynummer.«

Bürochef Simon, Chef von *Hamburg-Süd* in São Paulo, hatte uns den Tip telefonisch gegeben. Es war ein Volltreffer. Mit Hilfe vieler kräftiger Hände und eines Gabelstaplers war der Tieflader schnell von aller unnötigen Last befreit. Zuletzt lagen nur der nackte Stamm und die zwei Ausleger auf dem Wagen.

Lindolfo kam als Dolmetscher mit.

Majestätisch schob sich der 25 Meter lange Tieflader durch die Straßen der brasilianischen Hauptstadt. Die Leute verdrehten sich die Köpfe ob der nie gesehenen Fracht. Nach dreißig Minuten erreichten wir das Regierungsviertel. Vor der Kathedrale hielten wir an. Jeder wußte, was er zu tun hatte, und im Handumdrehen standen Mast und Segel.

Theo und der *CIMI* hatten gute Vorarbeit geleistet. Die wichtigsten Medien waren zugegen – Reporter von *O Globo,* dem TV-Moloch, von *Isto é, Veja, Jornal do Brasil* und *Folha de São Paulo* und die vielen anderen von kleineren Medien.

Ich hielt meine Rede, beantwortete mit Lindolfos Hilfe die Fragen. Dann verebbte der Strom der Journalisten.

»Laßt uns direkt vor den Palast des Präsidenten fahren«, schlug ich vor. Schließlich hatte ich mir das als Endziel immer wieder ausgemalt. Wie ein Mahnmal wollte ich *THE TREE* vor seinem Domizil in Stellung bringen. Mit der Chefin eines TV-Teams wandten wir uns wegen einer Blitzerlaubnis an die Pressesprecherin des hohen Hauses. Überraschend sagte sie zu.

»Aber nur kurz. Zehn Minuten.«

Egal. Zehn Minuten waren viel. Ich hatte mit null Minuten gerechnet.

Langsam setzte sich der Truck in Bewegung. Mast und Segel blieben errichtet. Wir fuhren in der mittleren Spur, um die Laternen nicht zu streifen. Eine große Anzahl von Reportern hatte gegenüber vom Palast Position bezogen. Sie waren rechtzeitig vor uns dort. Das alarmierte die Wachen. Große Hektik kam auf. Handsprechgeräte übermittelten Wortfetzen. »Nicht anhalten! Sofort weiterfahren!«

»Wir haben die Genehmigung der Pressereferentin«, versuchten wir zu verhandeln.

»Wir wissen von nichts. Weiterfahren.«

Jemand vermittelte: »Fahren Sie einmal um den Block. Wir klären das.«

Dann die Nachricht: »Die Erlaubnis wurde zurückgezogen. Sie haben versäumt, die Deutsche Botschaft von Ihrer Demonstration zu informieren. Und weil die sich nicht für Sie verbürgen kann, lehnen wir Ihren Antrag ab.«

»Sch...«, fluchte ich. Dabei hatten wir sie bewußt rausgehalten, um ihr Peinlichkeiten zu ersparen, falls wir aneckten. Meine Rede enthielt genügend Formulierungen, an denen gesetzesuntreue Politiker sich stoßen würden.

»Das sind doch nur vorgeschobene Erklärungen«, meinte Theo. »Wäre ihnen das mit der Botschaft nicht eingefallen, hätten sie eine andere Ausrede genommen.«

»Was haben die gesagt?« fragte ein Demo-Profi. »Wir dürfen dort nicht *stehen*bleiben? Das macht doch nichts. Dann *fahren* wir vorbei. Aber nicht mit 50 km/h, sondern mit 1 km/h. Und das nicht einmal, sondern so oft ihr es braucht, bis alle Medien das Titelbild im Kasten haben.«

Hoch leben die Profis! Wir setzten das Segel fotogerecht zurecht, und ab ging die Fahrt! Mit rasantem einem Stundenkilometer zogen wir an der Residenz des Landeschefs vorbei. Schnecken hätten uns überholen können. Passanten winkten, Straßenarbeiter schwenkten ihre Schaufeln, Autos hupten. Es war wie Applaus. Nach all den vielen Aufregungen der letzten vier Monate war das mein Schlußpunkt. Es war wie der Händedruck von Freunden.

Als alles vorüber war, blieb nur noch eins zu tun. Wir gaben unsere Forderungen an die brasilianische Regierung im Protokollamt ab.

»Fotografieren strikt untersagt«, warnte ein Schild. Also nichts mehr mit noch einer allerallerletzten Abschlußfilmszene. Immerhin erhielten wir eine Quittung und die Zusicherung, innerhalb angemessener Frist eine Stellungnahme zu erhalten. Dann standen wir bereits wieder draußen. Höflich aber bestimmt.

Ich wettete mit den Umstehenden, daß der Appell im Papierkorb landen würde. Aber die Wette war unfair. Schließlich hatte ich genau diesen Weg schon einmal nach der Tretbootreise beschritten. Nie hatte ich eine Antwort erhalten. So sollte es auch dieses Mal enden.

Am 21. April kehrte mein Baum mit der *Hamburg-Süd* zurück nach Hamburg. Am Burchard-Kai habe ich ihn wieder in die Arme schließen können. Es war wie das Wiedersehen mit einem guten Freund. Als er da hoch oben auf den vielen Containern lag, dachte ich, er sei geschrumpft. So klein kam er mir angesichts der Größe des Frachters vor. Dann wurde er von der *HHLA*, der großen Hamburger Schiffsladungslöschgesellschaft, auf den Tieflader meiner alten Freunde von der Firma *Seeland* verladen.

»Wir haben ein großes, neues Gelände in der Von-Siemens-Straße erworben. Dort kannst du deinen Freund, den Baum, so lange und kostenlos liegen lassen, wie du möchtest. Es ist uns eine Ehre, dir damit helfen zu können«, meinten Frank Beckedorf und Nils Nissen. »Und solltest du ihn irgendwo ausstellen wollen, dann werden wir ihn dir so preiswert wie möglich dorthin bringen.«

Wir ahnten nicht, wie kurz ich diese Gastfreundschaft strapazieren mußte. Die Zeitungen hatten eine kleine Notiz von der Rückkehr des Baumes gebracht. Das hatte Berend Hartnagel gelesen, der Manager der EXPO.

»Hätten Sie Lust, Ihren Baum auf der EXPO 2000 auszustellen?«

Welch eine Frage! Und ob ich Lust hatte!

»Wir müssen allerdings zunächst noch Brasilien fragen. Das Land hat für seinen Pavillon viel Geld aufgewendet, während Sie kostenlos dort stehen und ja letztlich eine Provokation darstellen. Aber wir möchten Sie unbedingt, weil Ihr Baum ideal zum Motto der Ausstellung paßt: Mensch, Natur, Technik.«

Brasilien fragen! Gleich war mir klar, daß ich keine Chancen hatte.

Da rief Hartnagel bereits erneut an.

»Brasilien hat nicht nur zugestimmt. Der Beauftragte aus Brasília hat sogar gesagt, man sei erfreut, weil man damit beweisen könnte, daß man sich den Herausforderungen stellen möchte. Auch und gerade hier unter den Augen der Weltöffentlichkeit. Vielleicht könnte man den Baum sogar als Podium für gemeinsame Gespräche und Veranstaltungen nutzen.«

Mir blieb die Spucke weg. Von meiner Seite aus gab es da bestimmt keinen Ideenmangel. Mir würde binnen Stunden etwas Werbewirksames einfallen, mit dem Brasilien seine positive Seite zeigen und ich neue Pläne für die Zukunft schmieden könnte.

Das nächste *Klein*projekt

»Ich habe noch eine Überraschung für dich«, sagte ich zu Annette.

»Nicht schon wieder«, stöhnte sie, »es sei denn, sie ist positiv.«

»Na klar doch, Unangenehmes ziehe ich allein durch, Angenehmes teile ich mit anderen. Ich möchte dir den Urwald zeigen.«

Annettes Augen wurden groß wie Bullaugen und bekamen augenblicklich Vollglanz. Wie geputzte Scheinwerfer. Sie mochte es gar nicht glauben, war doch eigentlich heute der Rückflug nach Deutschland geplant.

»Wir fliegen ja auch nach Deutschland. Nur nicht direkt. Wir machen einen Umweg über das Bundesland Amapá.«

Rudi Kamikaze

Test: Astgabeln als Ausleger-Befestigungen?

Dicker Bug oder dünner Bug?

Test-Modell bei Flaute

Test-Modell im Wildbach

Die schweizerische Weißtanne

Erster Zuschnitt

Kammern für den Auftriebsschaum

Ausschäumen der Kammern

Ausgeschäumt, zugenagelt, unsinkbar

Ausgeschäumtes Bambusrohr

Radarreflektor

Notsender

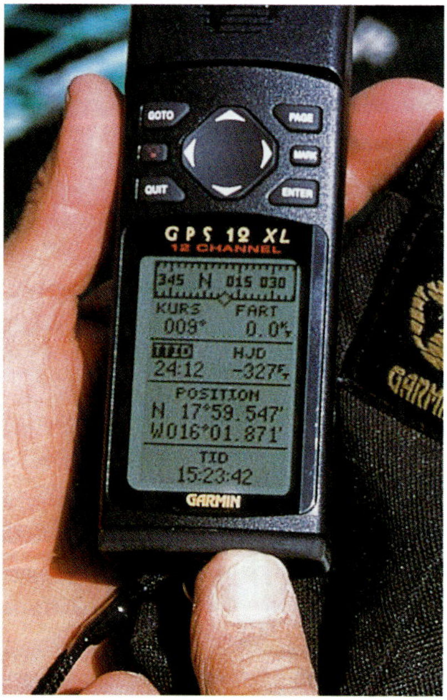

GPS Navigationshilfe

Das noch zu große Ruder

Schwimmweste, Sicherheitsleine

Windsteuer

Solaranlage,
Satellitenantenne,
Vorratskanister

Eiserne Wasser- und Nahrungsreserve im Stamm

Fotoboot Amiginho, *nie gebraucht*

Schutzhütte von außen mit Satellitenantenne, Solaranlage, Meerwasser-Entsalzer, Decklicht und Regenrinne

Test mit Greenpeace auf der Elbe

THE TREE *im Fleet vor den Alsterarkaden*

Schnittig wie ein Flugzeug: THE TREE *vor der Taufe*

Taufe vor dem Hamburger Rathaus

Taufpatin Sophie Weber (9)

Auseinandergebaut nach Antwerpen

Mit der Arctis Sky *nach Mauretanien*

4 Traversen à 3 Stämme; Netze, um mehr »Auslauf« zu haben

Annette Weber, Film und Foto

Los!

Das wind- und regengepeitschte Segel bei Nacht

THE TREE: *ständig von Wellen überholt und überspült*

Das Heck: immer unter Wasser

Zuflucht im Schatten

Mit Zeichenbesteck und Karte in der Kajüte

Die Hütte war zu klein

Ich backe mir Fladenbrot

Begegnung mit der Titanic

Die erste Jangada

Schlafschlitz der Fischer in einer Jangada

Ankunft in Fortaleza

Endlich eine eiskalte Caipirinha!

Verlesen meiner Ankunftsrede

Hamburg-Süd *bringt den Baum kostenlos zurück!*

Aufbau auf der EXPO

Der Buschmann, ich und Dave

Schutz gegen die Sonne: weißer Overall und Schirm

Dave Covey (34)

Der Buschmann (75): Wasser im »Handtäschchen«

Dave, der Buschmann und ich

Der Karren war »see«tüchtig

Holzkohlenstaub, mit Wasser vermischt, gegen Mücken

Ohne Wagen durch die Wüste

Bush Food

Überwiegt der Hunger oder die Tierliebe?

Süßwasserkrokodile: ihr Bestand hat sich gut erholt

Das Krokodil schnellt ans Ufer ...

... und knebelt sich selbst ...

... mit meinem Schlafsack.

Wiedersehen nach über drei Wochen

Gemeinsam durch die Ziellinie

Der Strand von Aqaba, 1960. Im Hintergrund Saudi-Arabien

Unser Gefängnis in Aqaba, 1960

Abd-Er Rahmaan, Gerd und ich

Hans Windisch

Sleman

Und schwupp, saßen wir in der kleinen Propellermaschine, die uns nach Macapá brachte. Mein alter Freund Rugatto Boettger hatte bereits alles eingefädelt. In Begleitung zweier *FUNAI*-Funktionäre und mehrerer Waiapí-Indianer fuhren wir – völlig legal, ich konnte es kaum fassen – zwei Flüsse hinauf bis in deren Quellgebiete. An den Ufern ein Regenwald wie im Bilderbuch. Urwaldriesen, Lianen, Blütenpracht von einer Üppigkeit, daß die Pflanzen an vielen Stellen über den schmalen Flüssen zusammenwuchsen. Eine Fahrt durch grüne Tunnel.

»Das ist das absolut Schönste, das ich je in meinem Leben gesehen habe.« Annette verlor fast die Fassung. Demnach hatte die Frau noch nicht viel gesehen in ihrem Leben. Korallenriffe, Sümpfe – es gab so vieles voll mit prallem Leben. Höchste Zeit, es nachzuholen. Und genau das war der Sinn dieser Erkundungsfahrt.

Die Waiapí sind ein vergleichsweise kleines Volk von etwa 600 Seelen. Ich hatte sie 1992 kennengelernt, als Christina Haverkamp und ich an der Küste Amapás eine Notlandung mit unserem Bambusfloß machen mußten.

Die Waiapí waren uns sofort aufgefallen wegen ihrer Schönheit und ihres Traditionsbewußtseins. Sie haben milchkaffeebraune, feingeschnittene Gesichter und lange, blauschwarze Haare. Jede Frau und jeder Mann trägt einen roten Lendenschurz. Haare und Schurz sind ihr Erkennungszeichen. Das ist insofern bemerkenswert, als sie jederzeit über eine Straße Kontakt mit dem anderen Brasilien, dem der verschlissenen T-Shirts und sonstigen Scheinvorteile, aufnehmen könnten. Aber daran denken sie nicht. Sie lieben ihr Waldleben. Und dieses, so gut es geht, zu erhalten, wollten wir einen Beitrag leisten.

Wie die Yanomami leben die Waiapí vom Wald. Wie die Yanomami hatten auch sie große Probleme mit den Goldsuchern. Aber sie hatten mehr Glück als ihr Brudervolk an der venezolanischen Grenze: Ihnen wurde das angestammte Land bereits 1981 zuerkannt.

Unsere Reise führte uns zu allen erreichbaren Dörfern. Es war der Wunsch der führenden Waiapí-Häuptlinge, daß wir uns einen eigenen Eindruck verschaffen und dann entscheiden sollten, in welcher Weise wir sie unterstützen könnten.

Wir entschieden uns für den Bau zweier Krankenstationen auf eigene Kosten. Über Vorträge und mit Hilfe befreundeter Spender werden wir die Restsummen aufbringen. Verglichen mit der Station, die wir bereits bei den Yanomami gebaut hatten, genügten hier winzige Beträge. Das versprachen wir den Dorfchefs, und wir sicherten ihnen zu, bald wiederzukommen. Und nichts ist für Indianer schlimmer, als ein Versprechen nicht einzuhalten. 2001 werden wir dort auf der Matte stehen.

Danksagung

Mitunter bin ich im Kino und schaue mir einen Film an. Ich sehe die Darsteller und weiß, daß es Kameraleute gibt, die die Szenen gefilmt haben. Ich weiß, daß es einen Drehbuchautor geben muß, der die Vorlage für den Film geliefert hat, und einen Regisseur, der das Buch optisch umgesetzt hat.

Wenn dann aber am Filmende der Nachspann abläuft, um alle Mitwirkenden zu würdigen, die Anteil hatten am Gesamtprojekt, bin ich jedesmal erschrocken. So viele sind es, und alle wollen bezahlt werden. Erst der Nachspann macht mir deutlich, wie groß und wichtig die gesamte Hintermannschaft für ein Gelingen ist.

Genauso geht es mir bei der Baumstammfahrt. Fast schäme ich mich, weil ich und die *GfbV* es sind, die den Erfolg für sich verbuchen können, obwohl so viele Gönner, Freunde, Helfer und Sponsoren mitgewirkt haben.

Ich will die Möglichkeit dieses Buches nutzen, mich bei ihnen zu bedanken.

Um Ungerechtigkeiten zu vermeiden, sind die Namen alphabetisch geordnet. Haben Angestellte für ihre Firmen agiert, nenne ich die Firma.

MS Bako Liner I für die Hilfe beim Start in Mauretanien,
Yerzy Bachner für die Stickereien,
Firma *Bayer* in Leverkusen und überall für den unverwüstlichen PU-Schaum,

Harald Benz für die Betreuung des Mobilphones während Annettes Abwesenheit,

Hartwig Biereichel für die Beschallung während des Stapellaufs.

Rugatto und Celina Boettger für die vorbildliche Gastfreundschaft in Macapá,

der brasilianischen *Banda Sol da Bahia* und dem Manager *Guido Schmidt* für die herrlich rhythmische Untermalung des Stapellaufs,

Sägewerk *Werner und Christian Brand,* Langnau, Schweiz, für das Zurechtsägen des Stammes,

Burkhard Bühre, Oldenburg, für Freundschaft und juristische Beratung,

Bertel Bühring, Würzburg, für die beständige Freundschaft und die absolut geile Zukunftsplanung,

dem *Deutschen Wetterdienst Hamburg,* der mir den Glauben an Wettervorhersagen wiedergegeben hat,

Kurt Diekmann, München, für seine statische Hilfe bei der Planung des Baumes,

Jürgen Diekow für das stabile Segel,

Firma *Dolmar* für die Kettensäge und vielseitige Unterstützung,

Firma *Druckpunkt,* Ahrensburg, für die Druckarbeiten,

Firma *EBV,* Oldenburg, für die solide Solaranlage,

Kapitän *Sorin Johannes Frederiksen* von der *Arctis Sky* für Freundschaft und Zuspruch,

Volker Genssler, Kiel, für das Schnitzen der Taube,

Peter Gergs für Gastfreundschaft und Bauplatz im Hamburger Yachthafen,

dem brasilianischen Gesandten *Eduardo da Costa Farias* für die Ehre seines Besuchs anläßlich der Taufe,

Globetrotter Ausrüstung, Klaus Denart, für finanzielle, materielle, ideelle und Internet-Hilfe,

Greenpeace Hamburg und Amsterdam für Beratung und technische Hilfe,

der *Hamburg-Süd* für das große Geschenk des Rücktransportes; *Henrik Simon* in São Paulo für die wertvolle Weichenstellung in Brasilien,

der vorbildlich zukunftsorientierten *Backwaren-Fabrik Hiestand*, Gerolzhofen, für große materielle Hilfe,
Hermann Jacobsen, Rausdorf, für den Steven aus seinem Wald,
Walter Hertig, Emmenmatt, Schweiz, für die schnelle Reaktion und praktische Hilfe, als der Stamm platzte, und für die Abendüberraschung,
David Janowitz, Eckernförde, für die Hilfe beim Bauen,
Michael Jodl, Gerolzhofen, für tatkräftige Hilfe beim Entstehen des Liedes »I'm on my way«,
Firma *Kadematic*, Hamburg, für die Rettungswesten,
der *Kampfschwimmer-Kompanie*, Eckernförde, und *Wolfgang Schöndorf* für Spitzentraining,
Hermann Kiefer, Landau, für die finanzielle Unterstützung,
Hartmut Kieselbach, Wedel, für die Hilfe während der Endphase des Baus,
Konditorei *Markus König*, Biglen, Schweiz, für die Gastfreundschaft,
Wolf Konerding, Hamburg, für die poetische ZDF-Reportage über meine Reise,
Jürgen Krohn, Hamburg, für die schnelle Hilfe zur Verbesserung des Hauptruders,
George Kuratle, Leibstadt, Schweiz, für die Tanne,
Firma *Kurotec*, Stade, *Nicol Eckert, Michael Klar und Manoel Nunes* für die vielen Glasfiber- und Kunstharzarbeiten (beinahe wäre es *Euer* Schiff geworden),
Firma *Lackfa*, Rellingen und *Ádám Szily* für das Ausschäumen meiner Auftriebskammern,
Marion Lehmann, Penzberg, für das GPS und den Notsender,
Y.L., Wildenbruch, fürs rechtzeitige Abspringen bei den Dreharbeiten,
Udo Lindenberg und seinen Panikern, Deutschland, für das mir gewidmete Lied »I'm on my way« auf seiner CD »Der Excessor«,
Karl Lösch, Annweiler, für eine großherzige Spende,
Benjamin Mastaglio, Eckernförde, für die Hilfe beim Bauen,
Metropolitan Transportes, Brasília, für technische Hilfe und *Lindolfo Goebel* fürs Dolmetschen,

Minolta und *Matthias Stolt* für die fotografische Ausrüstung,
Meierei Trittau (Milli-Milch) und Klaus Prätorius für das Stillen des Durstes der Stapellauf-Besucher,
Jörg Müller, Wedel, für die Rettungsboje und die guten Sprüche darauf,
Firma *NERA*, Hamburg, für das Satelliten-Telefon,
Firma *Nico, Hanns-Jürgen Diederichs,* für die Ausrüstung mit Seenot-Signalmitteln,
Luis Peres Jesus Mendes für die Nachtwachen an Bord *THE TREE* und die wohltuende Freundschaft,
Armin von Plotho für diplomatische Beratung in Sachen Ankunftsrede,
Post-Apotheke, Trittau, *Jörg-Dieter Schmidt,* für die üppige Ausstattung meiner Bordapotheke,
Uschi Raab, Hinterzarten, für die finanzielle Unterstützung,
Kristin und Ferdinand Riecken, Rausdorf und Norderstedt, für die schönen Steven,
»Mein Bäcker« *Horst Röben,* Hamburg, für die großzügige Beköstigung der Stapellaufbesucher,
Firma *Schachtrupp*, Hamburg, *Helmut Thies* und seinen Schachtruppen für den Bambus,
Kim Schmidt, Dollerup, für die Wahnsinnscomics in der Globetrotter-Homepage,
Günther Schwarz, Berlin, für die großherzige Geldspende,
Firma *Seeland*, Hamburg, *Frank Beckedorf* und *Nils Nissen,* für den Monsterkran, die Schwertransporte und den Lagerplatz,
Carola und Álvaro Seligmann-Silva, Hamburg, für die Hilfe und Beratung bei vielen Übersetzungen,
Senatskanzlei Hamburg, Brunhild Preuß-Kuchenbecker, für die Beseitigung behördlicher Hürden,
Folker Schultheiss, Mörfelden-Walldorf, für die Instantnahrung,
Firma *Texcon,* Eschershausen, *Vater und Sohn Gemeinhardt* für die Schleppanker,
TNC, Hamburg, *Thomas Reinecke* für die professionelle Medienversorgung mit TV-Material (Es tut mir leid, wenn Du jetzt vom vielen Rohschnitt-Sichten kein Meeresrauschen mehr hören magst!),

Ingeborg Uerpmann, Berlin, für die Wahnsinnsunterstützung! Sie grenzte an ein Wunder,
Gustav Uwer, Mülsingen, Schweiz, für Tanne und Management,
Ursula Voss, NDR Hamburg, für das akustische Meisterwerk »Transatlantische Mission«,
den Nachbarfamilien *Norbert und Karl Walther*, Rausdorf, für die Beaufsichtigung meines Hauses,
Wane Demba Moussa für die große Gastfreundschaft,
Sophie Weber, Offenburg, für den gut vorgetragenen Taufspruch und das freche Extragedicht,
Firma *Windpilot*, Hamburg, *Peter Förthmann*, für die Selbststeueranlage und den damit überflüssig gewordenen Dienst am Ruder,
Willi Wirschal, Großensee, für die kräftigen Baumstämme, die die Traversen ergaben,
Wrede-Werft, Kai und Peter Wrede, unter vielem anderem für die Geduld, wenn ich meinen Dreck nicht gleich weggefegt habe,
Thorsten Wozniak, Gerolzhofen, für die Mithilfe beim Udo-Song,
Michael Zühlke, Tostedt, für die praktische Hilfe beim Bauen,
Reinhard Zwerger, Hinterzarten, für die finanzielle Unterstützung.

Und allen, die ich trotz angestrengten Nachdenkens vergessen habe. Sie mögen mir verzeihen. Niemand wird jünger. Mein Gedächtnis läßt nach.

Euer
Rüdiger
Sommer 2000

Human Race
Die Wüste des Todes – 600 Kilometer zu Fuß durch australisches Outback

HUMAN RACE

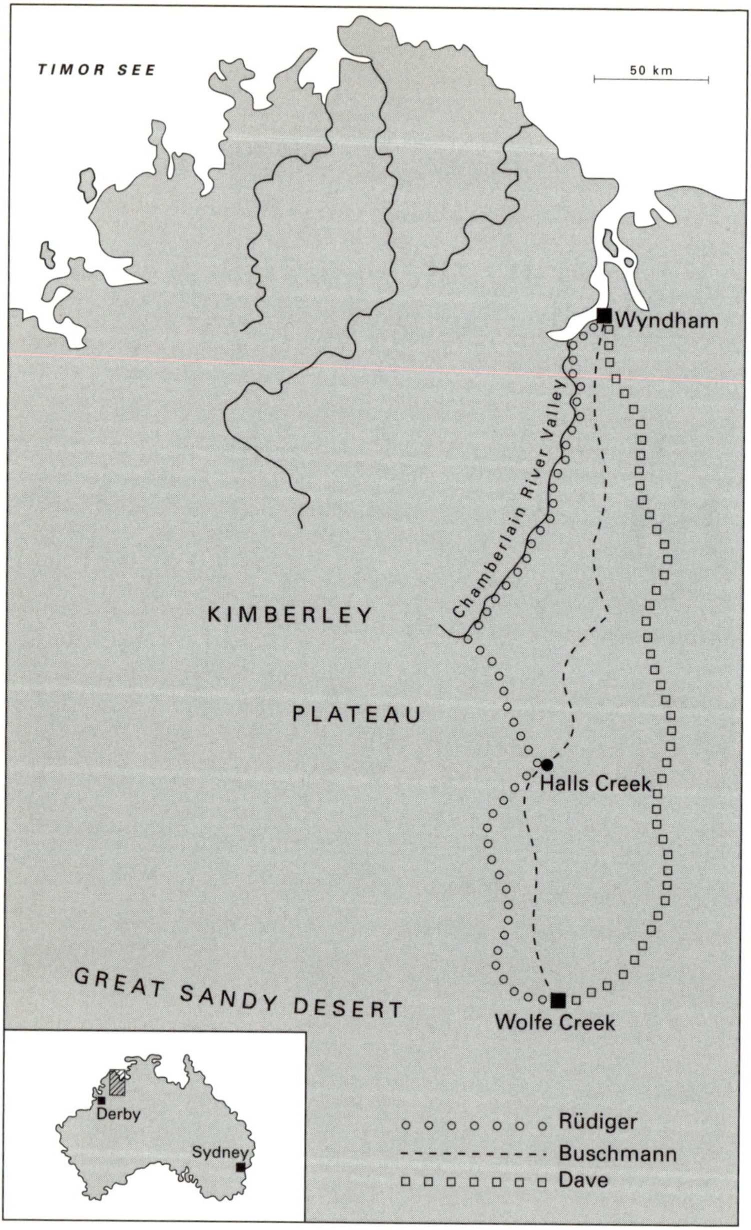
TIMOR SEE
50 km
Wyndham
Chamberlain River Valley
KIMBERLEY
PLATEAU
Halls Creek
GREAT SANDY DESERT
Wolfe Creek
Derby
Sydney
Rüdiger
Buschmann
Dave

Vom ersten Moment an fand ich die Idee gut: Drei Männer völlig verschiedener Herkunft und Denkart sollten antreten zu einem Vergleichsmarsch über 600 Kilometer durch den australischen Busch. Aber nicht gemeinsam, sondern auf verschiedenen Routen. Jeder für sich, und alles, was er dafür benötigte, hatte er selbst zu transportieren. Fremdhilfe war nicht erlaubt. Die australische Fernsehproduktion »Electric Pictures« hatte mich aus Perth angerufen und gefragt, ob ich Lust hätte, den Part eines *Survivors* zu übernehmen, eines Menschen der Gegenwart, der sich alte Urfähigkeiten wieder antrainiert hatte, um notfalls auch allein und ohne den Luxus der Zivilisation in der Abgeschiedenheit der Natur zurechtzukommen. Die weiteren Teilnehmer sollten ein Future Man sein und ein Aborigine. Also drei völlig verschiedene Menschentypen.

Das Hauptproblem sei der Durst, klärte mich Andrew Ogilvie, der Producer, gleich auf. Es sei zwischen 35 und 45 Grad heiß, bei den Einheimischen hieße die Landschaft »Wüste des Todes«, und während der ersten drei Tage gäbe es keine Wasserstelle und man benötige 10 Liter pro Tag. Was die Nahrung beträfe, könne ich traditionelle Nahrung mitnehmen oder *tucker* aus dem Busch suchen. »Oder du kaust Fingernägel.« Na bitte. Das war kurz und klar formuliert, und der Typ hatte anklingen lassen, daß er womöglich Humor besaß.

Die Uridee zu diesem besonderen Wettstreit aber stammte von Ulli Krafzik. Das ist jener Mann, der vor 12 Jahren schon einmal mit mir unterwegs gewesen war und eine beeindruckende Dokumentation über die Yanomami gedreht hatte (sein Lohn: Hauptsendezeit im ZDF). Er hatte vorm Fernseher gesessen und in den Nachrichten gesehen, wie US-General Norman Schwarzkopf seine Ranger durch des Iraks Wüsten scheuchte, während er vom High-Tech-Pult aus die Regie führte. Da er nicht nur über ein High-Tech-Pult verfügte, sondern auch über ein ansehnliches Bäuchlein, blödelte Ulli: »Den *Dicken* müßte man mal da unten durch die Wüste scheuchen. Zusammen mit seinen Jungs. Dann würde ihm sicher schnell die Puste ausgehen.«

Und als er die überausgerüsteten Ranger durch die Sonnenglut keuchen sah, entschied er auch gleich, sie wiederum bei den Beduinen in die Lehre zu schicken. »Die Wüstenbewohner haben nichts als ihren schwarzen Umhang, ein Paar Sandalen, einen Lederbeutel voll Wasser und ihre Kenntnis von der Wüste. Solche drei Typen – das wäre eine Wahnsinnskonstellation für einen Wettkampf!«

Und Ulli hatte auch gleich einen Titel. Er nannte die Idee »Human Race«. Im doppelten Sinne für *Menschenrasse* und *Rennen für die Menschlichkeit*.

Die Teilnehmer

Nie hätte er gedacht, daß sein rausgesprudelter Witz viele Jahre später, 1996, einmal Gestalt in Form eines Films annehmen würde. Er hatte die Idee weiterentwickelt und dann an »Electric Pictures« verkauft, denn um sie selbst zu realisieren, fehlte es ihm an Geld. Seine Bedingung: Er wollte als Kameramann und Co-Regisseur mitmachen.

Da Ulli inzwischen nach Australien ausgewandert war, wurde aus dem Beduinen ein Aborigine. Aber der General blieb. Zunächst jedenfalls. Er spukte ständig durch Ullis Hirn. Klar also, daß der Militär als erster angeschrieben wurde. Doch Norman Schwarzkopf, der Sieger des Irak-Krieges gegen Saddam Hussein, sagte leider ab. Immerhin, er hatte geantwortet: »Terminschwierigkeiten«, wie es sein Büro formulierte.

Wer käme nun in Frage? Auf jeden Fall sollte dieser Betreffende ein zukunftsorientierter High-Tech-Freak sein. Er durfte seinen Wüstenpfad mit Hilfe eines Satelliten-Navigationsinstruments suchen, ihm wurde ein Radio gestattet, er durfte Astronautennahrung futtern, eine sich selbst verdunkelnde Sonnenbrille tragen und mit Teleskopwanderstöcken seine Beine entlasten oder sonstigen Schicki-Micki-Schnickschnack mitschleppen. Was auch immer er für wichtig hielt – es war erlaubt. Er durfte ein Mensch sein, von dem alle Globetrotter-Ausrüster träumen. Ein Typ, der den Laden leer kauft (und dann doch nichts Aufregendes macht). Nur eins durfte Mr. Future nicht: Auch er durfte sich keinen Sklaven anheuern, um sich sein Gepäck schleppen zu lassen. Aber welcher Ausrüster dealt schon mit Sklaven?

So kamen zwei andere Amerikaner ins Visier: zunächst Bill Gates, der Beherrscher der elektronischen Zukunft. Mister Computer himself. Doch er enthielt sich leider jeglicher Antwort. Billy, das war verständlich, hatte die Absage auf solch ungewöhnliche Anfragen ganz offensichtlich nirgends in seinen Programmen gespeichert. Und das Schreiben von Hand hatte er längst verlernt. Wer will ihm das verübeln? Also der nächste.

Das war Al Gore, der US-Vizepräsident. Doch wieder Pech. Seine Regierung mußte sparen. Der Mann litt an Personalmangel. Geschweige denn, daß er Anspruch auf unbezahlte Urlaube gehabt hätte. Überall war es zu lesen. Aber wir hatten's nicht geglaubt, weil wir Zeitungen generell mißtrauten und uns lieber eigene Meinungen bildeten. Doch ausgerechnet diesmal stimmten die Nachrichten. Briefe wie unsere, die eher wie ein Witz klangen, wanderten in den Papierkorb und erhielten nicht einmal eine Allerweltsabsage von einem ABM-Clerk.

So schrieb Electric Pictures den »Rangnächsten« an. Und das war Dave Covey. Dave stammte aus Kalifornien. Verglichen mit mir war er jung. Er brachte nur schlappe 36 Jahre auf den Rechner. Als ich sein Alter hörte, stellte sich mir sofort die Frage: Wie kann man zwei Menschen solch unterschiedlichen Jahrgangs in ein gemeinsames Rennen schicken? Was sitzen da bei Electric Pictures für Typen? Die Frage stellte ich mir um so mehr, als ich Daves andere Stärke erfuhr. Er war nämlich nicht nur jung und elektronikbesessen – das sind ja inzwischen viele Menschen –, sondern er pflegte ein ungewöhnliches Hobby. Dave war Hochleistungssportler. Fast ein Iron Man! Also nicht der Überwiegend-Büromensch wie Normy, Billy und Al. Dave lief Ultra-Marathons. Sein E-mail-Kürzel: ultradave. Jede Woche rannte er

100 Meilen, also wahnsinnige 160 Kilometer, auf irgendwelchen Großveranstaltungen, ohne einen Grund dafür nennen zu können und ohne sich eine Pause zu gönnen. Als wäre der Satan hinter ihm her. 440 solcher Strecken war er bereits offiziell abgelaufen – von Trainings ganz zu schweigen – und immer, keuchkeuch, auf der Suche und Hatz nach irgendwas. Vielleicht nach einem der ersten drei begehrten Plätze, auf denen man bekanntlich mit obligatorischen Staubfängerpokalen beglückt wird. Oder mit Geldprämien. »Ich weiß es selbst nicht«, meinte er tiefstapelnd. »Es macht mir einfach Spaß. Ich kann nicht zu Hause herumsitzen. Gegen die Ultra-*Spitzenläufer* komme ich sowieso nicht an. Ich bin immer nur im Mittelfeld gelandet.« Dave lief sogar schon morgens beim Frühstück heimlich unterm Tisch! Das muß man sich mal vorstellen. Ich habe es selbst erlebt. Denn mein Kaffee schwappte ständig über wie bei einem Erdbeben, Richterskala 7 plus X.

Vielleicht waren die ständigen »Nur«-Mittelfeld-Siege unbewußt Daves kleiner Kummer. Äußerlich trug er sie gelassen, denn überall dabeigewesen zu sein war für ihn genauso wichtig. Zumal es bei jedem Rennen ein wunderschönes T-Shirt gab. Inzwischen füllten sie bei ihm Schränke. Sie waren sein Hobby.

Als er nun hörte, daß es beim *Human Race* überhaupt nur ganze drei Teilnehmer gab, erkannte er sofort die unwiederbringliche Chance, dieses Mal garantiert unter den ersten dreien zu landen. *Ultradave* sagte spontan zu. Sein Handicap: Er hatte null Ahnung von Survival. Bis auf ein Buch, das seit 14 Tagen seinen Besitz und sein Hirn bereichert hatte. Es war ein Durchschnittsschmöker von einem der vielen Plagiatoren, deren Werke vor allem eines auszeichnete: die fehlende Praxis und Glaubwürdigkeit. Aber selbst wenn es gut gewesen wäre, sind theoretisches Inhalieren und Erfahrung zwei Welten. Gerade beim Survival.

Später erfuhr ich, was sich die Veranstalter bei Dave im stillen erhofften: Sie spekulierten auf jenen Kick, daß er vom Startloch weg wie ein Wilder durch die Wüste *joggen* würde, dann aber irgendwo psychisch zusammenzubrechen sollte. Sadistenbrut, vermaledeite.

Genau wie Dave hatte auch *mich* das Angebot vom allerersten Moment an gereizt. Und zwar aus mehreren Gründen. Zunächst vom Aspekt des Survival her. Nach 16 Jahren Regenwald, Brasilien und Yanomami schien es mir eine interessante Abwechslung und Herausforderung zugleich, die Errettung aus Einseitigkeit und Verblödung. Zwar kannte ich Trockenzonen zur Genüge aus früheren Jahren. Aber inzwischen war ich älter, ein Grandy von 61, und da reizte mich die Frage, ob ich den Anforderungen immer noch gewachsen sein würde. Busch und Wüste sind unbarmherziger als der gnädige Regenwald.

Dann war da der politische Aspekt, auf den ich noch eingehen werde, und last not least (etwas Englisch sei im Zusammenhang mit Australien erlaubt) verhehle ich nicht, daß ich mich nach Jahren der Abstinenz mal wieder ins Gespräch bringen wollte. Ich wollte meinen »Marktwert« erhalten. Denn um sich in der Medienlandschaft mit »trockenen« menschenrechtlichen Anliegen wie denen der Urvölker im allgemeinen und dem Schicksal der Yanomami im besonderen gegen alle Sensationen durchzusetzen, bedarf es des virtuosen Trommelns, der ständigen Besonderheit. Neider nennen es gern »Geltungsbedürfnis«. Wer ist schon frei davon? Wohl nur die Neider selbst.

Der würdevolle alte Mann

Das absolut Besondere des *Human Race* aber machte der dritte Teilnehmer aus. Er war für mich der vorprogrammierte Sieger des Wettmarsches. Denn er war ein Aborigine, ein Uraustralier. Für ihn würde das Rennen bestimmt nur ein Spaziergang sein, ein Heimspiel, ein kurzer Lacher, ein mitleidiger Rülpser. Er brachte die körperliche Angepaßtheit an den Kontinent mit und die Landeskenntnis. Er schwitzte nicht und benötigte ganze zwei Liter Wasser, wovon wir derer sechs bis zehn verpraßten. Er kannte die Sterne und die Pflanzen wie ich den Polarstern (na immerhin!) und das Unkraut in meinen Garten. Zu gerne wäre ich mit ihm zusammen gelaufen, aber das war verboten.

»Du kannst dir gar nicht vorstellen, wie schwierig es war, noch jemanden zu finden, der sich dazu in der Lage sah und der auch Lust dazu hatte«, stöhnte Andrew Ogilvie, der Producer.

Aber nun hatte er ihn ja gefunden. Den Buschmann (Achtung, Anmerkung des Autors: Ende August 1999, als ich diesen Text schrieb, verstarb unser Aborigine und Freund an Altersschwäche. Er war unter seinesgleichen hoch angesehen als *Law Man*. Das bedeutete, er hielt die alten Traditionen hoch und schlichtete Streit. Seine Angehörigen baten darum, die Tradition der Aborigines zu respektieren und seinen Namen fortan nie mehr zu nennen. Ehrensache, Leute, daß ich das würdige! Ich nenne ihn »Buschmann«, wie es auf dem Etikett seines Hemdes zu lesen war).

Über das große Wissen seiner Rasse hinaus verfügte er noch über einen ganz besonderen Reichtum, verriet Andrew Ogilvie. »Der Mann besitzt eine große Würde und viel Humor. Er wird dir bestimmt gefallen.« Und nach einer Weile: »Weißt du, warum der mitläuft?«

»Nee. Blöde Frage. Wie soll ich das wissen? Weil ihr ihn beschnackt habt.«

»Nein. Wir beschnacken keinen. Wir versuchen zu überzeugen. Diesem Mann geht es nicht um einen Rekord. Er hat nur ein Ziel. Er will seinen jungen Aborigines beweisen, wie fit man noch im hohen Alter sein kann, wenn man sich vom Alkohol fernhält.« Buschmann lebte in Halls Creek in einer Gemeinschaft, wo das Trinken von Alkohol bei 100 Dollar Strafe verboten war. Das riskierte natürlich kaum jemand, denn was konnte man sich für 100 Dollar in der Stadt schon alles an Schnaps kaufen!

»Wieso hohes Alter? Wie alt ist der Mann denn?«

»Das weiß er nicht genau. Er schätzt sich selbst – schmunzelnd – auf ›60 bis 100‹. Das Alter sei für die Aborigines nicht so wichtig. Wir haben ihn deshalb auf 75 ›festgelegt‹. In unserer Welt muß ja alles seine Ordnung haben.« Das hatte der Buschie nun davon. Vielleicht war er ja erst 74.

Ich staunte. Zum einen über das Alter und seinen Unternehmungsgeist, zum anderen als ich vernahm, daß er nachmittags außerdem noch in einem Fernfahrerrestaurant jobbe. »Er hält die Bude sauber, macht den Abwasch und betreut die Kunden mit kleinen Schnacks.« Das war unser Buschmann.

Natürlich sollte nicht nur das Problem des Alkoholismus, unter dem viele Aborigines leiden, und seine denkbare Bewältigung à la Buschmann angesprochen werden, sondern die Probleme der Ureinwohner generell. So war Ullis Grundidee. Das erst versprach dem Projekt einen gewissen Anspruch und politischen Touch und gab dem »Abenteuer« Sinn. Daß es nämlich kein *wirkliches* Abenteuer werden konnte, lag in der Sache bedingt. Man würde immer ein TV-Team in Sichtweite haben. Man war der Wüste nie mit letzter und tödlicher Konsequenz ausgeliefert. Also Risiko Null. Es durfte letztlich niemand sterben, wenngleich das die Reportage unsterblich gemacht hätte.

Leider hatte Ulli beim Verkauf seiner Idee diesen Punkt nicht ausdrücklich festgelegt. Für ihn war gerade der Aspekt »Aborigine-Problematik« ein Grundelement der Idee und ein Film *ohne* sie gar nicht denkbar. Daß er Eingang in den Film fände, war für ihn völlig selbstverständlich und bedurfte keiner Extraformulierungen. Leider dachte Andrew anders. Der Producer bevorzugte die reine Unterhaltung, ihm ging es ums Geld und die Werbung für Australien. Denn im Jahre 2000 sollte in Melbourne die Olympiade stattfinden. Da verkaufte sich Werbung für einen optisch wunderschönen und scheinbar problemlosen Kontinent besser bei den Finanziers. Ethik hatte da zurückzustehen. Aus dem *Human Race* wurde ein manipulierter »Hollywood«-Streifen.

Die Aborigine-Problematik

Daheim lief ich täglich meine 10 bis 20 Kilometer und aß Multivitamine, um fit zu sein für die kommenden Entbehrungen. Und ich beschaffte mir die Kleidung. Die Hamburger Firma *Runde* spendierte mir einen leichten weißen Overall aus Baumwolle, nähte diverse Taschen als »Minirucksäcke« hinein, das Emblem der *Gesellschaft für bedrohte Völker* auf die Brust und das der UNO auf den Rücken. Immerhin hatten wir das von ihr propagierte *Jahrzehnt der Eingeborenen Völker*, und der

Marsch schien Ulli und mir das ideale Mittel, um die Aborigines und ihre aktuelle Situation ins Gespräch zu bringen. Das sollte nicht mit Penetranz und Fanatismus geschehen, sondern lockerflockig nebenbei. Mit Lässigkeit und Humor erreicht man auch bei trockenen Menschenrechtsthemen mehr Menschen als mit Verbissenheit. Und genau deshalb startete *ich* meine Teilnahme über ein eigenes Pressebüro mit einer großen Pressekonferenz im Hamburger Völkerkundemuseum, dem idealen Ort für solche Anliegen. Die *Gesellschaft für bedrohte Völker* und *Greenpeace* wohnten ihr bei und würzten sie mit deutlichen, aber sympathischen Worten. Die australischen Produzenten hingegen hielten sich bedeckt und kapselten uns von den Medien ab. In Perth, unserem Treffpunkt, lief nichts dergleichen.

Denn genau wie die Indianer Amerikas sind die Aborigines seit der Entdeckung Australiens vor rund 200 Jahren verdrängt und ausgerottet worden. Heute leben noch 300 000. Viele in umzäunten Communities oder Slums. Die Chance, autonom zu leben, gibt man ihnen nicht. Das ursprüngliche Leben, das sie 50 000 Jahre lang geführt hatten, wäre allerdings auch gar nicht mehr denkbar, weil die Besiedelung des Kontinents durch weiße Eindringlinge die Natur drastisch bis katastrophal verändert hat.

Seit ungefähr einem Vierteljahrhundert besitzen die Aborigines (auch Aboriginals) offiziell die australischen Staatsbürgerrechte. Inoffiziell leiden sie weiter unter der Diskriminierung durch Rassisten. Ihre Arbeitslosenrate beträgt 42%. Sie schnellte vor allem dann in die Höhe, als die Arbeitgeber verpflichtet wurden, den Ureinwohnern denselben Lohn zu zahlen wie den weißen Arbeitern. Eine negative Folge der Gleichberechtigung. Sie trinken und fluchen, und wenn das öffentlich geschieht, landen sie schnell im Gefängnis. Öffentlich tut man so was nicht. Ein Riesenschild in Perth: »Wenn du trinkst und trotzdem fährst, bist du ein verdammter Idiot. Deine Regierung.« Konsequent.

Die Lebenserwartung der Aborigines ist 20 Jahre geringer als die der Weißen. Die jährlichen zwei Milliarden australischen Dollar, die das Land zu ihrer materiellen Unterstützung aufwendet, verrieseln bei vielen leider in Alkohol, zu Schrott gefahrenen Autos, übermäßigem Essen und Kartenspiel. Unser Lebensstil ist solchen Aborigines fremd geblieben. Natürlich gibt es inzwischen auch viele andere. Aber denen in den Communities sind unser Fortschrittswahn, unsere Luxusgier und unsere Aggressivität gegen die Natur Verbrechen gegen die Schöpfung. Eine derartige Lebensauffassung zu teilen ist für sie nicht erstrebenswert.

Erschwerend für eine Kompromißfindung kommt hinzu, daß die verschiedenen Volksgruppen der Aborigines untereinander wie eh und je rivalisieren und zerstritten sind. Es ist unmöglich, sie je alle unter einen Hut zu bringen. Aber das ist in unseren Welten ja nicht anders.

Materiell kann man ihre Situation lindern. Aber ihre Seele kann man mit dem vielen Geld nicht heilen. Das wird nur die Zeit können und viel Geduld und Taktgefühl. Und genau dieses Taktgefühl ließ schon gleich unser erster Gastgeber im Rest House nahe dem späteren Startort Wolfe Creek Crater vermissen: »Die Abos sind tolle Menschen«, klärte er uns auf. »Vor allem, wenn sie betrunken sind. Das ist der einzige Zustand, in dem man ihnen trauen kann.« Eine zynische Aussage, die in diesem speziellen Fall aufgrund schlechter Erfahrungen verständlich sein mag, aber dennoch sollte man nie vergessen, wer die eigentlichen Urheber dieser Situation waren. Nämlich wir, die sogenannten Christen mit dem Krone-der-Schöpfung-Denken.

Trotz sachlicher Aufzählung dieser Fakten würde ich mir aber niemals anmaßen, aus dem Wohlstandsdeutschland heraus eine Patentlösung hinauszuposaunen. Dafür war ich zu kurz und nur als Gast in Australien. Was ich wichtig finde, ist lediglich, diese Situation immer wieder anzusprechen und dadurch Druck auf die Verantwortlichen in Australien auszuüben, der ihnen klarmacht, daß ihr Endziel, die multikulturelle harmonische Volksgemeinschaft, noch lange nicht erreicht ist.

Über unseren Buschmann und den Film könnte man sicher viele Menschen zum Nachdenken anregen und vielleicht neue Wege des Miteinander finden helfen. Man mußte dem Alten nur die Chance geben, das auszusprechen und über seine sympathische Erscheinung und Philosophie zum Zuhören zu verleiten. Denn sympathisch war er.

Als der Alte zum erstenmal auftauchte, blickte einer der Kameraleute ihm ständig über die Schulter und fragte nervös: »Wann kommt denn dein Sohn endlich?«

»Wieso mein Sohn? Ich bin es, der hier mitläuft.«

Allgemeine Ratlosigkeit.

»Und du traust dir die 600 Kilometer wirklich zu?«

Der Alte schmunzelte verschmitzt.

»Sind es also doch nur 600? Ich dachte, ihr hättet eine Null vergessen, weil ihr soviel Aufhebens um die Sache macht. Ich bin hier angetreten für *sechstausend* Kilometer! Aber wenn das so ist, so spaziergangmäßig, dann bin ich ja in zwei Wochen schon wieder zu Hause. Das ist auch nicht schlecht, denn ich habe noch viel zu erledigen.«

Seine Witze zündeten nicht immer sofort. Das lag aber weniger an unserer Begriffsstutzigkeit oder an meinen Hörgeräten, sondern an des Alten »Station English«. Es war ein solch herrliches Kauderwelsch, daß sein Englisch später sogar in der englischsprachigen Filmversion mit klassisch-britischen Untertiteln versehen werden mußte. Kein Australier hätte ihn sonst verstanden.

Nach erstem Beschnuppern sahen wir uns nicht mehr als Konkurrenten, sondern als Partner. Dave verehrte den Alten, und ich mochte Dave, weil er den Alten mochte. Dave war angenehm frei von jeglichem amerikanischem Rassismus. Stundenlang klönten sie zusammen und tauschten Erfahrungen aus. »Was gefällt dir so an unserem Buschmann?« wollte ich wissen. Dann verdrehte Dave seine Augen und meinte: »Er ist für mich wie das australische Wahrzeichen, der personifizierte schwarze Schwan. Er ist feinfühlig, elegant, ruhig – und eben schwarz.«

Das war ein treffender Vergleich. Der Alte war außerdem bescheiden. Er besaß das große Wissen seines Volkes und vertraute seiner Erfahrung. »Ich bin ein Buschmann«, war seine ständige Redensart. Aber ich dachte auch gleich: »Hoffentlich kann er sich vor der Kamera ausdrücken und die Anliegen rüberbringen. Notfalls müßte man ihm helfen und alles aus ihm herauskitzeln.«

Wenn Dave allein war, glaubte ich seine Angst zu spüren. Es war sein erster Auslandsaufenthalt, und er verfügte nur über das wenige schnell angelesene Survivalwissen. Da verriet ich ihm die wichtigsten Strategien gegen Durst und Hunger. Und nicht nur die allgemeinen, sondern auch das ganz spezielle Wissen über Australien. Denn lange bevor ich den Vertrag mit Electric Pictures unterzeichnet hatte, war ich zu einem Training nach Nordaustralien geflogen. Weil ich dieselben Ängste gehabt hatte wie Dave.

»Aber bestimmt halte ich das nicht so lange durch wie du«, gab er zu bedenken. »Du bist kompakter gebaut. Du wirkst auf mich wie ein Maultier, das durch nichts zu erschüttern ist. Ich bin eher der Typ Windhund. Ein Greyhound. Ich habe nicht soviel zuzusetzen.«

Auch dieser Vergleich war nicht schlecht. Dave bestand nur aus einer Handvoll Knochen und Sehnen, die gnädig von seiner Haut zusammengehalten wurden. Und von einem seiner 400 T-Shirts.

Das Training

Ich war also zu einem Training in Australien gewesen. Es war mein erster Aufenthalt auf diesem Kontinent. Zwar wußte ich nicht, welche Strecke wir laufen würden, aber ich wußte, daß es im Nordwesten sein würde. Dorthin hatte ich mich begeben. Ich sprach mit Rangern und Soldaten, besorgte mir Bücher und machte Probemärsche. Es war Januar 1996 und mordsheiß. 45 Grad im Schatten, 8 Grad über der Bluttemperatur. Das bedeutete 10 Liter Kühlwasser pro Tag! Andrew hatte nicht übertrieben. Ich rechnete mir aus, daß ich demnach für die drei wasserlosen Tage drei Eimer Wasser zu schleppen hätte. Allein diese drei Eimer Gewicht hätten mindestens drei weitere Eimer Flüssigkeit erfordert, um meine Schweißsturzbäche vorm Versiegen und mich vorm Vertrocknen zu bewahren. Mir war klar, daß meine Gelenke das nie und nimmer mitmachen würden. Sie würden quietschen und ihren Geist aufgeben.

»Laß dir deshalb keine grauen Haare wachsen«, scherzte ein Soldat. Daß ich keine besitze und eine Glatze pflege, konnte er wegen des Hutes nicht sehen. »Wenn euer Rennen im Juni/Juli stattfindet, ist es viel kälter. Da liegen die Werte nur um 35°.«

Na, das war doch ein wertvoller Trost. *Unter* der Bluttemperatur statt weit darüber.

Das ersparte mir sicher einiges an Wasser, aber nicht so viel, daß ich es mal eben kurz im Rucksack, geschweige denn in der Trinkflasche hätte verstauen können.

»Ich werde ein Maultier mitnehmen«, beschloß ich.

»Kommt nicht in Frage«, faxte mir Andrew, »das ist Fremdhilfe.«

Also schied das gute Tier aus. Vielleicht blieb ihm viel erspart. Und mir weniger. Aber so kam mir die Idee mit der Karre. Sie war schnell beschafft. Die schweizerische Firma *Leggero* spendierte mir einen Fahrradanhänger, den mein Nachbar Norbert Walther auf Körperbreite zurechtstutzte. Ich bestückte ihn mit Mountainbikereifen und hatte für mein Empfinden das Ei des Kolumbus auf dem Wandervogelsektor gelegt. Das Wandervogelei gewissermaßen.

Und trotzdem schien unerwartet alles wieder in Frage gestellt, als australische Ranger meinten: »Einen Wettmarsch gegen einen Aborigine? Das hat es doch längst gegeben! Das ist doch ein alter Hut.«

Und so erfuhr ich Entsetzter, daß vor einiger Zeit sogar *zehn* Aborigines gegen sogar *zehn* Einzelkämpfer der australischen Armee angetreten waren, um 400 Kilometer durch den Busch zu laufen. Also *Human Race* zehnfach. Unser Vorhaben ein alter Hut, lediglich 200 Kilometer länger? Zunächst war ich sprachlos, denn mein kurzer Traum schien beendet. Dann wollte ich wissen: »Und wer hat gewonnen?«

Die Soldaten lächelten, und ich ahnte die Antwort. »Wir natürlich!« Garantiert hätten sie es sonst auch nicht erzählt. »Einige von uns mußten infolge Erschöpfung mit dem Helikopter rausgeholt werden. Aber etwa die Hälfte hat es geschafft, und von den Aborigines gab es weit und breit keine Spur. Auch nicht am nächsten Tag und nicht am übernächsten. Da machte sich Panik breit. Suchaktionen wurden gestartet. Alle fragten sich: ›Wo sind sie geblieben? Hat sich eine Tragödie ereignet? Hatte man mit Menschenleben gespielt?‹ Und die ewigen Schlaumeier (die es also auch in Aussieland gibt) hatten es ja immer schon gewußt, daß die ›Abos‹ (eine verunglimpfende Kurzform) längst nicht mehr das sind, was sie einst waren.«

Kurz und gut: nach einigen Tagen kamen sie doch noch an und konnten die allgemeine Aufregung gar nicht verstehen. Sie hatten zwei Känguruhs erlegt und einen Umweg gemacht, um Verwandte zu besuchen, die weit abseits des Weges wohnten und die auch gern Känguruhfleisch aßen. Und bei der Gelegenheit hatte man gründlich gefeiert. Ja, und nun war man am Ziel. Ihr Kommentar: »Wir verstehen eure Aufregung nicht. Daß wir den Weg schaffen würden, war ja wohl sonnenklar. Den laufen und schaffen wir seit ewigen Zeiten. Und euer Erster-zweiter-dritter-Denken interessiert uns nicht. Das war ein toller Spaziergang.«

Neben diesen Jokes hatten die Ranger natürlich auch haufenweise gute Ratschläge. Vor allem erfuhr ich, wie die Wasservorkommen schon von weitem auszumachen waren: Tauben, Kakadus, Paperbark trees, Tierspuren – sie alle und noch vieles mehr würden mir den Weg weisen, mich vorm Verdursten bewahren und mir eine blamable Aufgabe ersparen.

Ich lernte, eventuellen Buschfeuern zu entkommen und das richtige Verhalten gegenüber Krokodilen. All diesen Informanten heute meinen besten Dank! Sie haben mich gut »aufgebaut«. Der Erkundungstrip hatte sich gelohnt.

Ich hatte also, wie gesagt, die Karre. Wenn das Gelände unwegsam würde und das Wasser häufiger, wollte ich sie stehenlassen und die dann geringere Menge Flüssigkeit im Rucksack schleppen. Und würde ich erst einmal einen Fluß erreichen, wollte ich alles liegen- und stehenlassen und nur noch mit Feuerzeug, Angelhaken und Schlafsack marschieren, eingewickelt in meine dünne Plastikfolie. Diese Folie war gleichzeitig mein Regenauffänger, Tausammler, Notwasserbeutel, Staub- und Windschutz, eine Badewanne sowie Packmaterial für den Schlafsack. Mit der Folie machte ich meinen Schlafsack zum Swat Bag, zur regen- und staubdichten sowie schwimmfähigen Gepäckrolle, die ich einfach über einer Schulter tragen konnte. Denn einen Schlafsack brauchte man. Die Nächte waren kalt. Bis zu 6 Grad. Zwar plus, aber immerhin. Nach dem Training ging ich daran, meine Taktik zu verfeinern.

Meine benötigte Nahrung sollte mir vor allem mein Körper liefern. Wie bei meinem »legendären« Deutschlandmarsch (s. Nehberg, »Yanonámi«) wollte ich auch diesmal hauptsächlich von der eigenen Substanz leben. Er sollte mich versorgen mit Fett und Eiweiß, indem er Speck und Muskeln abbaute. Um nicht ausschließlich von mir selbst schmarotzen zu müssen, war auch Australiens Insektenwelt eingeplant. Aussieland ist nämlich nicht nur der Kontinent der Känguruhs, sondern auch der der Fliegen. Sogar der Teufel in der Not soll ganz verrückt nach ihnen sein, wenn man der Bibel glauben darf. Warum dann nicht ich? Gegen die zu einseitige Ernährung bot das Land noch Myriaden von Heuschrecken, und am Ende der Reise erwartete mich, laut prophylaktischem Drehbuch, ein Fluß, in dem es massenhaft Fische gäbe.

Ich wollte greifen, was sich mir bot, denn das Training hatte mich auch gelehrt, daß es zu zeitaufwendig und damit unökonomisch wäre, Nahrung bis zum Sattsein zu suchen. Es kostete mehr Kraft und Schweiß, als die Suche einbrachte. Und: Nahrung schreit nach mehr Wasser.

Die Kohlenhydrate für meine Hirntätigkeit wollte ich aus 2 Kilo Müsli beziehen, von denen ich täglich zwei gehäufte Löffel essen wollte. Müsli ist nach wie vor meine bevorzugte Wandernahrung. Sie ist leicht, bekömmlich, preiswert und mir vertrauenswürdiger als jeder Power-Riegel und jedes Astronautendinner. Auch wenn seitenlange Beipackzettel dem Käufer versichern, daß er neben den Kalorien und ohne weiteren Preisaufschlag noch ungeahnte Mengen an Vitaminen und Spurenelementen gratis dazubekommen hat. Denn egal, was in all den dekorativen und aluverschweißten und teuren Wunderhappen komprimiert ist: Mehr als acht Kalorien pro Gramm Fett und vier pro Gramm Zucker oder Eiweiß kann auch ein Krafthappen der Industrie nicht ins Essen zaubern. Und ein Gramm Fett oder Zucker lassen sich nicht auf ein halbes Gramm komprimieren. Das ist Chemie. Oder Physik. Und künstliche Kalorienbomben in Form von Tabletten gibt es noch nicht.

Neben dem Müsli verfügte ich über salzige Brühen gegen den Salzverlust beim Schwitzen. Und ich hatte ein paar verschiedene Tütensoßen mit, um die Fische besser und en masse runterwürgen zu können. Denn Fisch pur ist ganz schön öde.

Reportage oder Spielfilm?

Was mich von Anfang an erstaunte, war der gewaltige Aufwand, mit dem die Reportage durchgezogen werden sollte. Ich hatte den Eindruck, da wird ein Hollywoodfilm gemacht. Drei Teams mit drei Regisseuren und, logo, drei verschiedenen Ansichten, der Versorgungstroß, zwei Geländewagen und 15 Pferde nebst Cowboys, Köchin, Wanderbüro, Faxmaschinen und Handys. Und von Zeit zu Zeit Hubschrauber und Flugzeuge.

Ganz offenbar hatte man viel Geld zur Verfügung und wollte das nun auch ausgeben. Die *Australian Finance Corporation* hatte 750 000 Dollar bewilligt, die nur dann zurückgezahlt werden mußten, wenn der Film Gewinne machte. Dazu kamen vergleichsweise geringe Summen der kooperierenden Sender. Auf Verlangen von *National Geographic* wurde auf 16 mm gedreht und nicht auf Video. *National Geographic/USA* und das *ZDF/Europa* waren Partner der ansonsten australischen Produktion.

Die 16 Millimeter reduzierten die Flexibilität der Kameraleute enorm, und das störte *Dr. Wolfgang Ebert*, der als Redakteur des ZDF mitritt, besonders. »Mit Video kann man den Reportage-Charakter viel besser rüberbringen als mit jeder anderen Technik«, stöhnte er. »Der 16-mm-Aufwand ist viel zu gewaltig.« Er wußte, wovon er redete, denn er hat schon mehrere Fernsehpreise für besondere Reportagen erhalten. Die Stativszenen der Filmer waren ihm zu steril. Er vermißte das Spontane. Das Trinken eines Schluckes Wasser aufs Zelluloid zu bannen erforderte mindestens sechs Einstellungen. Von der Totalen bis zur Makro-Nahaufnahme, und immer mit Stativ und Pausen und Probeläufen dazwischen. Und letztlich mit zwei Stunden Aufenthalt für mich und die Pferde. Alles für einen einzigen gefilmten Schluck Wasser! In dieser Zeit konnte man fast verdursten.

Wolfgang Ebert, der mit viel Feingefühl und Umsicht den Marsch und die Produktion begleitete, mußte nach einigen Tagen leider verfrüht nach Deutschland zurückkehren. Er hatte sich einen Fuß verbrüht. Die australischen Produzenten konnten uns nun nach Gutdünken abseits der Routen zu Drehplätzen ihres Geschmacks manövrieren und dem Film ein Ende geben, das es unter Eberts Regie sicher nicht gegeben hätte. Der Film büßte Qualität und Authentizität ein. Es wurde ein Spielfilm mit manipuliertem Ende.

Für die Fotoreportage war mein bester Freund, Klaus Denart, mitgekommen. Mit ihm hatte ich bereits vor über 20 Jahren in mehreren Monaten die Danakilwüste in Äthiopien zu Fuß durchquert. Er war der Mann, der vor mir versucht hatte, den Blauen Nil zu befahren. Aber nicht mal eben mit einem Boot. Dafür hatte er gar kein Geld als junger Mann. Sondern, warum auch nicht, mit einem Sarg!

Auch ihn zog es nun mal wieder in Trockengebiete. Er hatte für vier Wochen seinen *Globetrotter Ausrüstungen-Konzern* in Hamburg verlassen und begleitete vor allem mein Team. Vertraglich war vereinbart, daß er auch über die anderen Teilnehmer berichten sollte und Luftaufnahmen vom Helikopter aus schießen durfte. Dafür wiederum erhielt ich keinen Lohn, sondern nur die Flugkosten und 1 000 Mark Spesen für 6 Wochen Action. Meine Lebenskosten wollten wir über den Fotoverkauf begleichen.

Der Start

Wir starteten südlich des Kimberley-Plateaus und nördlich der Great Sandy Desert vom Rande des Wolfe Creek Crater. Dieses Naturschaustück war entstanden, als sich vor vielen Jahrhunderten ein Meteorit hier zur Landung entschloß und dabei einen beeindruckenden Krater gestaltete. Es ist der zweitgrößte dieser Art auf der Welt. Weil er sehr fotogen ist, trat hier erstmals der Hubschrauber in Aktion. Kosten: die Stunde 1 000 Mark.

So ganz wie im Wunschdrehbuch vorgesehen lief der Beginn jedoch nicht ab. Dave hütete sich wohlweislich zu joggen, der Buschmann verzichtete auf Bumerang und Speer, und irgendwelche völkerverbindende Medienarbeit war nicht vorgesehen. Die Aktion fand unter Ausschluß der Öffentlichkeit statt.

Gleich nach dem Start trennten sich unsere Wege. Daves führte in östlicher Kurve am Naturdenkmal der Bungle Bungles (-Berge) vorbei. Der Alte hatte die kürzere Mittelroute über Halls Creek. Und ich hatte eine längere und sehr zerklüftete, aber dafür schönere über das Chamberlain River Valley. Deshalb hatte ich die Pferde hinter mir und keinen Geländewagen. Fünf Pferde liefen allein deshalb mit, um für ihre Kollegenpferde mit deren Reitern das Futter zu schleppen. Die verträumte Hafenstadt Wyndham war unser Ziel.

Gleich vom Start weg hatte Dave das Problem mit dem enormen Gewicht seines Rucksacks. Knapp 30 Kilo wog er infolge des vielen Wassers, mit dem er per kleinen Gummischlauch ständig verbunden war. Wie ein Embryo mit dem Lebenssystem der Mutter. Ich hatte ihm vorsorglich empfohlen, immer nur kleine Schlückchen zu trinken und sich nie vollaufen zu lassen. Nur dann würde die Flüssigkeit optimal genutzt und nicht unnötig schnell als Kühlwasser des Körpers ausgeschwitzt.

»Das wird sicher ein Problem für mich werden«, meinte er noch. »Mir fehlen die Powerdrinks. Auch der Applaus des Publikums an der Straße ist eine große Antriebskraft. Das werde ich hier vermissen.«

Der Alte hörte sich das alles ruhig an. Solche Probleme waren ihm fremd. Er hatte nur 5 Liter Wasser in einem porösen Leinenbeutel, der ständig Wasser verlor, der aber über die Verdunstung die Kühlung des Restinhalts bewirkte. Unser Wasser hingegen war hermetisch gegen jeden Verlust abgeschlossen. Bloß keinen Tropfen verlieren war unsere Devise. Dadurch war es immer lauwarm, während der Bushie quasi erfrischendes »Eiswasser« genießen konnte. Da er evolutionsbedingt nicht so transpirierte wie wir, genügte ihm diese kleine Menge. Er trug sie wie Handgepäck und hatte nicht annähernd unsere Gewichtsprobleme. Ruhigen Schrittes entschwand er zwischen dem Spinifex-Gras und den Büschen. Nun war jeder mit sich allein. Etwa vier lange Wochen Fleißarbeit und Disziplin lagen vor uns.

Ich zog meinen Karren. Er ließ sich mit einem Finger handhaben und war fantastisch. Immer wieder stellte ich mir vor, wie ich in die Knie gegangen wäre, wenn ich all diese 25 Liter Wasser und das Restgepäck hätte tragen müssen. Unvorstellbar! Meine Gelenke wären eingerastet. Oder ausgerastet. Und ich hätte schließlich schon weit vor dem Ziel eine Dauerrast einlegen können.

Die Landkarten, die wie erhalten hatten, waren, aneinandergereiht, 6 Meter lang und 1,50 Meter breit. Sie wogen zwei Kilo. Dafür waren sie jedoch exakt. Jedes Wasserloch, jeder Farmerzaun war darauf markiert. Da unsere Routen genau vorgegeben waren, benötigte ich das meiste Papier gar nicht. Und so hatten Dave und ich alles Unnötige abgeschnipselt. Der Reststreifen wog dann nur noch ein halbes Pfund. Buschmann hatte seine Karte im Kopf. Die Kimberley war seine Heimat.

Ich hatte von Klaus Denart ganz tolle hohe Wanderschuhe und gepolsterte Socken bekommen. Die Schuhe waren bewußt zwei Nummern zu groß gewählt, um das unnötige Schwitzen der Füße zu reduzieren und Blasen zu vermeiden. Denn Blasen sind auf allen Märschen mein Problem. Dave behauptete, so was nur dem Namen nach zu kennen. Noch nie im Leben habe er auf den Marathons je eine solcher Wasserpusteln und Schikanen des Körpers erlebt. Wie ungerecht das Leben doch ist.

Wir hatten 35 Grad im Schatten. Der Sandboden heizte sich gegen Mittag weit darüber hinaus auf. Man ging wie auf Kohlefeuern. Die Füße schwollen an, aber sie fanden immer noch ausreichend Platz in den Schuhen. Es entstanden kein Druck und somit keine Blasen. Ich fühlte mich wohl.

Das Team war nach dem aufwendigen Startdreh zurückgekehrt ins Basislager am Rest House, genoß kalte Drinks und schaute sich das eins zu sechzig (!) gedrehte Material an. Klaus Denart hatte man nicht in die Lüfte mitgenommen. Das eindrucksvolle Startfoto vom Krater blieb ihm verwehrt. »Keine Zeit. Der Film ist wichtiger«, hieß es. Vertragswidrig.

Bush Tucker – Buschnahrung

Der Wandergott war mit mir. Die Füße marschierten, ich hatte keinen Hunger, ich hatte den Durst unter Kontrolle. Eine feine Baumwollwindel sammelte den Nackenschweiß, ein Moskitonetz hielt die Fliegen fern, der Kompaß wies mir den Weg. Ich war happy. Ich war wieder im geliebten Busch. Ich machte runde vier Kilometer in der Stunde.

Völlig unerwartet stand ich bereits am ersten Tag vor einem kleinen Wasserloch. Es mußte vor einiger Zeit geregnet haben. Dies war die schlammige Restpfütze. Sechs Rinder hatten mich darauf aufmerksam gemacht. Ich hatte sie wohl beim Trinken erschreckt, und sie waren in Panik geflohen. Dabei hatten sie ein Känguruh aufgescheucht. Das hatte seinen kleinen Embryo aus der Tasche verloren, und eins der Rinder hatte ihn totgetreten. Nun gehörte er mir. Ich grillte ihn. Er war keine volle Mahlzeit, aber er schmeckte gut. Wie Kaninchen. Wenn das kein gutes Omen war!

Bad und Känguruhjunges hatten mich erfrischt. Es ging weiter. Ab und zu konnte ich ohne Mühe Heuschrecken greifen. Sie surrten kreuz und quer um mich herum und landeten manchmal auf meinem Overall. Das war dann das Ende ihres Lebens. Auch mit meiner Fliegenklatsche konnte ich den einen oder anderen Hüpfer erwischen.

Die Fliegen fing ich erfolgreicher mit der Hand. Wenn sie meinen Schweiß rochen, kamen sie in Scharen, ließen sich auf dem Overall nieder, berauschten sich an der Flüssigkeit, und ich hatte ein leichtes Spiel. Zwar sind Insekten roh nicht unbedingt delikat, aber 50 Gramm von ihnen entsprechen doch immerhin einem soliden deutschen Hühnerei. Sie enthalten Fett und Protein und sind bestimmt gesünder als das antibiotikaangereicherte Fleisch aus heimischen Ställen.

Immer wenn ich sie verzehrte, mußte ich an die Denkweise der Aborigines denken. Sie sagen: »Dieses Tier hat sich für dich durchs Leben geschlagen, um dir nun als Nahrung zu dienen. So wie ich eines Tages den Tieren als Nahrung dienen werde.« In *unserer* versachlichten Welt nennt man das »Kreislauf der Natur«.

Die Rinder schieden als Nahrung aus. Wildern und Diebstahl waren verboten. Denn alle Rinder gehörten jemandem. Auch wenn sie kreuz und quer und verlassen durch die Landschaft staubten. Wir waren auch instruiert worden, welche Tiere unter Naturschutz standen. Der Speiseplan war also eingeschränkt. Er hatte Kantinenniveau.

Dennoch hätte es einmal um Haaresbreite Steaks gegeben! Es war Abend und bereits dunkel. Ich war durstig und beugte mich über eine mondbeschienene Rindertränke. Gerade schlürfte ich genießerisch den ersten Schluck, als ich unmittelbar vor mir zwei weit aufgerissene Augen gewahrte. Sie glotzten mich entsetzt aus dem Wasser heraus an. Erschrocken sprang ich zurück. Nach der Schrecksekunde merkte ich, daß es sich um ein ertrunkenes Kalb handelte. Ich griff es an seinen staksigen Beinen und wuchtete es aus dem Trog. Fantasien von einem opulenten Steakmahl, einer gewaltigen Party für die Crew, dem Ende meiner »Fasten«-Phase und einem Rucksack voller Trockenfleisch schossen mir durch den Kopf und ließen mich auf der Stelle mit der Häutung beginnen. Doch genauso schnell, wie sie gekommen waren, lösten sich die Träume wieder in nichts auf. Das Fleisch war bereits in Verwesung.

An eßbaren Pflanzen fand ich manchmal Buschmelonen. Vor allem in den kühlen Morgenstunden wirkten sie herrlich erfrischend, wenn sie noch die Kälte des Kühlschranks der Marke »Nacht« gespeichert hatten. Dann fühlte ich mich wie im Fünfsternehotel.

Oder es gab Dog Balls. Sie heißen so, weil sie wie Hundehoden aussehen. Es sind kleine schmackhafte Früchte, die äußerlich europäischen Preiselbeeren ähnelten.

Die meisten Pflanzen fand ich an den Wasserstellen. Fast alles, das im Wasser gedeiht, ist eßbar. Und zwar von der Wurzel bis zur Blüte. Ob Algen oder Tang, ob Entengrütze oder Rohrkolben. Sie füllen den Magen und versorgen ihn mit Arbeit. Ihr Nährwert ist jedoch eher gering. Wasserpflanzen bieten hauptsächlich Vitamine und Ballaststoffe. Die Wasserpflanzen sind der Salat des kleinen Mannes, die Tümpel seine Salatschüssel.

Außer von den Melonen wurde ich von den Pflanzen nie richtig satt. Aber Hungerpanik kam deshalb auch nicht auf. Man weiß, es ist nichts Besseres da, und der Körper akzeptiert das und stellt sich darauf ein. Zunächst wird er sogar vitaler infolge der Entschlackung. Dann reduziert er seine Leistungen. Man verliert das nagende Hungergefühl, wird schwächer, und der Kreislauf wird labil. Und man wird reizbarer.

Mit diesem Sparprogramm erreichte ich allmählich erste Bäche und nach 18 Tagen den Chamberlain River. Von da an gab es reichlich Fisch.

Der Buschmann ist weg!

Am zweiten Tag traf ich das erste Mal auf das Drehteam. Ihre Schreckensmeldung: »Der Alte ist verschwunden!« Kreuz und quer hatte man den Busch durchfahren, den Buschmann aber nirgends entdeckt. Als man ihn gestern nachmittag zuletzt gesehen hatte, war sein Wasser fast verbraucht. Weniger durch Trinken als durch Verdunstung. Offenbar hatte er die Regeln nicht ganz verstanden und das Team um neues Wasser gebeten. Das hatte es ihm natürlich verweigert. Sonst hätte er ausscheiden müssen. Doch nun quälte sie das schlechte Gewissen. Hatten sie zuviel von ihm verlangt? Immerhin war er 75 geschätzte Jahre alt. In solch fortgeschrittenem Lebensstadium konnte jemand schon einmal schnell die falschen Entschlüsse fassen.

Ein Suchflugzeug stieg auf und flog in langen Parallellinien hin und her. Vom Alten kein Lebenszeichen. Als es dunkel wurde, war die Maschine wieder gelandet. Dann auf einmal hörte und sah ich sie nicht mehr. Dabei hätte der Pilot gerade abends die beste Chance gehabt, den Buschmann zu finden, weil man Feuer des Nachts über gewaltige Entfernungen sieht, während es tagsüber kaum oder nur mit Glück zu entdecken ist. Sicher wird der Pilot seine Gründe gehabt haben. Vielleicht hatte er Hunger. Aber ich erfuhr sie nicht, denn ich lag wohlversorgt im entfernten Busch und genoß den unglaublich schönen Sternenhimmel Australiens. Um den Piloten, falls er doch noch flöge, nicht zu irritieren, hatte ich heute auf mein Feuer verzichtet. Ich streichelte meine Füße und meine Karre, weil ich mit beiden sehr zufrieden war.

Erst am Nachmittag des kommenden Tages entdeckte der Geländewagen den alten Mann. Er war mopsfidel, hatte den Beutel voll Wasser und konnte gar nicht verstehen, warum die Blaßköpfe sich seinetwegen Sorgen gemacht hatten. »Ich bin ein Buschmann«, klärte er sie auf. »Dies ist meine Heimat. Ich kenne hier jeden Strauch. Paßt ihr lieber auf, daß ihr mit eurem Wagen nicht irgendwo hängenbleibt und ich euch ausbuddeln muß.« Lächelte und stapfte weiter.

Daves Visionen

Dave hatte es von Anfang an am schwersten. Er war unerfahren mit solchen Unternehmungen, und er war überladen. Was ich mit dem kleinen Finger bewegte, kostete ihn viel Kraft und Schweiß. Immer häufiger mußte er Pausen einlegen. Schon am zweiten Tag gab er zu: »Der Marsch ist viel härter, als ich es je vermutet hätte.«

Am neunten Tag gab er auf. »Ich bin einfach am Ende. Die ewige Angst um das Wasser zehrt an meinen Nerven. Immer ist mein Mund trocken. Ich kann einfach nicht mehr.« Und dann fiel er in einen tiefen Schlaf. Drei Regisseure in Panik. »Wenn der aufgibt, kaufen die Amis den Film nicht.« Schnöder Mammon.

Daves Schlaf war nicht nur tief, er war auch, wie jeder Schlaf, erfrischend. Der Amerikaner wuchs über sich hinaus. »Ich mache weiter!« verkündete er dem freudig-überraschten Team. Das hatte gerade sein Equipment einschließlich Dave einpacken und nach Hause fahren wollen. Nun filmten sie schnell die Wende. »Was soll ich von mir denken? Ich bin der Jüngste und gebe auf? Das würde ich mir später nie verzeihen.« Schnallte seinen Rucksack auf und stapfte weiter.

Und er hielt durch. Der tote Punkt war überwunden. Die Wasserknappheit allerdings noch nicht. Sie war unser aller Dauerproblem. Dave traf auf ein verlassenes Gebäude. Aber weder das Wasserrad funktionierte, noch fand er im Kühlschrank ein kühles Bier oder einen Hamburger. Alles war verrostet und vergammelt.

Als er wieder einmal irgendwo mit pulvertrockenem Mund schlafen ging, hörte er in der Dunkelheit Schritte. »Ich war mir sicher, daß es kein Rind war. Es mußte ein Mensch sein, der womöglich Wasser hatte. Ich rief, aber er antwortete nicht. Ich schrie. Aber der Mann ging seines Weges. Sobald das Morgenlicht es mir erlaubte, suchte ich seine Spur. Aber da war nichts zu sehen. Nicht ein einziger Fußabdruck. Dabei war ich mir dermaßen sicher, jemanden gehört zu haben, daß ich weiterging. Und dann stand ich plötzlich vor einer senkrechten Felswand, unter der sich eine Einbuchtung befand. Und in ihr glitzerte mir kristallklares Wasser entgegen.«

Dave führte das auf zwei Umstände zurück. Er hatte vorm Einschlafen die guten Geister der Aborigines um Hilfe angerufen, und er hatte den Rat eines alten Ureinwohners befolgt und sich dem Wassergott gegenüber immer respektvoll verhalten. Nie hatte er sich in wilder Gier über ein Wasserloch gestürzt, die Wassergeister erschreckt und sich einfach vollaufen lassen, sondern immer hatte er die Hüter des Wassers vorgewarnt. Er hatte ein kleines Steinchen hineingeworfen, das sie nicht erschreckte, und dann gesagt, daß er die Absicht habe, sie um einen Trunk zu bitten.

Im Vergleich zu Dave habe ich mich wie ein Rüpel benommen. Ich habe mich einfach an den Gewässern bedient. Na gut, beim nächstenmal mache ich's besser. Hauptsache, man bleibt lernfähig.

Das Wasserproblem

Solange die Wasserstellen noch weit auseinander lagen, mußte ich mit dem Wasser sparsam sein. Ich mußte Anstrengungen und Schweiß vermeiden. Nicht einmal eine Träne durfte ich mir erlauben, und das Pinkeln hätte ich am besten ganz abgestellt. Jedes unnötige Kilo Gepäck wurde zurückgelassen. Auch die 1400 Gramm schweren Gamaschen gegen das Stachelgras mußten dran glauben. Wichtiger schienen mir ein paar Liter Reservewasser, weil möglicherweise nicht jede Wasserstelle auf der Karte auch wirklich Wasser enthielt.

Ich sammelte meinen Urin und verdampfte ihn mittags mittels einer Radfahrer-Metallflasche, auf der oben ein vier Meter langer Silikonschlauch steckte. Ihn leitete ich durch eine kühle Schattenzone, und so konnte der Wasserdampf kondensieren. Zwar schmeckte solches Wasser dann immer noch nach Ammoniak, aber es war mineralienfrei. Als Durstiger den ungefilterten Urin zu trinken wäre gefährlich. Das könnte wegen der hohen Salzlast zu einem Organversagen, insbesondere der Nieren, führen.

Das mag all diejenigen Bundesbürger irritieren, die infolge der Flut neuer Uringenuß propagierender Bücher gewohnt sind, allmorgendlich eine Tasse ihres heilsamen Mittelstrahls zu trinken. Denen sei verraten, daß es einen sehr entscheidenden Unterschied macht, sich daheim im satten Luxus dieser Freude hinzugeben oder in der Wüste, wenn man am Verdursten ist. Dann ist reiner, salzebeladener Urin tödlich.

Die Mittagshitze nutzte ich nicht nur zur Regenerierung des Körpers, sondern auch, um meine beiden großen klaren Plastiktüten in Richtung Sonne über belaubte Äste zu stülpen. Dann sorgte die entstehende Treibhaushitze für das Ausschwitzen der Blattfeuchtigkeit. Alle zwei Stunden gewann ich so ein Tasse Flüssigkeit pro Beutel.

Sobald ich »reichlich« Wasser zur Verfügung hatte, gönnte ich mir immer ein wenig Meeressalz, um den durch das Schwitzen erlittenen Salzverlust auszugleichen. Das Schwitzen drosselte ich durch ökonomisches Gehen und Ausnutzen der günstigen Tageszeiten. Ich stand um 5 Uhr auf und ging – mit kleinen Pausen – bis 11 Uhr. Die Rast dauerte bis 14 Uhr. Dann ging es weiter bis 17 Uhr. Denn nur zwischen 5 und 17 Uhr war es hell.

Die zweite Etappe

Allmählich wurde das Gelände unwegsamer für mich. Es war an der Zeit, mich von meiner treuen Karre zu trennen. Auf keinen Fall wollte ich sie hier als Sperrmüll in der Landschaft herumstehen lassen. Zum einen aus Naturschutzgründen; zum andern stand für mich fest: »Mit der werde ich auch noch durch die Kalahari ziehen.«

Ab jetzt trug ich meine Habseligkeiten im Rucksack. Auch das Wasser. Die Menge hing von der Entfernung bis zum nächsten Wasserloch ab. Maximal waren es 10 Liter.

Das steigerte den Druck auf die Füße. Das Monotone des Marschrhythmus' und die Glut des aufgeheizten Bodens, aber auch eine gewisse Veranlagung ließen sie kochen und mehr anschwellen als bisher. Plötzlich waren die tollen Schuhe doch zu eng, und es bildeten sich erste Blasen. Ich stach sie auf und badete sie in Urin, dem Heilmittel, das man immer dabeihat. Ich humpelte, und als es immer mehr wurden, baute ich mir Krücken. Mein Tempo wurde gedrosselt. Die Krücken halfen nur bedingt. Jedes kleine Sandkorn, das in die Wunden geriet, vergrößerte die Pein. Ich lief bald auf rohem Fleisch und kam gar nicht mehr von der Stelle. Die Fliegen feierten Orgien. Ich rächte mich und vernaschte die Fliegen. Dem Kamerateam teilte ich mit: »Ehe ich nun nur noch mit 1 km/h laufe und mich sogar Schnecken überholen, mache ich Rast und kuriere das aus. Nach vier Tagen ist der Schaden behoben. Danach, das weiß ich aus Erfahrung, kriege ich keine Blasen mehr.«

Ich haute mich in einen Schatten, pennte und pflegte die geschundene Haut. Nach vier Tagen ging es weiter.

Zu meiner Überraschung hörte ich, daß Dave die gleichen Probleme hatte. Auch er war zu einer längeren Rast gezwungen und insofern besonders verzweifelt, weil er Blasen zum allererstenmal im Leben kennenlernte. Ich war gegen ihn ein regelrechter Blasenprofi, er ein blutiger Anfänger. Im wahrsten Sinne des Wortes.

Ich schrieb ihm ein paar mutmachende Zeilen: »Lieber Dave, laß Dich trösten. Ich habe dieselben Probleme. Auch meine Füße sind voller Blasen. Zuletzt bin ich nur noch gekrochen statt gewandert. Die Landschaft vor mir wird nun rauher. Die Salzwasserkrokodile sind noch weit entfernt. Der einzig Schnelle ist unser schwarzer Schwan. Laß uns langsam weitergehen. Schritt für Schritt. Wie war doch dein Motto: ›Erst Schwierigkeiten zeigen einem Menschen, wozu er wirklich fähig ist.‹ Nimm es leicht,

Freund. Immer, wenn ich meine Wunden wasche, bin ich in Gedanken bei Dir. Dein Rüdiger. Übermittelt durch Buschtelefon.«

Prompt überbrachte mir einer der Cowboys seine Antwort: »Danke für die ermutigenden Worte. Sie haben mir viel bedeutet. Es hört sich an, als wäre es wohl für uns beide ein rauher Spaziergang. Ich lasse jetzt einfach alles auf mich zukommen. Ich hoffe, daß Deine Füße bald heilen, damit Du den Krokodilen entwischst, wenn Du sie streicheln willst. Ich hoffe, wir sehen uns in Wyndham, mein Freund. Paß auf Dich auf! Dave.«

Das tat so gut wie ein Liebesbrief.

Der Aborigine in fremdem Land

Während wir rasteten, zog unser *schwarzer Schwan* langsam und beständig seine Bahn. Als er von unseren Schwierigkeiten erfuhr, meinte er: »Das ist typisch für Weiße. Die wollen immer alles schnell erledigen. Hier muß man langsam gehen. Eile ist der Feind des Wanderers.« Natürlich wußte ich das auch. In einem Statement habe ich es auch gesagt: »Ein Wettmarsch in einer Wüste ist völlig widersinnig. Denn hier sind Ruhe und Disziplin gefragt. Jede Hektik vergrößert die Gefahr des Verdurstens.«

Aber so gänzlich ohne Sorgen lief es auch beim Alten nicht ab. Er hatte sein Stammesland verlassen und die Grenzen zum Nachbarvolk überschritten. Diese uralten Landesgrenzen existieren für die Aborigines nach wie vor. Seine Geister, die ihm nach eigener Auffassung immer treu zur Seite gestanden hatten, waren nicht mehr zuständig. Jetzt mußte er allein weiter und fand kein Wasser mehr. So jedenfalls erfuhr ich es später aus dem Film. Mir fiel es schwer, das Argument zu glauben, weil gerade Aborigines Wasservorkommen viel fachkundiger anhand physikalischer Anzeichen entdecken als wir Fremde. Das mögen die besagten Hinweise der Tiere sein oder das intensivere Grün einer Baumgruppe.

Aber egal, ob es so war oder die Filmcrew es ihm untergeschoben hat – der Alte war ein redlicher Mann, ein Vorbild für seine Jungen, und deshalb halfen ihm auch die neuen Götter. Er mußte weder verdursten noch seine Crew um Hilfe bitten.

Mir erschienen gar keine Geister. Ich mußte selbst sehen, wie ich zurechtkam. Ich tröstete mich damit, daß es sicher besser war, un-begeistert zu marschieren, als die Geister, die man rief, nie wieder loszuwerden.

Die gerechte Strafe

Statt dessen tröstete ich mich mit alten Wüstengeschichten, die ich mir in Erinnerung rief. Ein vorbeihüpfendes Känguruh brachte mich auf eine besonders witzige. Ich hatte sie einmal aufgeschnappt und weiß nicht, ob sie wahr ist. Auf jeden Fall ist sie gut erfunden:

Zwei junge Männer fuhren mit ihrem Wagen durch die endlosen Weiten Australiens. Völlig unerwartet kreuzte ein Känguruh ihre Fahrbahn. Sie konnten nicht mehr schnell genug bremsen und erwischten es mit der Stoßstange. Sie bedauerten das Tier und standen nun vor dem Problem: »Lassen wir es liegen, oder essen wir es auf?« Sie taten weder das eine noch das andere. Denn sie hatten eine bessere Idee. »So nah kommen wir nie wieder an ein echtes Känguruh. Laß uns wenigstens ein Foto machen.«

Gesagt, getan: eine Totale mit Landschaft, Tier und Wagen. Und ein paar Nahaufnahmen nur vom Tier.

»Ich hab 'nen besseren Einfall!« meldete sich der Fotograf zu Wort. »Das Tier sieht noch phantastisch gut aus und ist gar nicht blutig. Heb es mal hoch, als wäre es am Leben, und umarmt euch.«

Ja, der Einfall war ein Foto wert. »Es hat die Augen geschlossen. Damit man das nicht sieht, setz ihm deine Sonnenbrille auf.« Fotografen sind kreativ, wenn's drauf ankommt. Das Foto wirkte nun tatsächlich viel echter, und so war es beinahe selbstverständlich, daß die Idee weiterentwickelt wurde. Sie kleideten den Buschspringer wie einen Touristen. Der Sonnenbrille folgten ein Schlapphut, ein Halstuch und die Jacke. Es war gar nicht so einfach, die Jacke zuzuknöpfen, denn das Känguruh war gut genährt. Aber sie schafften es. Beide Männer wieherten vor Freude über ihre geniale Idee. Ein geiles Foto.

Doch sie wieherten nicht lange. Völlig unerwartet verstummte ihr Gelächter und wich maßloser Sprachlosigkeit. Dann schlug es um in Panik und laute Hilferufe.

Was war passiert? Das gute Tier war plötzlich wieder zu sich gekommen und raste aus dem Stand und ohne Vorwarnung mit Riesensprüngen in die felsige Landschaft. Futsch waren nicht nur die Jacke und der Hut. In den Taschen der Jacke hatten sich sämtliche Dokumente und das Geld befunden.

Auf die Begegnung mit diesem Tier wartete ich im stillen und hoffte, daß es mir von seinem Geld einen kühlen Trunk spendieren würde. Dafür wollte ich es von seiner lästigen Jacke befreien. Den Kameraleuten würde ich natürlich nichts davon verraten. Sie würden mich glatt zwingen, den Marsch wegen offensichtlicher geistiger Verwirrung zu beenden.

Gastgeber

Das mit dem Känguruh wurde nichts. Aber trotzdem kam ich zu meinem kühlen Trunk. Denn jeder durfte sich einmal auf der langen und fast menschenleeren Route verwöhnen lassen. Das hatte sich Andrew ausgedacht. »Szenen mit Gastgebern bereichern den Film«, war seine Begründung. Es nahm dem Marsch erneut ein wenig von seiner Urform und Originalität. Es minderte die Strapazen. Vielleicht war es von ihm als Ausgleich für das politische Vakuum gedacht.

Der Alte entschied sich, die Gastfreundschaft seiner Leute in Turkey Creek in Anspruch zu nehmen. Sie gaben ihm nicht nur zu essen, sondern boten ihm auch in sternenklarer Nacht einen farbenprächtigen Corubbery-Tanz. Aber als die Filmer das drehen wollten, mußten sie löhnen. »5 000 Dollar haben die verlangt! Absoluter Wucher«, stöhnte Andrew. Mit keiner Silbe verriet er, wieviel ihm jede Filmminute einbrachte.

Dave kehrte bei einem Rinderfarmer ein und verspeiste ein Rind, und ich sollte die Gastfreundschaft der schweizerischen Familie Henggeler genießen dürfen. Schon über eine Woche vorher hatten mir die landeskundigen Begleiter von den Leuten vorgeschwärmt. »Die wohnen völlig allein in einem wunderschönen Tal. Du erreichst sie nur mit dem Flugzeug. Vom nächsten Ort, Kununurra, muß man 20 Minuten fliegen, um zu ihnen zu gelangen. Oder man geht zu Fuß wie du. Aber es führen weder Straße noch Weg dorthin.«

»Und was treiben die dort?«

»Das sind Idealisten. Sie haben das Leben in unserer Welt aufgegeben und versuchen seit einigen Jahren, das Tal wieder in seinen Urzustand zurückzuführen. Sie haben die Rinder abgeschafft und die Unmengen Füchse und verwilderter Katzen dezimiert. Allmählich erholt sich das Tal. Du wirst da entlang des kristallklaren und fischreichen Baches wunderschöne Pflanzenvorkommen sehen. Manche Flecken wirken wie die Welt im Urzustand.«

Meine Crew hatte nicht übertrieben. Die fünfköpfige Familie wohnte in einem kleinen Paradies. Sie empfing mich wie die Bremer Stadtmusikanten. Nur gastfreundlicher. Sie standen vor ihrem Garten mit Pony, Hund, Hahn und Katze und hatten die herrlichsten Obstsorten aufgebaut. Ich genoß die Früchte und Getränke und das erste Warmwasserbad seit langem. Ich mochte gar nicht mehr aus der Wanne steigen und schrubbte mir sogar die Haut vom Körper, um Zeit zu gewinnen und den Augenblick festzuhalten.

Die Henggelers wohnten im Schatten einiger Bäume in urig eingerichteten Containern. Ihre Heimstatt erinnerte deutlich an Pippi Langstrumpf. Im Gegensatz zu der Kinderheldin verfügten sie aber zeitgemäß über Telefon, Fax und Video. Der Schulunterricht fur die Kinder wurde uber Funk abgewickelt.

Neben den schon erwähnten Haustieren pflegten sie noch ein ganz besonderes. Es war eine Python, die häufig zu Besuch kam und dann gern unter dem Kühlschrank schlief. Hin und wieder stibitzte sie schon mal eins der Perlhühner. »Solange sie bei uns ist, kommt dafür keine Giftschlange ins Haus. Python und Giftschlangen gehen einander aus dem Weg«, klärten uns Christoff und Jackie, die Hausherren, auf.

Neuerdings nehmen sie auch bis zu sechs Touristen auf. Gern mit Kindern. Die können auf eigene Faust die Umgebung erkunden oder aber eine Führung in Anspruch nehmen. Oder gegen Kost und Logis aktiv bei der Gestaltung der Landschaft mithelfen. Mit anderen Worten: sinnvollen Urlaub verbringen. Nach Vereinbarung (Fax: 0061-91-691 590) holt Chris sie mit seiner eigenen Maschine am Flugplatz von Kununurra ab. Ich kann die Familie Henggeler jedem Naturfreund wärmstens empfehlen.

Wenn ich auf ihrer Toilette saß – ganz modisch im Freien hinter einer Hecke – hatte ich den schönsten Blick, den ich je von einer Toilette gehabt hatte. Er schweifte über ein weites, goldenfarbiges Tal und endete vor einer gewaltigen roten Felswand, an deren Fuß ein wunderschöner wilder Palmenwald stand. Mitten durch die Felswand hindurch hatte sich der Bach eine Schlucht gefräst. Nach zwei Kilometern mündete er dann in den Chamberlain River, wo ich beim Weitermarsch auf meine ersten Krokodile stieß. Es waren »Freshies«, die Süßwasserkrokodile. Sie werden keine 3 Meter lang und sind ausgesprochen menschenfreundlich, obwohl der Mensch sie im Laufe der Geschichte immer verfolgt hat. Nun allerdings stehen sie unter Schutz, und ihr Bestand hat sich gut erholt. Die Freshies beißen nur in Notwehr. Das heißt, man muß schon auf ihnen herumtrampeln, ehe sie die Geduld verlieren. Es gibt Aborigines, die mit ihnen zusammen schwimmen.

Die Leistenkrokodile

Kurz vorm Ziel kam ich ins Land der Leisten- oder Salzwasserkrokodile. Sie beherrschen den Ebbe-Flut-Bereich und stoßen von dort auch weiter ins Landesinnere vor. Ranger hatten uns über deren Gepflogenheiten informiert. Und so wußten wir, was uns erwartete. 200 Millionen Jahre Erfahrung wurden da aufgeboten gegen meine lächerlichen 61 Jahre. Ich wußte, daß die Tiere mit 18 Stundenkilometern aus dem Wasser schnellen konnten, daß sie in der Lage waren, aus dem Stand drei Meter senkrecht aus tiefem Wasser heraus in die Luft zu springen, und daß sie im Zorn oder Hunger 50 Meter weit hinter ihrem Opfer herflitzen konnten. Und daß sie Menschen mögen. Aber anders als die guten Freshies. Salties mögen Menschen am liebsten »english«, blutig, um es gastronomisch auszudrücken.

In jedem Pool konnte solch eine Kampfmaschine auf der Lauer liegen. Wir hatten Anweisung, uns bei tiefen Wassern mindestens drei Meter vom Ufer entfernt zu bewegen. Und wenn wir dort zu tun hätten, uns mit einem dicken Ast gegen einen möglichen Angriff zu schützen. »Den Ast müßt ihr vorn möglichst noch mit einem hellen Lappen umwickeln, dann beißen sie in den Lappen und nicht in euch«, lautete der Rat. Denn wie alle Tiere beißen auch die Salties immer in das, was ihnen am nächsten ist. Offenbar fehlen ihnen da noch einige Jahre Evolution. Wenigstens da hatte ich ihnen etwas voraus.

Als es passierte, war ich darauf gefaßt. Der Ranger hatte es mir prophezeit, und die Kameraleute waren in Position. Und ich wollte den Adrenalinausstoß genießen. Ich warf die Angel mit einem Köder ins Wasser – als es im selben Moment explodierte! Statt des Abwehrstockes hatte ich mir meinen Schlafsack vor die Füße gelegt und bolzte ihn dem Tier augenblicklich entgegen. Es fing ihn mit einer unglaublichen Geschwindigkeit auf. Jede Möwe, der man ein Stück Brot zuwirft, wäre vor Neid erblaßt. Das Krok schlug sich den Sack wie wild um die Ohren. Als es dann aber merkte, daß das nicht ich, sondern nur Stoff war, ließ es ihn enttäuscht wieder los und tauchte unter. Seitdem leidet der Schlafsack unter starkem Durchzug.

Der Endspurt

Es war nie mein Ehrgeiz gewesen zu gewinnen. Der Alte war für mich der vorprogrammierte Sieger. Er war es schon deshalb, weil er in seinem hohen Alter noch zu diesem Marsch angetreten war. Während wir an den Blasen litten und ein paar Tage ausfielen, zog er mit der Beständigkeit und Ruhe einer Dampfwalze seines Weges. Als er von unseren Problemen erfuhr, sagte er: »Ich kann doch gegen diese Leute nicht in meinem eigenen

Land, wo mir alles vertraut ist, gewinnen. Worauf soll ich mir denn da etwas einbilden? Ich müßte mich vor meinen Leuten ja schämen!« Er bewies menschliche Größe und ließ uns wissen, daß er keinesfalls gewinnen wolle und auf uns warten werde. Und natürlich konnten wir unsererseits nun nicht an ihm vorbeiziehen und den großen Sieger raushängen lassen. Auch Dave vertrat diese Ansicht.

Wo sich die anderen jeweils wirklich befanden, wußten wir nie genau. Besonders in der letzten Woche wurden wir mit Autos und Helikoptern zu optisch besonders reizvollen Drehorten hin- und hertransportiert und schließlich auf dem Salzsee vor Wyndham zusammengebracht. Das »Rennen« war längst zur Farce, zum Kinoschinken nach dem Drehbuch des Andrew Ogilvie herabgewürdigt. Mit viel good will konnte man allenfalls noch sagen, es war ein Vergleich geworden – wie Wolfgang Ebert ihn immer gefordert hatte, als er die ungleichen Partner und die verschieden schwierigen Strecken sah.

Wir drei Teilnehmer entschieden, gemeinsam durchs Ziel zu gehen. Schon weit vor der Ziellinie hakten wir uns demonstrativ unter und blieben in einer Linie. Die TV-Leute gerieten völlig aus Fassung und Konzept. »Das könnt ihr doch nicht machen. Wir brauchen einen ersten, einen zweiten, einen dritten«, stöhnten sie. Wir ließen uns nicht beirren. Ich schaltete einfach meine Hörgeräte ab und genoß es, daß ihre Münder im selben Moment verstummten, obwohl ihre Lippen sich immer noch bewegten. Untergehakt drückten wir uns unbemerkt gegenseitig und voller Freude fest die Hände.

»Wißt ihr was«, raunte ich den beiden anderen zu und schaltete die Geräte wieder ein, »wir bleiben vor der Ziellinie einfach stehen und ziehen eine Sondershow ab.« Gesagt, getan. »Bitte nach Ihnen«, deutete ich mit einer Verbeugung auf den Alten, »Alter vor Jugend!«

Der Alte lächelte und erwiderte: »Nein, nein, nein. Ausländer vor Inländer.« Und dann gingen wir gemeinsam durchs Ziel.

Aber auch Dave war ein großer Gewinner. Er hatte, im Gegensatz zu mir, keinerlei Erfahrungen mit solchen Märschen. Er hat gewaltige Ängste ausgestanden, hat Halluzinationen und einen psychischen Zusammenbruch erlebt. Doch er wuchs über sich hinaus und schaffte es. Des Alten und Daves Siege bedeuteten für mich das schönste Ende des *Human Race*, des *Rennens für die Menschlichkeit.*

Der Beigeschmack

Genauso wurde über den Ausgang des Rennens auch im angesehenen australischen Nachrichtenmagazin »The Bulletin« (17.9.1996) berichtet. Titel: »Erster unter Gleichen.« Und dieser erste war der Alte. Während des Interviews durch die Journalistin Victoria Laurie (ausgezeichnet mit einem Journalistenpreis) waren Andrew (der Producer), Robin Eastwood (Co-Producer), Ulli Krafzik, Klaus Denart, Dave und ich anwesend. Kein einziger von ihnen hatte eine andere Version erzählt oder Einwände erhoben, als wir ihr gemeinsam von diesem Finale berichteten. Um so überraschter war ich, im Film zu erfahren, daß es plötzlich *Dave* war, der auf den Sieg verzichtet und auf uns gewartet habe. Er habe die menschliche Größe aufgebracht.

In Deutschland löste dieses Marschende die meisten Nachfragen, die meiste Kritik aus. Denn sowohl Wolfgang Ebert (in einem von ihm verfaßten 3-Seiten-Bericht in »TV Hören und Sehen«) als auch ich hatten in allen Interviews immer nur vom Sieg des Buschmanns gesprochen. Die Rückfrage ergab, daß Andrew Ogilvie diese neue Version in die Welt gesetzt hatte. »Rüdiger, das mußt du nicht so verbissen sehen. Wir haben doch nur gesagt, Dave war ein paar Meter voraus gewesen. Aber durch diese kleine Formulierung haben wir es geschafft, daß die Amerikaner, daß *National Geographic* den Film gekauft haben.«

Edelmut nach weißen Mannes Art.

Ehre, wem Ehre gebührt

Aber unser Alter kam dennoch zu verdienten Ehren. Senator Alan Eggleston von der Regierung des Bundesstaates Westaustralien verlieh unserem Buschmann im August 1997 den eigens seinetwegen neu ins Leben gerufenen (Menschenrechts-) *Preis für unbesungene Helden*. Er erhielt ihn, weil seine Demonstration gegen den Alkohol geeignet war, das Zusammenleben von Schwarzen und Weißen zu verbessern. »Und weil er uns gelehrt hat, daß Siegen auch dann möglich ist, wenn eigentlich wegen seines Alters alles dagegen sprach.«

Das werde ich mir merken. Denn ich bin jetzt, im Sommer 2000, 65.

Gefangen in Jordanien

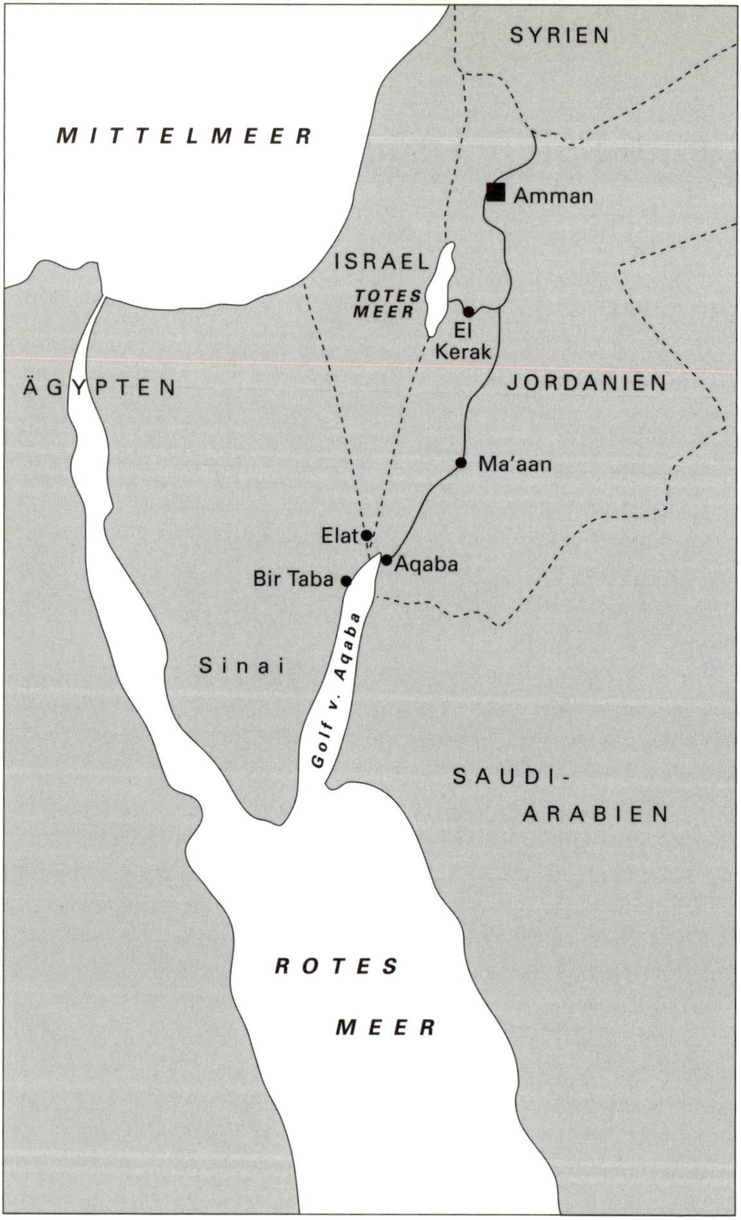
SYRIEN
MITTELMEER
Amman
ISRAEL
TOTES MEER
El Kerak
ÄGYPTEN
JORDANIEN
Ma'aan
Elat
Aqaba
Bir Taba
Sinai
Golf v. Aqaba
SAUDI-ARABIEN
ROTES MEER

Gefangen!

Als der Motor angeworfen wurde, wußten wir augenblicklich, daß das nur unseretwegen geschehen sein konnte. Der Schall war auf unsere Ohren getroffen und hatte eine Gänsehaut ausgelöst, bei deren Anblick Pubertätspickel garantiert Minderwertigkeitskomplexe bekommen hätten.

»Sie haben uns gesehen«, flüsterte Gerd. Er hatte recht. Er hatte nur ausgesprochen, was auch Hans und mir im selben Moment klar war. Ganz offenbar hatten wir die Wachsamkeit der Araber unterschätzt. Nun gab es nur noch eins: rudern auf Teufel komm raus!

Wir trieben den Kahn zu ungeahnten Temporekorden an. Unsere Bugwelle hätte jedem Motorboot Ehre gemacht. Wie Wunderkerzen funkelten die Schaumkämme und Wasserspritzer im Licht des Vollmondes.

Der Vollmond. Hatten wir ihn beim Start noch als willkommene Wegleuchte begrüßt, so hätten wir ihn jetzt am liebsten unter allerdunkelsten Wolken versteckt, um im Schwarz der Nacht unentdeckt entkommen zu können. Aber den Gefallen erwies uns die Natur nicht. Mond und Sterne erstrahlten in voller arabischer Wüstenpracht und erleuchteten die Szenerie wie Suchscheinwerfer.

Da nutzten auch keine Stoßgebete. Die Gebete derer, die das nächtliche Licht für ihre Feiern und Tänze herbeigesehnt hatten, waren stärker. Außerdem kamen wir aus christlichen Ländern, und hier regierte der islamische Gott. Unsere Seufzer hatten keine Chance, von Sekunde zu Sekunde wurden sie stärker vom anschwellenden Motorengeräusch übertönt. Das Boot hatte eine hohe Geschwindigkeit. Gegen sie nahm sich unser Paddelstakkato wie Rückwärtspaddeln aus. Trotzdem machten wir weiter. Schnell bildeten sich Blasen an den Händen, denn die Paddelgriffe waren aus rauhem Vierkantholz. Mit solcher Belastung hatten wir nicht im Traum gerechnet. Das Thema Survival kam erst viel später in mein Leben. Sonst hätten wir auch andere Fehler vermieden. Zum Beispiel den Vollmond. Er stand nördlich von uns in voller Pracht und blendete uns, wenn wir in seine Richtung schauten. Und genau von dort kam das Motorboot. Schauten wir hingegen nach Süden, lag der Golf von Aqaba deutlich und klar vor uns. Wir schrieben das Jahr 1960, ein Junitag, früh morgens 2.30 Uhr.

Wir, das waren Gerd Siebenhüner, Hans Windisch und ich. Wir hatten in Hamburg gemeinsam unsere Meisterprüfung als Konditoren bestanden und uns diese besondere »Urlaubsreise« gegönnt. Per Daumen sollte es rund ums Mittelmeer gehen. Und hier, am südlichsten Zipfel Jordaniens, war die Welt auf einmal zugenagelt. Der Grund: Das Ende des Golfes von Aqaba war ein Vierländereck. Hier grenzten verfeindete Nationen und Systeme aneinander: Da waren das feudalistische Königreich Saudi-Arabien, das westlich orientierte Königreich Jordanien, die sozialistische Arabische Volksrepublik Ägypten und deren aller gemeinsamer Todfeind Israel. Denn genau gegenüber unseres Startpunktes lag Elat, Israels Hafen zum Roten Meer. Und nur fünfzehn Kilometer diagonal über den Golf entfernt lag Bir Taba, ein Fischerdorf auf der Halbinsel Sinai, die damals ägyptisch war.

Bir Taba war unser Ziel. Aber davon waren wir noch weit entfernt. Zu weit. Wir würden nicht einmal rechtzeitig die Mittellinie des Golfes erreichen, die theoretisch die Grenze zu Israel, Jordanien und Ägypten darstellte. Viel nutzen würde uns diese Grenze sicher nicht. Hier in einsamer Nacht würden unsere Verfolger sie ignorieren und uns schleunigst nach Jordanien zurückbringen.

Wir hatten längst den großen griechischen Frachter passiert, der dunkel im jordanischen Gewässer vor Anker lag. »Vielleicht bringt das Motorboot ja nur ein paar Matrosen auf den Frachter zurück«, wagte Hans eine stille Hoffnung zu äußern.

Er flüsterte es, obwohl die Verfolger uns durch ihr Motorengeräusch nie hätten hören können. Egal. Ob Frachtercrew oder Militär – wir paddelten aus Leibeskräften. Bloß weg von hier! Bloß rüber über die Wassergrenze!

Und da sprang der zweite Motor an. Irgendwo in der Ferne des Südens. So fern, daß wir trotz der guten Sicht nach Süden sofort wußten, daß auch er uns galt. Nun saßen wir in der Falle.

Genau in diesem Moment wurde der Lärm des ersten Bootes ohrenbetäubend. Es hatte nämlich den Frachter passiert und stieb direkt auf uns zu. Nix also mit »Matrosen des griechischen Frachters«. Deutlich sahen wir nun die Bugwelle.

»Laßt uns aufhören zu paddeln«, sagte ich, »sonst machen wir sie nur noch nervöser.« Denn längst vernahm man ihre aufgeregten, kurzen Rufe. Sie klangen wie Befehle. Und die konnten nur bedeuten: »Anhalten!« und »Hände hoch!« Außer »Salaam alaykum« verstanden wir kaum Arabisch. Aber genau diese zwei Worte hörten wir nicht. Da war es ratsam, sich so ruhig wie möglich zu verhalten. Wir hoben die Hände weit über den Kopf. Hin und wieder zuckte ein Lichtstrahl von ihren Scheinwerfern und Taschenlampen zu uns herüber. Sie waren heran und umkreisten uns. Sie schaukelten in ihren eigenen Wellen und konnten uns nur schwer im Lichtstrahl festhalten.

»Alman!« schrieen wir in das aufgeregte Getöse. »Alman! Deutsche!«

Wichtig schien uns, keinesfalls für Israelis gehalten zu werden.

Da kam auch das zweite Boot herangerast. Beide umkreisten uns wie Geier. Nur hektischer. Es wurde geschrieen und gefuchtelt. Sie behinderten sich gegenseitig, stolperten über die Patronengurte ihrer MGs, die am Bug montiert waren.

Nicht alle Schreie galten uns. Offenbar gab es Kompetenzgerangel. Das erste Boot warf uns ein Seil zu. Das zweite auch. Wir fingen beide. Dann mußten wir das zweite wieder zurückwerfen. Die Soldaten fluchten. Entweder ihr erster militärischer Einsatz überhaupt, oder es ging es um »Finderlohn« und Beförderung.

Die Wellen ließen die Boote durcheinanderschaukeln, behinderten sie, ließen sie sogar zusammenstoßen. Die Abgase stanken und hüllten den Mond endlich in die Wolke, die wir uns schon früher gewünscht hatten – aber nun war es zu spät. Jetzt nutzte sie uns nicht mehr. Die Falle war zugeschnappt.

Das erste Boot hatte uns im Schlepp. Es ging ans Ende des Golfes. In Richtung Militärcamp und Schützengräben. Wir wurden an Bord des Schleppbootes kommandiert, mußten uns auf das Deck legen. Jemand verband uns die Augen.

»Geht's euch gut?« fragte Gerd. Ja, es ging uns gut. Sobald es uns schlecht ginge, wollten wir uns augenblicklich in deutsch verständigen. Das Sprechen war uns nicht verboten worden.

An Land war die Hölle los. Man hatte »israelische Spione« gefangen. Das gesamte Camp war aufgeschreckt und auf den Beinen. Taschenlampen blendeten uns, Befehle dirigierten uns von links nach rechts und hin und her. Die Augen verbunden, Hände hoch, bohrten sich Gewehrläufe in unsere Rücken und schubsten uns voran. Weg vom Wasser, spürten wir, weg von der Grenze. Irgendwo mußten wir uns niedersetzen. Dann vernahmen wir englische Vokabeln. »Do not move. Wait here till morning.«

Die Luft war lau, aber uns fröstelte. Vor Aufregung hatten wir einen trockenen Mund.

»*Tfaddal, ma'*, bitte Wasser!«

Es wurde uns sofort gebracht. Arabische Gastfreundschaft.

Für uns war dieser Service ein sicheres Indiz dafür, daß unsere Bewacher nicht bösartig waren. Zwar hörten wir ständig das Repetieren und metallische Klicken ihrer Waffen, aber wir wurden nicht etwa geschlagen oder bedroht. Allmählich wich die Hektik der Ruhe. Hans war die Augenbinde verrutscht.

»Wir befinden uns in einem kleinen Stacheldrahtverhau«, klärte er uns auf. »Acht mal acht Meter. An einer Seite stehen vier bewaffnete Soldaten.«

Bis zum Morgen war es noch lange hin. Wir zitterten ihm entgegen. Ob man uns nur des Landes verweisen würde? Oder mußten wir gar ins Gefängnis?

Letztlich hatten wir nichts Schlimmes begangen. Wir hatten uns dieses Ruderboot unbefugt genommen, um ins nächste Land zu reisen. Gerds und mein Paß waren in Ordnung, sogar mit Visum für Ägypten. Hans wollte den Kahn wieder zurückbringen. Denn Hans besaß seit drei Tagen keinen Paß mehr. Er war ihm von zwei Touristen gestohlen worden. Er hatte es sofort auf der Polizeiwache gemeldet. Der Offizier vom Dienst hatte ihm daraufhin einen Schein ausgestellt, der ihn berechtigte, bis zur

Hauptstadt Amman zurückzureisen, um sich bei seiner Botschaft zu melden. Wir hatten weder israelisches Geld noch ein israelisches Visum, und zweimal hatten wir – nach einer Woche vergeblichen Wartens auf ein Schiff nach Suez – auf der Wache darum gebeten, uns nach Bir Taba überzusetzen, sogar gegen Bezahlung, obwohl wir arm waren wie die Wüstenspringmäuse.

»Zumindest bis zur Mittellinie des Golfes«, hatten wir es noch einmal versucht. »Von dort können wir vielleicht auf ein ägyptisches Fischerboot überspringen.«

»Das ist uns nicht erlaubt. Die Ägypter sind unsere Feinde«, war die Antwort. Und so kam uns die Idee, es mit dem entliehenen Boot zu versuchen. Die Alternative wäre gewesen, nach Damaskus (Syrien gehörte damals zur Vereinigten Arabischen Republik) zurückzutrampen und nach Kairo zu fliegen.

Aber das schied aus Prinzip aus. Wir wollten rund ums Mittelmeer und nicht irgendwelche Abkürzungen nehmen.

Außerdem hatten wir wenig Geld. Zwei Mark pro Tag. Wir reisten sparsam. Unsere Getränke waren Wasser und der allerorten spendierte süße Tee. An Nahrung genügten uns frische Brotfladen und Tomaten. Geschlafen wurde im Freien.

»Hoffentlich klaut uns keiner das Geld«, fürchtete ich, nachdem Hans durch seinen Sehschlitz nirgends unser Gepäck ausmachen konnte.

»Gut, daß wir die Waffen tief unten im Rucksack verstaut haben«, warf Gerd ein. »Dann können sie uns nie nachsagen, daß wir Widerstand leisten wollten.«

Die Waffen hatten wir auf dem Schwarzmarkt in Jerusalem erstanden. Die Altstadt Jerusalems gehörte 1960 noch zu Jordanien. Es waren ein schwerer alter Revolver und eine Pistole. Hans hatte eine Gaspistole. Die Waffen waren unsere Lebensversicherung, wenn wir allnächtlich unter freiem Himmel in handgescharrten Wüstensandmulden schliefen. Und sie waren eine Kapitalanlage. Man konnte sie jederzeit wieder verkaufen.

Gegen sechs Uhr wurde es allmählich hell. Das merkten wir sogar durch die schwarzen Binden hindurch. Es wurde lauter um uns herum. Befehle erklangen, Geschirrklappern, Autolärm,

Marschschritte – der Soldatenalltag hatte begonnen. Erste Sonnenstrahlen wärmten uns.

»*Alman, jella!* Deutsche, los!« hieß es dann. Wir mußten aufstehen, wurden an den Armen gehalten und abgeführt.

Als man uns die Augenbinden abnahm, standen wir im Innenhof der Police Station. Neugierige Blicke von allen Seiten. Viele Soldaten kamen und gingen. Bis auf einen Mann, der vor uns ausspuckte, spürten wir nichts Feindliches.

»So sehen also israelische Spione aus«, schienen sie zu tuscheln.

Vor uns plötzlich der wohlgenährte Offizier, den wir so oft vergeblich um eine Überfahrt gebeten hatten. Er war sichtlich verärgert. Wegen uns mußte er heute früher aufstehen als sonst.

»Warum wollten Sie nach Israel?« begann der Dicke sein Verhör. Er hatte uns in sein Büro dirigiert.

»Wir wollten nicht nach Israel. Wir wollten nach Bir Taba. Sie wissen das, denn wir hatten Sie zweimal um ein Boot gebeten.«

»Und ich hatte Ihnen gesagt, daß Aqaba kein offizieller Grenzübergang ist. Weder nach Israel noch nach Ägypten. Sie können von uns nur nach Saudi-Arabien. Sie wollten nach Israel.«

Der Fettleibige wollte offenbar unbedingt befördert werden. Dazu kamen ihm die drei Spione gerade recht.

»Sie und Ihre Kollegen hier wissen, daß wir nach Bir Taba wollten. Wir haben ein Visum und Geld für Ägypten. Für Israel haben wir gar nichts. Weder Geld noch Visum.«

Er ließ sich durch unsere Antworten nicht von seiner Idee abbringen, israelische Spione gefangen zu haben. Seine Fragen konnten wir nur noch mit großer Beherrschung ertragen. Wir mußten uns regelrechte Ohrschmalzpfropfen zulegen, um nicht auszurasten und statt dessen ruhig und gelassen zu bleiben. Die Verhöre endeten schließlich mit der Einweisung ins *ssidschen,* das Gefängnis.

Zwei bewaffnete Polizisten eskortierten uns an den Dorfrand. Dort, vor dem Gebirgszug, der das Meer, den Palmenstrand und die wenigen Häuschen (heute ist Aqaba eine Stadt) von der im Osten gelegenen Wüste trennte, lag das Gefängnis. Wären wir nicht gezwungen gewesen, dort zu leben, hätte man es

»romantisch« nennen können. Es war ein idyllisches kleines Wüstenfort. Zwei runde, kleine Türme, hohe Maueren, Schießscharten, Zinnen – wie eine Spielzeugburg. Alles war aus rauh beschlagenem Sandstein gebaut. Zum Dorf hin gab es ein solides Tor für Autos und eine in das Tor eingearbeitete kleine Tür für Menschen.

Als wir den Innenhof betraten, strömten die Beduinenwachen und einige Häftlinge neugierig zusammen. Im Gegensatz zur Police Station sahen wir hier ausnahmslos lachende und freundliche Gesichter, die deutlich signalisierten: »*Marhaba!* Willkommen im Hotel, endlich Abwechslung!«

Der Innenhof war gepflastert und auffallend sauber. In der Mitte befand sich ein Zugbrunnen, irgendwo eine Akazie, die sanften, filigranen Schatten spendete, und an der rechten Mauer kleine Räume: die Küche, die Toilette, ein Büro.

Der Turm vorne links neben dem Eingangstor war den Beduinenwachen vorbehalten. Sie gehörten zum Leibregiment des Königs. Mit ihren langen tabakfarbenen Gewändern, den kreuzweise geschulterten Patronengurten, dem alten Karabiner, den rotweißen Kopftüchern und dem Krummdolch am breiten Gürtel wirkten sie wie Figuren aus Tausendundeiner Nacht. Sie waren alle gertenschlank, ausgesprochen freundlich und höflich. Mit ihren braunen Gesichtern mit den Schnauzbärten sahen sie so gut aus, daß man immer wieder fasziniert hinschauen mußte.

Ihr Chef hieß Ali. Er war ein wenig älter und kleiner von Gestalt als seine Untergebenen. Er strahlte viel Würde aus. Ein Mensch, für den man sogleich Vertrauen verspürte.

Eingesperrt!

Der schwere Eisenschlüssel drehte sich im Schloß, die solide Gittertür zum Gefangenenturm war verriegelt. Wir waren eingesperrt.

Vorher hatte Sleman, eine der Beduinen-Wachen, noch einen leeren Eimer hineingestellt. Mit Gesten bedeutete er uns, ihn mit hinaufzunehmen. Hinauf – das hieß die steile Leiter zur »1. Etage«.

Kaum waren wir oben, wurde die Leiter weggezogen. Vier andere Gefangene lagen bereits auf dem Betonboden des kleinen Runds um die zentrale Ausstiegsluke. Als »Matratze« diente ihnen eine Decke. Einer schlief auf einem alten Papiersack. Die Männer lagen mit dem Kopf zur Außenwand des Turms, die Füße zur Luke. Neugierig musterten sie uns und beobachteten jede Bewegung. Ihre Köpfe lagen auf ihrem Hab und Gut, kaum mehr als ein kleines Bündel.

Sie lagen nebeneinander, wodurch die eine Hälfte der gemütlichen Runde fast belegt war. Deshalb schlugen wir unsere Schlafstätten gegenüber auf. Wir wollten zusammenbleiben.

»Das ist ja heiß wie im Backofen«, stellte ich gleich fachmännisch fest. Die anderen nickten. Von Backofenhitze hatten wir ja alle drei gleichermaßen Ahnung.

»Hört auf mit dem Fachvokabular! Wenn ich eure Gespräche höre, komme ich mir vor wie auf 'ner Innungsversammlung. Ich will endlich richtig Urlaub machen«, beschwerte sich Gerd.

Er hatte recht. Eigentlich hatten wir während des ganzen Urlaubs nicht über den Beruf reden wollen. Aber die Schweißbäche auf unseren Körpern ließen kein anderes Gespräch zu. Fast verschlug es uns den Atem. Das Gemäuer war so aufgeheizt, daß es schmerzte, wenn wir die Steine berührten. Die Hitze war auch in den Zementboden gekrochen. Wenn man sich hinlegte, fühlte man sich wie ein Spiegelei in der Bratpfanne.

Wir hatten unsere Schlafsäcke als Unterlage gewählt. Sie isolierten uns recht gut von der Hitze. Und dennoch waren sie schnell pitschnaß geschwitzt. Abd-er-Rahmaan bemerkte unser Problem und wies uns auf seine Erfindung hin.

»*Chudu kufiyaatkum!* Nehmt eure Kopftücher (Singular: *kufiya*), und hängt sie über die Schießscharten!« sagte er und deutete auf die Tücher der Mithäftlinge. Die hatten ihre Kopfbedeckungen oberhalb der faustbreiten Schießscharten mit kleinen Holzstückchen in den Mauerritzen befestigt. So fingen sie den eindringenden schwachen Wind auf. Der blähte das Tuch, und ein sanfter Lufthauch strömte hinab auf den Schlafenden. Um ihn zu verspüren, mußte man allerdings sehr feinfühlig sein. Denn viel war es nicht, was da ankam.

Wir drei Germanen verspürten gar nichts. Der Grund war schnell ermittelt: Wir lagen auf der Leeseite. Hier gab es keinen Wind.

»*Ta'alu!* Kommt hierher!« bedeutete uns Abd-er-Rahmaan. Er und seine Kumpels rückten ein wenig zusammen. So ergatterte Gerd noch eine Schießscharte, die vollen Wind erhielt. Hans und ich hatten allerdings nur noch die halbe Dosis.

»Wir können uns ja abwechseln«, tröstete Gerd uns.

Uns blieb keine andere Wahl, als mucksmäuschenstill dazuliegen und den Windzug zu hypnotisierten, auf daß er spürbarer würde. Aber der blieb unbeeinflußbar. Unser Schweiß strömte. Der Schlafsack war naß und klebte. Jede Bewegung wurde zur Anstrengung. Wir spürten Durst.

»*Hinaak!*« Abd-er-Rahmaan deutete auf einen großen Tonkrug.

Mit einer verbeulten Tasse schöpften wir die kühle Flüssigkeit. Aber nur, um sie in derselben Sekunde auszuschwitzen.

»Ihr dürft nur winzige Schlückchen trinken«, belehrte uns Hassan, ein anderer Häftling. Er machte es uns vor.

Nur nippen, keinesfalls saufen, bedeuteten seine pantomimischen Gesten. Am liebsten hätten wir jetzt zehn Liter Eiswasser geschluckt.

Mit dem Wind und der Dunkelheit kamen auch die Mücken. Es war zum Wahnsinnigwerden. Die Araber nahmen das alles gelassen hin.

»*Maalisch,* macht nix.« Sie lächelten, wenn sie unsere Probleme beobachteten.

Jemand hatte eine Kerze angesteckt und las in einem Stückchen Zeitung. Ein doppelt Begnadeter also. Er besaß die Kerze und konnte lesen.

Der andere pinkelte in den Eimer. Er war der erste Pinkler und entleerte sich in einem satten Strahl. Das Geräusch – erst metallisch, dann sprudelnd-spritzig – verriet Eingeweihten haargenau die entleerte Menge.

Irgendwann platschte jemand seine Notdurft hinterher. Wer es war, konnte man nicht sehen. Die Kerze war erloschen. Zum Hitzeschleier gesellten sich nun auch die Ammoniak- und Kotdünste. Toilettenpapier gab es nicht. Moslems reinigen sich mit der linken Hand und etwas Wasser. Es befand sich in einer speziellen Kanne mit Feinstrahlöffnung.

Hans stand auf. Er kriegte fast gar keinen Windzug ab.

»Nomen est omen. Da heiße ich Windisch und muß mir meinen Wind tatsächlich selbst machen.«

Er hatte unsere schwindsüchtige Landkarte auf Briefpapiergröße zusammengefaltet und fächelte sich fleißig Wind zu.

»Das tut gut«, stöhnte er zufrieden.

Unser Gepäck hatten wir übrigens behalten dürfen. Nur die Revolver und die Messer fehlten. Da wir nur eine Landkarte besaßen, blieb mir als Fächer nur der Deckel vom Kochgeschirr.

»Nicht sonderlich effektiv«, mußte ich feststellen. Kühlung und erhöhte Schweißproduktion infolge des Fächelns hoben sich gegenseitig auf.

Gerd sprach gar nicht. Offenbar war er der Glücklichste unter uns. Er genoß den Wind. Jedes Wort hätte eine Anstrengung bedeutet und den Vorteil des geringen Windzuges, der von seiner *kufiya* herabströmte, wieder zunichte gemacht. Er schien bald selig entschlummert zu sein. Jedenfalls dachten wir das. Bis er plötzlich laut losfluchte.

»Verdammte Scheiße, der Typ neben mir ist schwul!«

Fantasierte Gerd? Hatte er infolge der Wärme nun auch warme Träume? Die ganze Zeit über hatte er keinen Mucks von sich gegeben. Geschweige denn sein Schlafsacknachbar, dem er Schwulität unterstellte.

»Träumst du?« fragten wir leise. Falls er im Traum gesprochen hatte, wollten wir ihn nicht aufwecken.

»Nein. Ich bin hellwach. Der Typ ist hackeschwul.«

Hans machte seine schwindsüchtige Taschenlampe an und beleuchtete den Tatort. Von Schwulität nichts zu merken. Abd-er-Rahmaan lag auf der rechten, Gerd abgewandten Seite und schlief.

»Der schläft nicht, der hat sich jetzt nur umgedreht.«

»Was und wie hat er es denn angestellt?« fragten wir neugierig. Wir flüsterten, um die übrigen Schläfer nicht zu wecken.

»Zuerst warf er, wie im Schlaf, seinen Arm auf meinen Bauch. Ich hielt ganz still und manövrierte ihn behutsam zur Seite, runter vom Bauch. Kurz darauf seufzte er schlaftrunken, und – krach – lag die Hand wieder auf mir. Diesmal tiefer. So ging das alle 15 Minuten. Immer wieder wälzte er sich in andere Positionen, und immer tiefer kam seine Hand zu liegen.«

Gerd hoffte, die Hand würde irgendwann wegrutschen, aber Fehlanzeige. Millimeter um Millimeter näherte sie sich seinem Penis. Abd-er-Rahmaan machte das so langsam, daß Gerd es immer noch nicht für Absicht hielt, sondern eher für eine Folge zunehmender Bettschwere.

Aber eben war Abd-er-Rahmaan dann zum Angriff übergegangen und wollte Gerds Hose öffnen. Heftig hatte der ihm die Hand weggestoßen und war nun wütend aufgestanden.

Da hatte Hans eine Idee.

»Vielleicht steht er ja auf dich, weil du groß bist. Ich bin klein. Ich bin ein anderer Typ. Vielleicht läßt er mich in Ruhe. Wollen wir Plätze tauschen?«

Entweder vergaß Hans vor lauter Hitze und Verlangen nach einem Windhauch sämtliche Hemmungen, oder er war ein Märtyrer oder ein Optimist – oder er war selbst schwul.

Das hätte uns jedoch überrascht. Denn zu Hause wartete seine Freundin Uschi auf ihn. War er womöglich zweigleisig veranlagt? War er bi? Möglich war ja schließlich alles. Denn soo genau – und vor allem intim – kannten wir einander noch nicht.

Aber Hans war weder noch. Er wollte tatsächlich den Vorteil des besten Windzuges genießen.

»Abhauen kann ich ja immer noch.«

Wir legten uns erneut zur Ruhe, und endlich war ich eingenickt.

»Verdammt, nun ist er bei mir. Da steckt System hinter. Der ist voll wach und weiß genau, was er tut.«

Hans' Zornesrufe hatten mich wieder hochgeschreckt. Verdammt, kam man denn hier nie zum Schlafen?

Gerade hatte er Abd-er-Rahmaan in die Rippen geboxt und ihn angeknurrt. Auf deutsch. Oder auf österreichisch. Ich weiß es heute nicht mehr. Jedenfalls war Hans Österreicher, und man sagt, im Zorn und in Momenten großen Schreckens fällt man automatisch in die Muttersprache zurück.

»Nimm deine warmen Pfoten weg. Ich will schlafen!«

Und damit das Spiel ein Ende habe, baute er unsere Rücksäcke wie eine Mauer zwischen sich und den Nachbarn. Das half. Irgendwann schliefen wir ein. Hans hatte gewonnen. Er hatte seine Ruhe, und er genoß den Windzug.

Um sechs Uhr weckte uns Schlüsselgerassel. Die Tür wurde geöffnet, die Leiter angestellt, wir durften runter.

Unten schon erstes Leben. Der Tag brach an. Hassan pumpte den Petroleumkocher auf und bereitete den Tee vor. Die zwei anderen Häftlinge mühten sich am Ziehbrunnen, Wasser heraufzubefördern. Das geschah mit einem Gefäß, das aus Autoreifen gefertigt war. Es war stabil, aber nicht ganz dicht. Mit Hilfe eines Seils wurde es über eine quietschende Rolle in die Tiefe gelassen. 27 Meter maß das Seil. Demnach reichte der Brunnen so tief, daß er mit dem Meer auf einer Höhe lag. Aber das Wasser schmeckte nicht salzig und war herrlich kühl.

Immer zwei Personen mußten die schwere Ladung hochhieven. Sie standen nebeneinander am Brunnenrand. Der linke hatte sein rechtes Bein auf den Rand gestellt, der andere sein linkes. Abwechselnd hüpften sie hoch, auf den Brunnenrand, griffen das Seil oben neben der Rolle, ließen sich in die Ausgangsposition zurückfallen und zogen die Fracht so mit ihrem Körpergewicht ein Stück höher. In dem Moment hatte der andere das Seil an der Rolle ergriffen und wiederholte den Vorgang.

Sie arbeiteten Hand in Hand. Echte arabische Teamarbeit. Auch wenn man nicht hinschaute, wußte man, wie schnell sie waren, weil das Quietschen der Rolle ihren Einsatz akustisch übermittelte.

Aber ob die Wasserschöpfer wollten oder nicht, sie waren schnell, denn sie mußten sich beeilen. Dauerte es zu lange, verlor der »Eimer« seinen Inhalt, und entsprechend öfter mußten sie die Prozedur wiederholen.

»Das Seil reißt gleich«, deuteten wir den Wachen an. Der morsche Tampen hing nur noch an einem seidenen Faden.

»*Maalisch*«, war ihre lakonische Antwort. Das hieß in gut deutschem Englisch soviel wie: »Never mind, scheißegal, noch hält es ja.«

Aber dann riß es tatsächlich, und irgend jemand mußte die achtzig Eisensprossen hinunter in den feuchten, engen Schacht. Das war nicht so einfach wie das Auf- und Absteigen auf unserer Turmleiter. Einige Sprossen fehlten, andere waren locker. Man mußte sich langsam in die Dunkelheit hinabtasten und mit beiden Händen und Füßen absichern.

Unten im Wasser mußte man nach dem Ende des zerrissenen Seiles tasten. Man schlang es sich um die Taille und krabbelte wieder hoch. Sobald das Seil sich durch das Gewicht des vollen Schöpfgefäßes straffte, wurde nach Seil von oben gerufen. Die Enden wurden zusammengeknotet, und das Schöpfen konnte weitergehen. Bis das Seil erneut riß. Das geschah alle zwei Tage. Und nie wurde die morsche Stelle vorher rechtzeitig verknotet. Als Gerd es einmal vorexerzierte, lächelten alle. Aber nicht zustimmend, sondern eher mitleidig.

»Verrückte Deutsche«, verrieten ihre Mienen.

»Sie warten lieber, bis es wieder reißt«, resignierte Gerd. Und wenn es dann riß, war er es, der lächelte.

Hans wußte schließlich, warum es so und nicht anders lief: »Das rechtzeitige Verknoten ist zu leicht. Da unten das Seil rausfischen hingegen ist viel aufregender und ein gutes Mittel gegen die Langeweile.«

Dieser Gedanke brachte Gerd auf eine andere Idee: »Vielleicht führt das Wasser da unten direkt irgendwo zu den Brunnen, die wir im Palmenwald am Golfufer gesehen haben. Unterirdische Gewässer stehen genauso in Verbindung wie Seen und Flüsse an der Erdoberfläche.«

Ein genialer Gedanke! Womöglich der ideale Fluchtweg in die Freiheit, falls wir hier länger zu bleiben hätten. Für alle Fälle speicherten wir die Idee schon mal in den hinteren Windungen unseres Hirns ab.

Um sieben Uhr brachte jemand frische *chobz*, Brotfladen, die wunderbar an die heimatliche Bäckerei erinnerten. Wir genossen den Duft und schluckten Häppchen für Häppchen erst nach langem genüßlichen Kauen hinunter.

Schnell stieg die Sonne, und ebenso schnell wurde es heiß. Der Schatten der Mauern wurde sichtbar kürzer. Ab elf Uhr verschwand er ganz. Dann stand die Sonne so hoch, daß sie unser Mauerviereck voll ausleuchtete, und es gab nur noch unter der Akazie einen Halbschatten.

Dort hockten wir dann und warteten auf unsere Entlassung.

Es war vor allem Ibrahim, der uns Hoffnung machte. Er war Soldat und unser Kurier zwischen Knast und Police Station. Bis zu zehnmal täglich brachte oder holte er Formulare, und immer hatte er im Vorbeigehen ein paar freundliche Worte für uns.

»*Jimkim bukra horr*«, war das, was wir am liebsten hörten. Es hieß soviel wie: »Morgen vielleicht frei.«

Leider schob er dann immer noch ein »*Inscha' Allah*« hinterher, ein »wenn Allah will«. Dann wußten wir, daß seine Vermutung viel weniger wert war, als sein Lächeln uns suggerieren wollte.

Ibrahim wurde trotz seiner vielen *Inscha' Allahs* wie ein Freund für uns. Wo er nur konnte, nahm er zumindest einen von uns für ein, zwei Stündchen mit ins Dorf. Es war herrlich, im Schatten der Palmen zu gehen, sich die Beine zu vertreten und Datteln zu essen, die die Bewohner einem zusteckten. Und es tat wohl, sich frei zu fühlen.

Auf dem kleinen *ssuuq*, dem Markt, erstanden wir mitunter verschrumpelte Pflaumen, *baquuq*, die unsere bescheidenen Kittchen-Reissuppen um einen Gang erweiterten: Reis mit Pflaumen.

Durch das Kochen quollen die Schrumpfpflaumen wieder zu voller Originalgröße auf und entwickelten ein besonders leckeres, säuerliches Aroma. Etwas Zucker und kalt angerührtes Mehl hinzu – und wir hatten eine erfrischende Suppe.

Sobald der Pflaumenduft aus der Küche kroch und ein nicht vorhandener Windzug ihn auf unerklärliche Weise in die Nasen der Leidensgenossen trieb, war die Küche umringt von Neugierigen, die plötzlich wie zufällig dort herumhockten und herumdiskutierten, so daß wir gezwungen waren anzubieten. Aber – Gott sei Dank! – lehnten sie ab. Vielleicht wollten sie einfach nur beobachten, was die Ausländer sich da zusammenkochten, und saßen deshalb um uns herum. So genossen wir beim erstenmal die ganze leckere Suppe allein. Bis uns Ibrahim beiseite nahm.

»Ihr müßt die Suppe *dreimal* anbieten. Beim ersten Mal lehnt jeder ab. Nur wer auch beim drittenmal ablehnt, will wirklich nichts.«

Das kam leider nie vor. Beim drittenmal sagten alle *na'am*, ja. Und uns blieb allenfalls eine halbe Tasse der beliebten Speise.

Dieser Verlust wurde jedoch mehr als ausgeglichen, wenn Pakete von irgendwelchen Angehörigen der Häftlinge im Gefängnis abgegeben wurden. Dann wurde auch ihr Vorrat sofort geteilt. Und auch wir sagten nur jeweils zweimal *la*, nein, und dann *na'am!*

Besonders Abd-er-Rahmaan wurde gut versorgt. Er stammte aus einer angesehenen Familie. Sein Onkel saß bei König Hussein im Parlament, war sehr wohlhabend und ließ kartonweise Orangen, Paprika, Tomaten und Brot abliefern. Abd-er-Rahmaan sollte es gut ergehen, denn er saß eigentlich nur »aus Versehen«, völlig zufällig, irrtümlich, mißgeschicklich. Das wußten alle, und zweimal baten ihn Kurzbesucher sogar um ein Autogramm! Das machte uns neugierig. Alles deutete auf einen Justizirrtum hin.

»Warum bist du denn hier?« fragten wir ihn schließlich, obwohl Abd-er-Rahmaan uns überhaupt nicht lag. Trotz seiner freigebigen Obst- und Gemüsespenden hätten wir ihn lieber ignoriert. Es war sein verschlagener Blick, seine Arroganz. Er genoß die Unterwürfigkeit der Mithäftlinge und gebärdete sich wie ein Star.

Ausschlaggebend für unsere Abneigung waren auch diese nächtlichen Belästigungen. Nach der dritten Nacht, als kein Zweifel mehr an seinen homosexuellen Ambitionen bestand, hatten wir ihn morgens höflich, aber energisch zur Rede gestellt.

»Wir können ja verstehen«, radebrechten wir in englisch, mit Händen, Füßen und dem arabischen Lexikon. »Aber wir sind da anders veranlagt. Wir haben jeder eine Freundin in Deutschland.«

Ich bemühte mich, dem Ganzen noch eine heitere Wende zu geben: »Wenn wir diesen körperlichen Druck verspüren, dann helfen wir uns selbst.«

Mit einer Handbewegung illustrierte ich die Erklärung, und zu meinen Freunden gewandt sagte ich: »Gesten sagen oft mehr als Worte.«

Ganz sicher lag ich richtig mit meiner Vermutung. Denn nun war was los!

Fast wäre Abd-er-Rahmaan mir an die Gurgel gesprungen! Er und schwul!! Das war ja wohl die Höhe! Ob wir wohl wüßten, welche Beleidigung wir da ausgesprochen hätten. Er schrie und schäumte.

»Komm, laß ihn stehen, das Arschloch!« riet Gerd schließlich, und ohne weitere Worte gingen wir rauf in den Turm. Es mangelte uns an Vokabular, und es lohnte nicht, uns noch irgendwelche Feindschaften aufzuhalsen.

»Ich denke, er kennt nun unseren Standpunkt und wird uns nicht wieder anfassen«, hoffte Gerd.

Ebenso schnell, wie er sich aufgeregt hatte, war des Arabers Jähzorn verflogen. Eine Tasse voll Pflaumensuppe hatte die Wogen ohne weitere Worte endgültig geglättet und eine Orange aus *seinem* Vorrat den Frieden besiegelt.

»Warum bist du denn hier?« fragten wir noch einmal, als er gezögert hatte zu antworten. Wegen der Verständigungsschwierigkeiten warfen wir die Frage locker-flockig zu Ibrahim hinüber, der gerade mal wieder Formulare durch die Landschaft bewegte. Hin und her und her und hin.

Abd-er-Rahmaan hatte ihm mit einem gönnerhaften Lächeln die Erlaubnis zu dolmetschen erteilt, und so erklärte uns Ibrahim in englisch:

»Er hat seine Schwester umgebracht und ihren Freund.«

Abd-er-Rahmaan tat, als verstünde er plötzlich Englisch, und nickte.

»Und dafür hat er nur ein Jahr gekriegt? Liegt es daran, daß sein Onkel im Parlament sitzt?«

Über soviel germanische Naivität mußte sich sogar Ibrahim wundern. »Nonsens. Er hat die beiden beim Schmusen erwischt, obwohl sie nicht verheiratet waren und obwohl seine Schwester für einen anderen Mann bestimmt war.«

»Und dafür gibt es nur ein Jahr?«

»Nein. Normalerweise gibt es dafür Freispruch. Aber Abd-er-Rahmaan hatte keine Waffe bei sich, um sie zu töten. Deshalb hat er sie eingeschlossen, ist auf den Markt gerannt und hat ein Messer gekauft. Dann ist er zurückgeeilt und hat sie getötet. Und deshalb hat er ein Jahr erhalten. Er hätte sie sofort töten müssen. So hat das Gericht die Tat nicht mehr als ›Töten im Affekt‹ werten können.«

Und dann ergänzte Ibrahim noch entschuldigend: »Ein Jahr – das ist wirklich hart. Denn er hat die Ehre der Familie gerettet. Ich hoffe, daß er nach einem halben Jahr freikommt. Wegen guter Führung. Abd-er-Rahmaan ist immer freundlich. Er gibt jedem, der es wünscht, Autogramme.«

Auf der Stelle entschlossen wir uns, jedem, der es wünschte oder nicht, bedingungslos Autogramme zu geben, wenn das unsere Haftzeit verkürzen sollte.

An die andere Art von Rechtsprechung mußten wir uns noch gewöhnen. Da war ein alter Beduine eingeliefert worden, in dessen Gewand man eine israelische Geldmünze gefunden hatte. Er war ein etwa 75jähriger Mann, der mit seinen Kamelen zwischen beiden Ländern hin- und hergezogen war. Er sollte sechs Monate sitzen. Er war aber keineswegs traurig.

»Hier gibt es gutes, kaltes Wasser, soviel ich will, ich kriege zu essen, und ich kann mich ausruhen.« Tja, was will man auch mehr? Die Glücksgefühle des Alten kann sicher nur nachempfinden, wer selbst versucht hat, über lange Zeit in einer Wüste zu leben.

»Morgen werde ich entlassen«, sagte er. »Ich möchte viel lieber hierbleiben.«

Oder unser Hassan. Er hatte fünf Jahre vor sich, denn er hatte besonders Schlimmes begangen. Er hatte König Hussein beleidigt.

»Fünf Jahre?« fragte Hans nach. »Da würde ich ja glatt meine Migräne kriegen.«

Aber auch Hassan nahm das Urteil gelassen hin: »Andere politische Gefangene sitzen ein Leben lang. Da bin ich noch ausgesprochen gut dran.«

Er war immer guter Dinge und sang oft stundenlang einen Einzeiler, »*Habsi ba tabsi …*«, was auch immer das heißen mochte.

Etwas mulmig wurde uns, als wir hörten, daß es für Diebstahl generell ein Jahr Haft gab. Das sagte einem jeder, und der fünfzig Jahre alte Kemal Ibn Muussa hatte es bekommen, weil er einen Esel gestohlen hatte.

Einen Esel zu stehlen muß in der Wüste so schlimm sein wie bei uns der Diebstahl eines Autos. Nur verstanden wir die islamische Gerechtigkeit nicht mehr, als wir hörten, daß Maaher, ein anderer Einsitzer, für dasselbe Delikt – Diebstahl eines Esels – nur sechs Monate aufgebrummt bekommen hatte.

»Hast du den Richter bestochen?«

Maaher schaute uns verständnislos an. Auch Kemal Ibn Muussa schien die Frage nicht begriffen zu haben. Hassan mußte dolmetschen.

»Nein, das ist gerecht. Ibn Muussa hat nämlich eine Eselstute geklaut, Maaher hingegen nur einen Eselhengst. Die Stute war die Lebensgrundlage einer Familie. Sie hatte alle paar Monate ein Fohlen. Von dessen Verkauf konnte die Familie leben. Das Weibchen war ihre Lebensgrundlage.«

Dann ergänzte Hassan: »Vor wenigen Jahren wurde Dieben hier eine Hand abgehackt. In Saudi-Arabien ist das heute noch so.«

Dabei wies er lächelnd auf unsere Hände.

»Wir haben ja nicht wirklich gestohlen. Wir haben das Boot nur benutzt! Ohne Erlaubnis des Besitzers.«

Hassan ließ nur ein mitleidiges »Tsss« hören. Dabei warf er den Kopf einmal kurz in den Nacken – im Orient die Geste für Nein. »Unbefugt benutzt? Das habe ich noch nie gehört. Klauen ist Klauen.«

»O Gott, ein Jahr!« stöhnte Gerd. Er hatte seinem Vater versprochen, in zwei Monaten zurück zu sein und dessen Konditorei in der Bismarckstraße in Hamburg zu übernehmen. Sein Vater war krank und wollte sich zur Ruhe setzen. »Ein Jahr! Das kann ich ihm nicht antun. Das kann ich aber auch *mir* nicht antun. Wenn ich ein Jahr lang keine Kartoffeln zu essen kriege, sterbe ich.« Gerd war die größte Kartoffelverarbeitungsvorrichtung, die mir je begegnet ist.

Inzwischen entwarfen wir längst Fluchtpläne. Zu oft hatte Ibrahim uns etwas von »morgen frei« erzählt, und immer war es ein Flop gewesen. Aus dem Knast rauszukommen war weniger schwierig, als von Aqaba ins nächste Land. Nach Westen lagen der Golf und die gut bewachte Grenze zu Israel. Nach Südwesten lag Ägypten. Aber das war nur per Boot zu erreichen. Die Erfahrung hatten wir ja gerade hinter uns. Sollten wir es dennoch erneut wagen, dann auf jeden Fall nur bei Neumond.

Als zahlende Passagiere auf einem der Frachter, die Aqaba anliefen, auszureisen scheiterte daran, daß die Schiffe dann im Suezkanal als Passagierschiffe gewertet wurden und sehr hohe Kanalgebühren zahlen mußten.

Das hatten wir längst alles versucht, bevor die Sache mit dem Ruderboot passierte. Und als blinde Passagiere die Flucht zu versuchen bedeutete ebenfalls ein unkalkulierbares Risiko.

Auch Saudi-Arabien schied aus. Nur Wüste, keine Straße, Hände abhacken ... da waren wir in Jordanien bestimmt besser aufgehoben. Auch wenn es wirklich ein Jahr dauern sollte.

Was uns als Hoffnungsschimmer blieb, war die Nordstraße nach Amman, auf der täglich ein paar LKWs verkehrten. Auf solch einem Fahrzeug mußte man sich dann verstecken. Aber *gut* verstecken, denn es gab Straßenkontrollen. Zwar nicht gerade DDR-mäßige, eher oberflächliche – aber immerhin. Würde man uns erst einmal vermissen, müßten wir auch garantiert mit schärferen Kontrollen rechnen. Wahrscheinlich müßten wir einzeln über die Straße verschwinden. Zu dritt wären wir ja fast schon eine Völkerwanderung.

Aber unsere Fluchtgedanken waren zunächst eher noch nebensächlicher Art. Hieß es doch täglich: »*Bukra horr,* morgen frei!« Wenn sie nur nicht immer noch dieses verdammte *Inscha' Allah* hinterhergeschoben hätten.

»Das ist eine feige Taktik«, folgerte Gerd pfefferscharf. »Immer viel versprechen, aber letztlich Allah die Schuld in die Schuhe schieben für den Fall, daß es doch nicht klappt. Bloß nicht verbindlich festlegen.«

Ja, wenn Allah wollte, konnten wir eigentlich schon sofort gehen. Aber leider wollte er nicht. Statt dessen gedachte er ganz offenkundig, uns eine Lehre zu erteilen. Und das sollte noch dauern. Denn Allahs Wege sind unergründlich.

Die Tage schlichen weiter dahin. Null Action. Bis auf die gerissenen Brunnenseile.

»Ich werd' noch verrückt«, stöhnte Gerd. »Wir müssen etwas unternehmen.« Zehn Tage schmorten wir bereits in dem Wüstenturm, und kein Ende war in Sicht.

»Ali, die Küche ist saudreckig«, wandte er sich an den Gefängnischef. »Ich möchte sie aufräumen.«

Was »saudreckig« auf arabisch hieß, wußten wir nicht. Aber Gerds angewiderter Gesichtsausdruck ersetzte die fehlende Vokabel. Er brachte zum Ausdruck, was kein Wort vermochte.

Ali vermutete mit beduinischer Wachsamkeit sofort einen Gefängnisaufstand. Denn wer sich um Arbeit bewirbt, führt garantiert Böses im Schilde. Arbeit ist eine Schande, da kann einer sagen, was er will, und für ausländische Gäste war Arbeit geradezu eine Zumutung. Kategorisch lehnte er Gerds Ansinnen ab.

Verzweifelt wandte der sich an Ibrahim, unseren Formulare bewegenden Soldaten. Der wiederum sprach mit Ali, und plötzlich durften wir die Küche säubern.

»Er hielt die Drecksarbeit für eine Beleidigung euch Gästen gegenüber«, bestätigte Ibrahim noch einmal unsere Vermutung. »Aber wenn ihr wollt, dürft ihr gleich anfangen.«

Und ob wir wollten! Wir versuchten, alles Bewegliche ins Freie zu stellen. Das war schwierig, weil die Klebkraft jahrealter Essensreste das Inventar zu einer festen Kücheneinheit verbunden hatte. Wir werkelten herum wie bei der Demontage einer Einbauküche, bei der alle Einzelteile fest miteinander verschraubt worden sind.

Um uns die Arbeit zu erleichtern, überschüttete Gerd alles mit heißem Wasser und verwandelte die Küche in ein einziges aalglattes Schlammbad.

Kaum hatte sich das Wasser in alle Winkel ergossen, stürzten in heller Panik Hunderte fetter, brauner Kakerlaken aus ihren Schlupfwinkeln. Es kribbelte und wimmelte um uns herum. Wir konnten gar nicht so schnell zutreten, wie es nötig gewesen wäre. Prompt rutschten wir aus, schlugen der Länge nach hin und versauten uns unsere einzige Garderobe. Sie war dermaßen verdreckt mit dem säuerlichen Küchenschleim, daß uns letztlich vor uns selbst mehr ekelte als vor der Küche.

Sogar zwei Mäuse kamen zum Vorschein. Auf der Stelle kriegten sie Gerds ausgelatschte Trampersandale zu spüren und hauchten ihr Mauseleben aus. *Biz*, die von allen verwöhnte Kittchen-Katze, verzehrte sie genüßlich zum Lunch.

Stück für Stück lösten wir alles aus dem großen Küchenmampfenkleister und zerrten es ins Freie.

Hans hatte eine Dose entkrustet und sie wieder verschließbar gemacht. Er griff zwanzig lebende Kakerlaken und steckte sie in das Gefäß.

»Sag nicht, du willst ihnen aus Tierliebe das Leben retten«, wunderten wir uns.

»Nein, damit veranstalten wir Wettkämpfe!« war seine Idee. »Wir setzen Preise aus und können so vielleicht unsere Essenrationen aufmotzen.«

Das war wirklich ein Supereinfall. Denn die Kost war zwar schmackhaft, aber karg. In dreitägigem Rhythmus gab es immer wieder drei *filfil*, kleine Pfefferschoten, oder ein Stückchen *gibna*, Schafskäse, oder *Homos*-Brei aus gelben Erbsen. Dazu jeweils drei kleine frische Brotfladen.

Die Pfefferschoten waren so extrem scharf, daß man sie nur essen konnte, wenn kein offenes Feuer in der Nähe war. Sonst wäre es zur Explosion gekommen. Einmal reingebissen – und es gelang uns Europäern nicht mehr, den Mund zu schließen.

Drei Beduinen beobachteten unsere vergeblichen Versuche mit einer Mischung aus Unverständnis und Belustigung.

»Gebt uns die *filfil*«, schlugen sie vor. »Dafür könnt ihr unsere tägliche Zuckerration haben.«

Das war ein Geschäft!

Wir mußten keine Sekunde überlegen, denn wir hätten die verdammten Paprikas auch ohne Gegengabe abgegeben. Einfach aus Sicherheitsgründen und Nächstenliebe, um uns nicht auch noch die Hände so zu verbrennen wie den Mund. Und nun kriegten wir sogar noch Zucker dafür! Manchmal meinte es Allah auch gut mit uns. Das war unbestreitbar.

Wir büffelten Arabisch. Zunächst die hundert wichtigsten Vokabeln. Das waren zum Beispiel Grußworte, Zahlen, Höflichkeitsfloskeln. Die Schwierigkeit bestand darin, die Unterschiede herauszuhören zwischen dem deutlichen A und dem A, das im Rachen gesprochen, besser gesagt, das da gequetscht und gestöhnt wird. Exakt so wie das A, das man während des Bohrvorgangs beim Zahnarzt von sich gibt, um ihm zu verstehen zu geben, daß es weh tut.

Und von solchen Buchstaben gab es mehr. Es gab zwei D, zwei S, zwei T, und es gab den Dual, die Zweizahl. Wir kannten bislang nur den Singular und den Plural. Dafür gab es kein P und kein O, keine Großbuchstaben, sondern nur die Kleinschreibung. Schien das das Lernen zunächst zu vereinfachen, stellte sich sehr schnell heraus, daß es statt dessen sogar vier Schreibweisen pro Buchstabe gab. Er änderte sich je nachdem, ob er allein, am Anfang eines Wortes, in der Mitte oder am Ende stand.

Aber die Sprache und besonders die Schrift gefielen uns, und wir lernten sie eifrig. Noch heute mache ich mir Notizen, die niemand lesen soll, auf arabisch.

Unsere arabischen Lehrer wollten ihr Wissen ebenfalls erweitern. So kam es zum Tauschgeschäft von Arabisch gegen Deutsch.

Wenn bei unserem Sprachbemühen das halbe Gefängnis in großes Gelächter ausbrach und plötzlich alle wie wild auf uns einredeten, ein jeder dasselbe Wort anders intonierte, wurden wir das Gefühl nicht los, nach allen Regeln der Kunst verschaukelt zu werden. Aus dem Sprachunterricht wurden kabarettistische Darbietungen, denen beizuwohnen sich niemand nehmen ließ. Sogar die Wachen und Ibrahim, der Papierbeweger, nahmen teil. So lernten wir Reime wie diesen:

Ssidi al aziz
Ya kebir at tiiz !
Min hon la bariz …

Er wurde uns als Abendgebet für kleine Kinder empfohlen. Als wir das – viel später – wirklich einmal in einer arabischen Familie vor Kindern aufsagten, herrschte mit einem Schlage peinlichste Stille. Wir hatten kein Abendgebet erlernt, sondern eine Zote.

Lieber Herr,
wie groß ist doch dein Penis!
Von hier bis Paris …

Als »Guten Morgen« lernten wir »*ssabaah al-chayr*« (ay wie im Englischen day). »Guten Abend« lautete »*Missa al-chayr*«. Als Gruß zu jeder Tageszeit, wie Hallo, lernten wir »*Kuss immak*«.

Gerade diese Phrase ließ sich leicht lernen, weil uns das Wort »Kuß« ja vom Deutschen her geläufig war. Aber jedesmal, wenn wir es aussprachen, ernteten wir höllisches Gelächter. Irgend etwas stimmte da nicht.

Wir sagten unseren Lehrern, »Kuß« gäbe es auch im Deutschen.

»Was bedeutet das denn?« wollten sie sofort wissen.

Gerd schmatzte einen Kuß in die Luft. Spätestens jetzt wollte die grölende Bande sich gar nicht mehr einkriegen vor Vergnügen.

»*Kemaan marra,* noch einmal!« schrieen sie. Und so küßten wir sie und alle in der Luft herumstreunenden Bakterien, bis auch der letzte Häftling vor Freude und Leibschmerzen auf dem Boden lag. Und bis Ibrahim uns aufklärte.

»Das ist sehr vulgär. Sagt das nie! Es heißt ›Vagina deiner Mutter‹, und ihr habt die unwissentlich wie wild geküßt.«

»Kameltreiberbande«, fluchten wir und beschlossen blutige Rache. Auge um Auge, Wort um Wort.

Die Gelegenheit bot sich sofort. »Was heißt ›Guten Tag‹ auf deutsch?«

Hans knuffte uns in die Rippen und übernahm die Antwort. Mit Engelsgeduld sagte er: »Das heißt: ›Du Idiot, hau ab.‹«

Wir mußten schwer an uns halten, um nicht ebenfalls laut loszuprusten. Aber wir zügelten uns, und bald beherrschte den Gruß jeder Mithäftling, jeder Bewacher und Ibrahim, der Papiertiger. Wo immer wir auftauchten, begrüßte man uns ab jetzt mit »Duidiothauabb«. Wir nickten dann stolz und sagten: »*Mumtaaz*, ausgezeichnet!«

Was uns am meisten an unserem Lehrerfolg freute, war die Vorstellung, was wohl geschehen würde, wenn einer von ihnen je einem Deutschen begegnete und diesen Satz zum besten gäbe.

Hatten wir Germanen deutliche Probleme, die beiden verschiedenen A auszusprechen, vor allem dann, wenn sie auch noch hintereinander folgten, so vermochten die Araber nicht zu unterscheiden zwischen unserem O und dem U. Das merkten wir, als wir auf unsere Uhr deuteten und sie lehrten: »Uhr.« Ein wenig später deuteten wir auf unser Ohr und sagten: »Ohr.« Ob Uhr und Ohr dasselbe Wort sei, wollte ein ganz großer Streber wissen.

»Nein«, erklärten wir ihm mit Engelsgeduld, »das hier ist eine Uuuhr und dieses ein Ooohr! Uuu und ooo.«

»Uuur, Uuur!« wiederholte der begriffsstutzige Streber und wies erneut auf die Uhr. Dann tippte er sein Ohr an und sagte: »Uuur, Uuur.« Wir korrigierten ihn und praktizierten Geduld wie die Araber anfangs mit uns. Wir übten die Klangunterschiede einzeln, und wir übten sie im Chor. Außer viel Gegacker und Gegröle blieben sie bei »Uur, Uur«. Schließlich hatten wir die Nase voll. Nie hätten wir gedacht, daß der Lehrerjob so anstrengend sein konnte.

Es mochte drei Tage gedauert haben, da hatte es doch jemand von ihnen begriffen. Stolz baute er sich vor uns auf. Er wies auf die Uhr und sagte: »Uhr.« Er faßte sein Ohr an und sagte: »Ohr.« Ein klarer Fall von Sprachgenie. Die Mitbewohner staunten nicht schlecht. Neid breitete sich auf ihren Gesichtern aus. Und Stolz auf dem des Sprachgenies. Aber auch ein deutlicher Hauch von Arroganz. Er hatte es geschafft. Er sprach einwandfreies Deutsch, und die anderen waren die Blödmänner. Das änderten wir schlagartig.

Wir sagten »Tss«, ruckten den Kopf leicht in den Nacken, sagten also nein in arabischer Gestensprache und wiesen, scheinbar entnervt, ein allerletztes Mal auf seine Uhr: »Ooor.«

Und sein Ohr tauften wir entsprechend in »Uuuur!« Da gab er es auf.

Hans bereitete inzwischen das Kakerlakenwettrennen vor. Als Rennstrecken dienten die Steinplatten, mit denen der Hof ausgelegt war.

Vier Araber und Hans hatten sich aus seiner Dose je ein kräftiges Tier aussuchen dürfen. Jeder hielt es in seiner geschlossenen Hand.

Die Einsätze waren hoch, entsprechend hoch sollten die Gewinne ausfallen.

Man gab, was man erübrigen konnte: einen Löffel Zucker, einen Rest trockenen Brotes, eine Handvoll Reis. Für den Sieger, summa summarum, kam so eine üppige Sondermahlzeit zusammen. Bei dem Gedanken lief uns das Wasser im Mund zusammen.

Die Strecke war zehn Meter lang. Die Regeln schrieben vor, daß kein Tier die Bahn des anderen betreten durfte. Und das mußten die Wettenden mit Hilfe eines Strohhalmes regulieren. Der, dessen Kakerlake als erste die Ziellinie überschritt, erhielt die kostbare Sonderration Essen. Die Kakerlaken behielten als Belohnung ihr Leben. Damit sie unsere kleine Küche nicht wieder heimsuchten, würden sie durch die Schießscharten nach außen in die Freiheit geworfen. Ein faires Spiel also.

Gerd und ich durften nicht mitmachen. Wir hatten nichts Eßbares, das wir einsetzen konnten. Hans hatte irgendwoher noch einen Klumpen Reis organisiert. Wahrscheinlich hatte er ihn bei der Küchenreinigung aus allen Ecken zusammengekratzt, abgewaschen und wie ein Puzzle so geschickt zusammengeballt, als handele es sich um höchst sauberen, anständigen Reis, direkt aus dem Kochtopf.

Aber die Einsätze der anderen waren auch nicht viel besser. Der Zucker war klebrig, weil der Beduine ihn in einem Stoffetzen am Leib getragen hatte, und die beiden Brotkrusten entstammten wohl auch eher der Mülltonne als dem Restfrühstück.

Egal – das Derby geriet zum Mordsspaß. Alle Häftlinge und Wärter standen an der Rennstrecke und feuerten die Kakerlaken und ihre Besitzer an. Die Reicheren unter ihnen wetteten um Geld.

Und – gerecht, wie das Leben manchmal sein kann – war es Hans, der das vielgängige Abendmahl gewann. Den undefinierbaren Reis hatte er schleunigst und unbemerkt sofort verschwinden lassen, was unseren Verdacht erhärtete, er sei ein Überbleibsel aus der Küchenkloake. Den Rest des Gewinns teilte er mit uns, wie es die ungeschriebenen Gefängnisgesetze vorschrieben. Das Brot wurde in süßen *schai*, Tee, getaucht und so in hochvollwertige Kost verwandelt.

Verlegt

»Morgen werdet ihr nach El Kerak gebracht«, hieß es plötzlich. Unsere Landkarten, vom vielen Mißbrauch als Windfächer zu Fetzen verkommen, verrieten, daß es sich dabei um einen kleinen Ort in der Nähe des Toten Meeres handelte.

»Ist nur 'ne Formsache«, erläuterte uns Ibrahim. »Dort sitzt das Obere Gericht, das eure Freilassung absegnen muß.«

Er gratulierte uns zu diesem Fortschritt, und als der Polizist kam, der uns begleiten sollte, tauschten wir noch schnell unsere Adressen aus. Ein letztes *Salaam alaykum* – und weg waren wir.

Unser Bewacher ließ uns vor sich hermarschieren. Am Dorfrand von Aqaba hatte er Kraft seiner Autorität einen Lastwagen gestoppt, und dort hockten wir auf irgendwelchen prallen Säcken.

Es war ein herrliches Gefühl der Freiheit, ein Gefühl wie in den alten Trampertagen vor der Haft.

Unser Bewacher war schweigsam. Oder stumm. Außer *»jella, los!«* und seiner Nummer 2567 auf seinem Khakihemd erfuhren wir nichts von ihm. Ach doch: Er bewachte uns mit unseren eigenen Waffen! Dekorativ und repräsentativ baumelten sie an seinem Koppel. Da hatten wir armen Tramper tatsächlich die jordanische Armee aufgerüstet.

»Vielleicht transportiert er sie nur, und wir kriegen sie bei der Entlassung wieder«, hoffte ich in meiner blauäugigen Art. Es ging uns schon längst nicht mehr so sehr um die Waffen als Schutz, sondern um die Waffen als Wert, als Zahlungsmittel. Denn unser Geldvorrat war erheblich geschrumpft. Um die magere Sparkost aufzuwerten, hatten wir uns immer wieder zu Extrakäufen verleiten lassen. Das war nicht ohne Folgen geblieben.

»Vielleicht spricht er nicht, weil er keinerlei englische Vokabeln beherrscht«, versuchte Gerd die Schweigsamkeit zu deuten.

»Oder er hat Kummer mit seiner Frau oder dem Chef«, suchte Hans das treuösterreichisch zu erklären.

Später waren wir davon überzeugt, daß es wohl eher sein schlechtes Gewissen war. Er wußte, daß wir noch lange nicht frei sein würden.

Zum Glück waren wir nicht allzu optimistisch. Die Erfahrungen der Haftwochen in Aqaba hatten uns gezeigt, daß in Arabien nichts kalkulierbar war, weil letztlich immer Allah das letzte Wort hatte.

»*Bukra, bukra*, morgen, morgen«, hieß es also weiterhin. Und irgendwann würde das sicher zutreffen. Nur eben nicht wirklich morgen. Welches Morgen das je sein würde, sollte nun also der Oberrichter in El Kerak entscheiden.

In Ma'aan, einem trostlosen Wüstenkaff auf halbem Wege, wurde die Reise unterbrochen.

»*Nischrab schai*, laßt uns Tee trinken!« sagte 2567 und machte eine einladende Geste zur Tür des Gebäudes vor uns. Es wirkte wie eine heruntergekommene Gaststätte. Renovierungsbedürftig und verdreckt. Aber das sollte uns egal sein, wenn nur der Tee gut schmeckte. Längst war der *schai* für uns zum Kultgetränk avanciert. Er schmeckte gut, und der viele Zucker darin war zur wichtigen Nahrung geworden.

Da öffnete sich die Tür auch schon, wie von Geisterhand betätigt. Zumindest wurde hier die islamische Gastfreundschaft gepflegt, und wir marschierten in den Innenhof.

Sofort schlug hinter uns die Tür zu. Schlüssel rasselten, und Riegel klackten. Unverwechselbar verkündeten sie: erneut im Gefängnis, erneut hinter Schloß und Riegel.

Zumindest gab es den in Aussicht gestellten Tee. Und der schmeckte gut.

Verglichen mit Aqaba war das Gefängnis von Ma'aan jedoch ein übles, ekelerregendes Stinkloch. Das stellten wir sehr bald fest, als wir nach dem Begrüßungstee aus dem Vorhof in Richtung Innenhof und Haftzellen weitergeschoben wurden. Alles roch nach Fäkalien, alles war schmutzig, und es war laut. Musik dröhnte bis zum Anschlag aus einem Lautsprecher und sorgte für »Unterhaltung«.

»Ich wette, hier gibt es trotz des Drecks keine Kakerlaken«, vermutete Schabenexperte Hans sofort mit zoologischem Sachverstand. »Bei dem Lärm flüchten sie bestimmt in den hintersten Wüstenwinkel.«

Trotz des chaotischen Ambiente hatten wir nichts zu leiden. Man behandelte uns gut. Die vielen Häftlinge hinter vielen Gittertüren wußten sehr bald um den Grund unserer Haft. Sie gratulierten uns zu dem »Coup« und wußten uns zu trösten: »Morgen seid ihr frei!« Also alles beim alten. Alles wie gehabt.

Vielleicht glaubten sie es wirklich, weil unser schweigsamer Begleiter ihnen das in einem Anfall von Redseligkeit verraten hatte. Vielleicht war es aber auch hier wie allerorts nur die wichtigste Redewendung, die Durchhalteparole, die den Aufenthalt erträglich machte.

Jedenfalls stimmten uns die Parolen optimistisch und ermöglichten uns, trotz all des Lärms bei vollem Licht und ätzendem Fäkaliengeruch glücklich einzuschlafen. Immerhin hatten wir wieder die Tramperfreiheit genossen und waren ein solides Stück weiter nördlich gekommen. Ein möglicher Fluchtweg nach Syrien war somit um vieles leichter geworden.

Anderntags erreichten wir El Kerak. Das Gefängnis befand sich in einer alten umfunktionierten Kreuzritterburg. Sie thronte auf hohem Felsen über einem tiefen *wadi*, einem sonnendurchglühten Tal. Vier längliche Flachgebäude von etwa fünfzehn Metern Länge waren quadratisch angeordnet. In ihrer Mitte befand sich ein kleiner Innenhof von acht mal acht Metern. Im Gegensatz zu Ma'aan wirkte hier alles solide und sauber.

Das vordere Gebäude mit dem Eingang zur Straße beherbergte Abu Mohammeds Büro. Abu Mohammed war unser neuer Direktor. Neben seinem Office gab es einen Schlaf- und einen Aufenthaltsraum für die Wachen.

Zwei weitere Trakte beherbergten die Haftzellen, und der vierte diente als Wasch- und Toilettenraum.

Unsere Zelle war etwa sechs mal vier Schritte groß. Mit fünf anderen Männern, also zu acht, teilten wir uns die wenigen Quadratmeter und lagen auf Matratzen dicht nebeneinander.

Als erstes genossen wir die Kühle der neuen Umgebung. Die Höhenluft und der Wind waren die reinste Wohltat gegen den Glutofen Aqaba.

»Ich fühle mich wie zu Hause«, lobte Hans die neue Gastlichkeit. Die Berge um El Kerak weckten in ihm Heimatgefühle. Als kleiner Bub hatte er auf den Alpenalmen Kühe gehütet.

Und als Abu Mohammed, der Chef des Hauses, sich zum wiederholten Male vergewisserte, ob alles in Ordnung sei, konnten wir ihn beruhigen.

»*Kwaijes, mumtaaz!* Gut, wunderbar!«

Allein die Matratzen verliehen dem Knast etwas vom Flair eines ½-Sterne-Hotels.

»Nur das Licht stört«, meckerte ich. »Können wir es nicht nachts ausmachen?«

»Nein«, beschied Abu Mohammed. »Es muß brennen, damit wir von außen jederzeit sehen können, ob alles in Ordnung ist.«

Immerhin durften wir letztlich doch eine braune Papiertüte über die Glühbirne stülpen. Eine Wohltat für die Augen. Nun fehlte uns nur noch die Freiheit zum perfekten Glück.

So gastfreundlich unser neuer Direktor war – schreiben durften wir auch bei ihm nicht. Auf Wunsch erhielten wir zwar abgezählte Bogen Papier, um uns daraus Spiele basteln zu können. Aber nach Gebrauch hatten wir sie vollständig wieder abzuliefern. Gewissenhaft zählte er alles nach.

Aus dem Papier bastelten wir uns zunächst ein Mühlespiel. Als Figuren dienten Dattel- und Olivenkerne.

Für das Schachspiel kneteten wir die Figuren aus Brotfladen. Weil Brot kostbar war, formten wir daraus nur die Offiziere. Für die Bauern, immer schon diskriminierte Unterschicht, mußten Pappschnitzel ausreichen.

Wir spielten »Schiffe versenken« und erprobten uns an selbstkreierten Kreuzworträtseln. Aber es blieb dabei: Beschriebenes Papier mußte wieder abgeliefert werden. Abu Mohammed führte regelrecht Buch darüber.

Eine interessante Überraschung erlebten wir eines Morgens, als ein alter Bekannter von uns, der Beduine aus Aqaba, bei dem man die israelische Münze gefunden hatte, eingeliefert wurde. Wir wollten ihn wie einen guten Freund begrüßen. Aber er ging sofort sichtbar auf Distanz. Er schaute einfach durch uns hindurch. Wir waren Luft für ihn.

»Sollten wir uns geirrt haben?« fragte ich Gerd. »Das ist doch unser Münzenmann aus Aqaba.«

»Natürlich, das ist er. Er hat dieselben stark behaarten Hände und das Muttermal an der Schläfe. Da gibt es gar keinen Irrtum.«

So genau hatte ich mir den Alten damals nicht angeschaut. Aber jetzt, wo Gerd auf diese Merkmale hinwies, mußte ich ihm recht geben. Unbewußt hatte ich sie doch wahrgenommen.

»Warum hat er uns dann gemieden?«

»Vielleicht ist *er* es ja, der ein schlechtes Gedächtnis hat und der uns nicht wiedererkennt. Er ist ja schon verdammt alt.«

»Ein Muttermal an der Schläfe kann man übersehen«, warf Hans ein. »Aber drei Deutsche in einem arabischen Knast, die sind eigentlich nicht zu übersehen. Der hat einen anderen Grund.«

Den hatte der Alte tatsächlich. Wir erfuhren ihn ein paar Tage später, als wir Abu Mohammed nach dem Grund seiner Inhaftierung befragten.

»Der Alte dort? Den hat man unmittelbar vor der israelischen Grenze aufgegriffen. Als man ihn durchsuchte, fand man bei ihm eine israelische Münze. Entweder war er unerlaubt in Israel, oder er wollte gerade dorthin.«

Der Alte hatte mitbekommen, daß die Rede von ihm war. Scheinbar uninteressiert blickte er zur Seite, aber seine wachen Augen beobachteten uns sehr genau. Als wir ihm kurz darauf auf der Toilette begegneten, legte er beschwörend seinen Zeigefinger auf die Lippen. In seinen Augen blitzte der Schalk.

Sagt nicht, daß ihr mich kennt, verrieten seine Gesten.

Und endgültig lüftete sich sein Geheimnis, als wir über einen Mithäftling erfuhren: »Der Alte dort drüben ist der einzige, der sich so richtig über den Aufenthalt hier freut. Er sagt, noch nie habe er so reichlich Wasser gehabt und so gut und geregelt zu essen bekommen.«

Genau das hatte er uns auch in Aqaba erzählt. Die israelischen Münzen garantierten ihm einen gesicherten Lebensabend mit gedecktem Tisch und einem Dach überm Kopf.

»Hoffentlich hat er noch einen kleinen Münzvorrat für die Zeit nach seiner Entlassung. Ehe er alle Gefängnisse Jordaniens durch hat, wird er längst gestorben sein.«

Der Bittmarsch

»Hoffentlich haben die beiden Deutschen ihr Versprechen gehalten und die Botschaft informiert«, trösteten wir uns zum wiederholten Male zwischen den Kreuzworträtseln.

Gemeint waren zwei Radfahrer, die wie aus heiterem Himmel neben unserem LKW aufgetaucht waren, als unser Fahrer auf dem Weg nach Ma'aan eine Reifenpanne beheben mußte.

»Die schickt uns Allah«, wußte Gerd gleich, und blitzschnell hatte er ihnen unsere Geschichte erzählt, ehe unser Bewacher uns trennen konnte.

»Das Schlimme ist, daß wir nicht einmal die Deutsche Botschaft informieren dürfen«, klagten wir.

»Das können wir gern für euch machen«, versprach der eine spontan. »Wir werden morgen in Amman sein und können dort vorbeischauen.«

»Is doch Ehrensache«, beruhigte uns der andere.

Unbemerkt hatten wir unsere Namen auf ein Papier gekritzelt, es zu einer Kugel geknüllt und ihnen zugeworfen. In der Eile hatten wir nicht mal nach ihren Namen fragen können.

Die beiden Deutschen hatten Wort gehalten. Mögen sie auf diesem Wege unseren Dank erfahren!

»Zieht eure besten Sachen an! Der Botschafter kommt.«

Abu Mohammed kam ganz aufgeregt in den Knast gestürmt.

Er war nervös, als käme nicht der Botschafter, sondern der König höchstpersönlich zu Besuch.

»Wir haben nur diese zerschlissenen Hemden«, klärten wir ihn auf. Und die waren noch dreckig. Seit der Kakerlakenaktion in Aqaba waren sie nie wieder richtig sauber geworden. Seifenpulver war Mangelware.

»Unmöglich«, protestierte er, »ich besorge euch Hemden.«

Eine halbe Stunde später schleppte er drei gebrauchte, aber blitzsaubere weiße Hemden an. Aus dem eigenen Schrank, wie er verriet. Sogar drei Krawatten hatte er aufgetrieben. Wir sollten stilgerecht auftreten, und man sollte Abu Mohammed nicht nachsagen, daß er sich nicht um seine Gäste kümmere.

»Schnell, er ist schon da! Kommt ins Büro!«

Und dort saß dann Rudolf Teske, Mitarbeiter der Deutschen Botschaft in Amman, auch zuständig für Österreicher.

Zu Teske hatten wir sofort Vertrauen. Er wirkte kein bißchen politisch-steif, sondern sehr natürlich, herzlich, heiter.

»Na, unterwegs auf Karl Mays Spuren?« wollte er lachend wissen. »Ihr seid mir schon ein paar Verrückte! Mit dem Ruderboot nach Ägypten!«

Wir waren beruhigt, denn wir hatten ein schlechtes Gewissen. Eigentlich hatten wir als ersten Satz erwartet: »Ihretwegen mußte ich einen Tag durch die Wüste fahren.«

»Seid ihr gut untergebracht?« erkundigte er sich.

»Ja, das ist okay«, antworteten wir und atmeten erleichtert auf. Schließlich waren wir noch nie im Leben in einer vergleichbaren Situation gewesen.

»Kann ich die Zellen mal sehen?« fragte er den Chef.

»Ja, selbstverständlich«, dienerte der und führte uns höchstpersönlich in die Zelle.

»Grund zu irgendwelchen Klagen?« hakte Teske noch einmal nach. Wahrscheinlich fand er die Unterbringung unter aller Würde. Denn trotz der schönen Matratzen war es keinesfalls gemütlich hier. Aber verglichen mit Aqaba und Ma'aan fühlten wir uns hier wirklich wie im Hotel.

»Wir dürfen nicht schreiben. Wir durften nicht einmal die Deutsche Botschaft benachrichtigen«, klagten wir dann doch noch.

»Das ist ja noch schöner! Habt ihr die Briefe fertig? Dann gebt sie mir mit.«

Um Abu Mohammed nicht zu brüskieren, warteten wir, bis er wieder ins Büro zurückgekehrt war. Dann holten wir die Briefe hervor. Mit allen möglichen Tricks hatten wir immer wieder Schreibpapier beiseite geschafft. Zehn Blatt Papier konnten wir in Abu Mohammeds Büro stibitzen, als der gerade besonders intensiv telefonierte. Anderes Papier hatten uns Mitgefangene zugesteckt, die keiner Papiersperre unterstanden.

Leider waren bei einer überraschenden Razzia die ersten drei Briefe gefunden und beschlagnahmt worden. Einer der Mitgefangenen hatte uns bei Abu Mohammed verpetzt, und der war über unser Verhalten sehr enttäuscht gewesen.

Aber dessen ungeachtet hatten wir heimlich weitergeschrieben. Tagsüber unter der Bettdecke. Und über der Bettdecke, wenn der Petzer auf der Toilette war.

»Wir sollten ihm Rizinus ins Essen tun, damit er gar nicht mehr vom Klo runterkommt«, fluchte Gerd. In seinem Zorn konnte er ganz schön Phantasie entwickeln. Er war besonders schreibwütig, denn er hatte seiner Inge versprochen, alle zwei Tage zu schreiben. Da gab es also einiges nachzuholen.

Über ein Dutzend solcher Briefe waren inzwischen zustande gekommen. Und die hatten wir nun sorgfältiger versteckt. Zum Beispiel mitten in den klebrigen Datteln oder im Futter unserer Kulturbeutel. Vor allem aber versteckten wir sie in der Matratze des Petzers, weil damit niemand rechnete. Am wenigsten der Petzer selbst.

»*Ariid rissalaatnaa,* ich möchte unsere Briefe«, wandten wir uns an den überraschten Petzer. Der starrte uns verständnislos und blöde an – wie Petzer halt so schauen –, und als er immer noch nicht begriff, was wir von ihm wollten, griffen wir durch die aufgetrennte Naht in seine Matratze und holten unsere Briefe hervor. Seine absolute Fassungslosigkeit, dieses gigantisch blöde Gesicht, war unsere schönste Genugtuung.

Teske steckte alles ein. Frankierung erfolge auf Kosten des Hauses.

»Im übrigen haben wir Ihre Eltern sofort in Kenntnis gesetzt, als wir von Ihrer Verhaftung erfuhren und zur Bestätigung die Personalien aus El Kerak eintrafen.«

Das war uns ein riesiger Trost. Wir atmeten spürbar auf, weil unsere Angehörigen sicher schon sehr beunruhigt gewesen waren, als die Briefe ausblieben. Denn wir waren alle drei fleißige Schreiber.

»Ihr Vater ist sogar beim jordanischen Botschafter in Godesberg vorstellig geworden und hat quasi um Ihre Hand angehalten«, wandte sich Teske lachend an mich.

»Das verstehe ich nicht.«

»Ihr Vater arbeitet in einer Bank, nicht wahr?«

»Ja.«

»Seine Kollegen haben ihm Horrorgeschichten von abgehackten Händen für Diebstahl in arabischen Ländern erzählt. Und da hat er sich sofort einen Urlaubstag genommen, ist nach Godesberg geeilt und hat sich nicht eher abwimmeln lassen, bis er mit dem jordanischen Botschafter persönlich sprechen durfte. Um ganz sicher zu sein, ist er anschließend auch beim Auswärtigen Amt vorstellig geworden.«

Ich war baff. Da »vertrödelten« wir unsere Zeit in arabischen Knästen, und mein älterer Herr, mein treuer Vater, »Oberverbandsreferent des Westfälischen und Lippischen Sparkassen- und Giroverbandes« – so laut meiner Mutter seine vollständige Berufbezeichnung –, hatte sich sofort und erstmals in seinem dreiundfünfzigjährigen Leben als Banker einen Extraurlaubstag genommen, um in der Jordanischen Botschaft um die Hand seines Sohnes anzuhalten! Ich war ganz schön beeindruckt. Nur zu gut konnte ich mir vorstellen, was da in unserem Beamtenhaushalt losgewesen sein mußte.

»Und wissen Sie, was der Botschafter meinem Vater geantwortet hat?« wollte ich wissen.

»Ja, der hat sich sofort mit uns in Amman in Verbindung gesetzt und allen versichert, daß er sich dafür verbürge, daß Sie einen fairen Prozeß bekämen. Mit Pflichtverteidiger und so weiter. Und er hat Ihrem Vater klargemacht, daß die Zeit dieser Art von Diebesbestrafung Vergangenheit sei. In Jordanien wird nicht mehr gehackt.«

Nach kurzer Pause fügte er noch schmunzelnd hinzu: »Aber welch ein Glück, daß sie das Boot nicht tausend Meter weiter südlich, in Saudi-Arabien, entwendet haben! Dann hätten wir andere Probleme.«

Nach der Zusicherung, bald fände ein Prozeß statt, dem er persönlich beiwohnen würde, verabschiedete sich Rudolf Teske. Zu uns kehrte der Alltag zurück.

Haftalltag

In der Nähe der Ausgangstür stand ein verbeulter Metalleimer. Er war unser einziges Inventar, wenn man von den Matratzen absah, und diente als Nachttoilette. Er war nicht nur verbeult, er stank auch infernalisch. Fäulnis, Verwesung, Ammoniak und Knoblauch vermischten sich in diesem Eimervorraum zu einer Duftkomposition, die einem die Gänsehaut über den Körper trieb.

Der Eimer war für uns Inbegriff und Brutstätte aller erdenklichen Seuchen. Wir vermieden krampfhaft jede Berührung mit dem Metall und versuchten, die Exkremente so zielgenau ins Zentrum zu platschen, daß man keinen Schaden nahm.

War das nicht schon Härte genug, kam noch eine Erschwernis beim Stuhlgang hinzu. Drei Meter entfernt, im Schein einer Glühbirne, hockten allnächtlich mehrere Männer und spielten »Arsch versohlen«. Die Regeln waren simpel, der Erfolg durchschlagend. Im wahrsten Sinne des Wortes.

Jemand zog seinen Gürtel aus der Hose. Der wurde in die Mitte der Männergesellschaft gelegt. Dann kam eine leere Streichholzschachtel zum Vorschein. Streichhölzer durften wir nicht benutzen. Deshalb war sie mit Dattelkernen gefüllt. Für das Spiel mußte sie schwer sein.

Jetzt wurde sie senkrecht in der Hand gehalten und aus sechzig Zentimetern Entfernung mit ein bis zwei Umdrehungen auf den Fußboden geworfen. Gelang es dem Werfer, sie auf der kurzen Seite zum Stehen zu bringen – das war das schwierigste –, dann erhielt er den Ledergürtel. Mit sadistischer Freude lauerte er nun darauf, was der nächste Wurf der Mitspieler erbrachte. Fiel die Schachtel auf die Längsseite, passierte nichts außer dem Aufatmen des Werfers. Kippte die Schachtel jedoch um, lag sie also auf der flachen Seite, mußte sich der Unglückswerfer bücken, und der Gürtelinhaber durfte ihm einmal mit großer Wucht den Riemen über den Hintern ziehen. Das ständige Klatschen und anschließende Gegröle setzte sich stundenlang fort. Daß sie sich diesem Vergnügen ungestört in nur drei Metern Entfernung vom besagten Eimer hingeben konnten, bewies mir, wie sehr ich noch an mir und meiner Abhärtung zu arbeiten hatte.

Was mir an Abhärtung fehlte, hatte ich an Scham zuviel. In der Nähe der Spieler war ich anfangs unfähig, meinem Geschäft freien Lauf zu lassen. Mein innerer Druck konnte noch so stark sein – plötzlich litt ich an Verhalt.

Denn sobald einer von uns Germanen dem Eimer einen Besuch abstattete, verstummte augenblicklich jegliches Gegröle. Das Spiel wurde unterbrochen. Die Spieler formierten sich im Halbkreis und widmeten sich augenblicklich mit höchster Konzentration dem neuen Unterhaltungsangebot, das da hieß: »Wie entleeren sich die Fremden?«

Sie schauten ganz ungeniert, machten ihre Witze, die ich nicht verstand, stießen sich gegenseitig an, um detaillierte Beobachtungen weiterzugeben, und ich hockte da über dem Eimer, und alles verkrampfte. Die Blase war prallvoll, und nichts lief.

Die Zuschauer bekamen das mit und empfanden Mitleid. Sie streckten mir ihre offenen Handflächen entgegen, was soviel hieß wie »Was ist los? Will es nicht?«

Wenn ich mutig ein entschuldigendes Lächeln versuchte, meinten sie tröstend: »*Maalisch* – macht doch nix. Ist doch menschlich.«

Oder sie feuerten mich mit Klatschen an und sagten: »*Yella, yella,* nun mach schon. Wir wollen endlich weiterspielen.«

Das ständige nächtliche Pullern und Platschen gehörte ebenso zu den typischen Nachtgeräuschen wie das Summen der Mücken, die nie enden wollenden lauten Unterhaltungen und das Klatschen, wenn jemand eine Wanze erlegt hatte.

Apropos Wanzen.

Wenn Lärm und Gestank den Schlaf verhinderten, lag man auf seiner Matratze und starrte die von der packpapierverhüllten Glühbirne gedämpft beleuchtete Decke an. Dort herrschte emsiges Treiben. Nachtschicht der Wanzen. Gleich dutzendweise kamen sie aus den Ritzen, marschierten auf deutlich erkennbaren Pfaden. Sobald sie sich genau über einer schlafenden Person befanden, ließen sie sich fallen. Federleicht segelten sie herab. Man merkte nicht einmal, wenn sie landeten. Man konnte ihre Landung nur ahnen, weil sie plötzlich von der weißen Decke verschwunden waren oder man ihren Biß verspürte. Die reinsten Kamikaze-Wanzen. Denn unweigerlich endete ihr Flug mit dem Tod durch unsere erbarmungslosen Finger. Wir waren höllisch auf der Hut.

Oft stürzten sie sogar dutzendweise herab. Wie Fallschirmspringer. Da nutzte es gar nichts, sich die *kufiya* über den Kopf zu ziehen. Ihr instinktsicheres Leitsystem wies ihnen nicht nur den Weg zu unserem Blut, sie wußten auch die Blutunterschiede auszumachen. Gerd und ich galten zweifelsfrei als ihre Favoriten. Morgens sahen wir aus wie Streuselkuchen, um es konditorlichfachkundig zu sagen. Es juckte tagelang.

Es gab auch die Nichtflieger. Die verzichteten auf den Flug und kamen zu Fuß aus der Matratze oder den Mauerritzen. Jedenfalls näherten sie sich von überall und belebten die nächtliche Zelle wie Nachtschwärmer die Reeperbahn. Für Tierfreunde sicher ein interessantes Ereignis. Wir wurden zu Killern.

Wanzen sind flache Tiere. Sie ähneln einer Linse. Sie sind genauso flach und ebenso braun. Aber sie haben sechs Beine und können weglaufen. Das kann die Linse nicht. Die kann allenfalls wegrollen.

Einmal pro Woche kam jemand mit einem Insektenvernichtungsmittel. Dann mußten wir stundenlang raus auf den Hof und geduldig abwarten, bis die ätzenden Giftdämpfe abgezogen waren. Koteimer und Wanzen waren und blieben die Peiniger der Nacht.

Man konnte erst wieder richtig auf- und durchatmen, wenn morgens die Gittertür zum Innenhof geöffnet wurde und der Morgenspaziergang angesagt war. Acht Meter hin. Acht Meter zurück. Und das möglichst oft, um Kilometer zu schinden und in Form zu bleiben.

Die Krönung eines jeden Morgens waren aber nicht die frische Luft und der Spaziergang. Beileibe nicht! Der größte Glücksmoment war der, wenn andere dazu verdonnert wurden, den Ekeleimer zu entleeren und man selbst hübsch clean bleiben durfte.

Nur einmal hatte dieser Schicksalsschlag mich getroffen. Und dann gleich besonders hart. Als ich ihn ausschüttete, offenbarte der Eimer des Grauens mir nämlich ein weiteres Geheimnis seiner Vielseitigkeit: Er beherbergte neben den Gerüchen eine stattliche Zahl quicklebendiger weißer Würmer!

Wir sogen die frische Morgenluft ein wie Nahrung und eilten auf die Toilette. Wenn ich sage »Toilette«, mag ein falscher Eindruck entstehen. Denn bei unserem Abort handelte es sich um eine Rinne. Sie war dreißig Zentimeter breit und einen halben Meter tief. Da saß man dann in langer Reihe und verschaffte sich Erleichterung.

Das klappte aber nur, wenn wir zu dritt auf- und austraten. Dann hockten wir uns eng hintereinander – wie Löffel in der Schublade – und erleichterten uns.

Ging man hingegen solo, dann saßen, ehe man sich's versah, sofort irgendwelche anderen Häftlinge hinter uns. Nicht weil sie auch nach Entleerung strebten, sondern weil sie uns zuschauen wollten. Sie saßen da wie vorm Fernsehschirm festgenagelt und starrten auf das entblößte Fleisch. Denen, die nicht schnell genug den begehrten Platz erwischt hatten und nun draußen warten mußten, erstatteten sie live ihren Augenzeugenbericht.

Verständlich, daß wir unter diesen Bedingungen unter Verhaltungen litten und nur noch gemeinsam, als deutsches Trio, austraten. Nur dann war man gegen die Beobachtungen geschützt, weil wir uns gegenseitig Rückendeckung und Sichtschutz geben konnten.

Der Prozeß

Nach fünfunddreißig Tagen Haft sollte der Prozeß stattfinden. Der Pflichtverteidiger, den wir erhalten sollten, war soeben selbst inhaftiert worden. Er wurde verdächtigt, einer antiköniglichen Bewegung anzugehören. Da lag er nun auf der Matratze – genau wie wir – und mußte sich – genau wie wir – von den Wanzen beißen lassen.

»Wenn ich euch einen wichtigen Rat geben darf«, begann er dennoch seine Pflichtverteidigung, »dann diesen: Streitet alles ab! In dem Falle ist das Gericht nämlich gezwungen, einen Lokaltermin in Aqaba anzuberaumen, und vielleicht sind schon einige der Soldaten, die euch gefangengenommen haben, woanders stationiert, und ihr werdet freigesprochen aus Mangel an Beweisen. Wichtig ist, gerissen zu sein.«

Gerd, Hans und ich schauten uns wortlos an, und jeder dachte gewiß dasselbe. Gerd sprach es aus: »Das einzige, was hier ›gerissen‹ ist, sind wohl seine Hirnwindungen und ein paar wichtige Seiten aus seinem Gesetzbuch.«

Der Pflichtverteidiger war für uns gestorben. Er erhoffte sich einen interessanten Fall zu Lasten unserer knappen Zeit.

»Wenn wir abstreiten, wofür es viele Zeugen und unser eigenes schriftliches Geständnis gibt, muß sich doch jeder Richter verarscht fühlen. Dann kriegen wir keinen Freispruch, sondern ein Jahr fürs Klauen und ein Jahr für Verhohnepiepelung.«

»Höchste Zeit, daß wir uns eine eigene Verteidigungsstrategie überlegen«, schlug ich vor.

Das einzig Nützliche, das der Rechtsge*leer*te uns vermitteln konnte, waren die Informationen, daß der für uns bestimmte Richter in England Jura studiert hatte und es den Tatbestand der »unbefugten Benutzung« in Jordanien nicht gäbe.

Und dann stand Abu Mohammed eines Morgens wieder mit den weißen Hemden in unserer Zelle, und wir wußten, die Stunde der Wahrheit war gekommen. Wir zitterten. Heute würde über einen Teil unseres Lebens entschieden.

»Wenn wir mehr als ein halbes Jahr kriegen, hauen wir ab.« Das hatten wir fest beschlossen. Und wir hatten auch schon Ideen, wie die Flucht aussehen könnte.

Unser Gemäuer zu verlassen war nicht das schwierigste. Die Frage war nur, wohin man entfliehen sollte.

Da gab es die Gebirgswüste zwischen El Kerak und dem Toten Meer. Das waren etwa fünfunddreißig Kilometer. Durchs Tote Meer könnte man bequem zu Fuß gehen. Auf den Spuren Moses' etwa. Jenseits des Sees lag Israel.

»Dafür brauchen wir zwei Tage, und das schaffen wir bei der Hitze nie ohne Wasser«, gab Hans zu bedenken.

»Und wenn sie uns schnappen, sitzen wir noch ein paar Monate länger«, fürchtete auch Gerd.

Ich bedrängte sie diesmal nicht. Wenn die Flucht tatsächlich mit Verdursten oder einer Verhaftung endete, wollte nicht wieder ich es sein, der sie in diese Situation gebracht hatte. Die Sache mit dem Boot in Aqaba war nämlich auch meine Idee gewesen. Sie war gründlich in die Hose gegangen, und nun mußten sie meinetwegen hier ihre Zeit im Knast abreißen (und Inge und Uschi warteten vergeblich auf Briefe). So manches Mal hatte ich mir deswegen im stillen Vorwürfe gemacht. Da tat es mir besonders gut, daß sie sich nie, nicht einmal andeutungsweise, über meinen fatalen Rat beklagt hatten. Mitgefangen, mitgehangen.

Eine andere Fluchtmöglichkeit war die von El Kerak nach Norden. Dann konnte man über Amman nach Syrien gelangen. Aber man mußte sich zunächst eine Weile in El Kerak verstecken. Denn ganz sicher würden wir in Richtung Norden zu allererst vermutet. Für diesen Fall brauchten wir königsfeindliche Helfer in der Stadt, die uns so lange Zuflucht boten, bis die Luft rein war. Der einzige Königsgegner, den wir kannten, war ausgerechnet unser Pflichtverteidiger.

»Vielleicht können wir ihn bei dieser Gelegenheit doch noch nutzbringend einsetzen«, gab ich zu bedenken.

Als unser Verteidiger jedenfalls disqualifizierte er sich soeben erneut. Wir standen aufbruchbereit in der Tür auf dem Weg zum Gericht, als er uns auf englisch noch einmal den dringenden Rat zuflüsterte: »Streitet unbedingt alles ab!«

Der Gerichtssaal war ein Gerichtszimmer. Ein kleines zudem. Es war gepfropft voll mit Zuschauern und Beteiligten. Etwa zwanzig Personen, Polizisten, der Richter, zwei Beisitzer, ein Dolmetscher und Rudolf Teske. Er nahm uns rechtzeitig beiseite.

»Also, ich habe mit dem Richter und dem Staatsanwalt gesprochen. Sie wirken beide vernünftig. Der Richter sicherte mir zu, daß er die Strafe auf jeden Fall unter einem Jahr festlegt, wenn Sie geständig sind.«

»Unter einem Jahr! Das heißt, es kann auch sein, daß er sagt: 364 Tage. Dann hat er sein Versprechen gehalten, und wir brummen ein Jahr?«

»Es wäre grundsätzlich möglich. Aber ich glaube nicht, daß er so handelt. Er macht einen fairen Eindruck.«

Endlich war es soweit. Nach 35 Tagen der ersehnte Prozeß. Wir hatten feuchte Hände vor Aufregung. Unsere Herzen schlugen schnell.

Der Staatsanwalt verlas die Klage. Das dauerte, weil der Dolmetscher jeden Satz übersetzen mußte.

Die Zwischenzeit nutzte er, um zu schwitzen. Er war ein etwas rundlicher Mensch und litt unter der Hitze und der hochoffiziellen Gegenwart des Repräsentanten der Deutschen Botschaft. Wir waren viel zu aufgeregt und hatten gar keine Zeit zu schwitzen. Begierig lauschten wir den Worten des Dolmetschers. Und noch begieriger versuchten wir, immer schon vor der Übersetzung im Gesicht des Staatsanwalts zu lesen.

An der Anklage war nichts Neues. Wir hatten sie endlos oft vernommen. Sie lief darauf hinaus, daß wir ein Boot gestohlen hätten und uns wegen dieses Diebstahls zu verantworten hätten.

»Geben sie den Tatbestand zu?« hieß es schließlich.

»Ja, alles stimmt«, sprach ich im Namen meiner Freunde. Darauf und auch auf die folgende Erklärung hatten wir uns vorm Prozeß verständigt. »Und ich möchte ausdrücklich betonen, daß es uns leid tut, die arabische Gastfreundschaft mißbraucht zu haben. Deshalb bitten wir, unsere Motive kurz erklären zu dürfen.«

Wir durften.

»Sie sollen wissen, daß es nicht unsere Absicht war, das Boot zu stehlen und zu behalten. Wir wollten es nur für wenige Stunden benutzen. Weil Aqaba normalerweise kein Grenzübergang nach Ägypten ist, konnten wir den Besitzer des Bootes nicht fragen. Die Polizei haben wir zweimal gefragt. Wir wollten für die Überfahrt sogar bezahlen.«

»Stimmt das?« fragte der Richter ins Publikum. Ein Soldat nickte. Er war extra aus Aqaba angereist und vertrat die Leute, die uns festgenommen und verhört hatten.

»Sie werden es uns glauben, wenn wir Ihnen sagen, daß Hans weder Paß noch Visum für Ägypten besaß. Er ist ihm gestohlen worden, und die Police Station in Aqaba hat ihm einen Passierschein von Aqaba nach Amman ausgestellt. Die Ägypter hätten Hans gar nicht eingelassen.«

Durch das Dolmetschen ergaben sich immer ausreichend lange Pausen. In denen konnten wir drei uns erforderlichenfalls abstimmen.

»Wir wollten das Boot nur benutzen, aber nicht stehlen. Sie, Herr Richter, haben in Oxford studiert (Erstaunen, verstecktes Lächeln, Stolz, Wohlwollen!) und kennen von England den Tatbestand der ›unbefugten Benutzung‹. Auch wenn es ihn hier in Jordanien nicht gibt, bitten wir Sie, das beim Strafmaß zu berücksichtigen. Und außerdem möchten wir noch etwas sagen: Wir schämen uns, wenn Sie glauben müssen, daß wir Diebe sind. Wir schämen uns, weil wir in den arabischen Ländern eine so große Gastfreundschaft erfahren haben, daß der Gedanke, man könnte uns für Diebe halten, die schlimmste Strafe für uns wäre.«

Und dann erzählte ich die erfundene Geschichte von meinem

Vater, der im letzten Weltkrieg im Kampf mit Rommel gegen die Engländer in Libyen verwundet worden wäre.

»Er wäre garantiert gestorben, wenn nicht Araber ihn gesund gepflegt und gerettet hätten. Er hat mir immer wieder von der heiligen arabischen Gastfreundschaft erzählt, und deshalb sind wir hierhergekommen. Wir haben erlebt, daß mein Vater sogar untertrieben hat. Unsere Erwartungen wurden weit übertroffen. Sogar im Gefängnis haben wir sie erfahren, und wir sind glücklich, diese Erfahrungen gemacht zu haben. Sie haben unser Leben bereichert.«

Das war nicht einmal gelogen. Nur die Story mit meinem Vater war erfunden. Infolge eines körperlichen Gebrechens – er hinkte seit der Geburt – mußte er nie in den Krieg und blieb der Familie erhalten.

Den Gesichtern im Saal war abzulesen, daß die Rede Eindruck gemacht hatte. Wohlwollende Gesichter rundum.

»Das war sehr gut«, raunte Teske uns zu.

Nach kurzer Beratung begann die Urteilsverkündung. Alle erhoben sich.

»Die drei Deutschen Gerd, Rudi und Hans haben in der Nacht vom ... zum ... in Aqaba ein Boot entwendet, um damit nach Ägypten zu fahren.«

Der Dolmetscher übersetzte es. Wir stießen uns an.

»Er hat Ägypten gesagt und nicht Israel! Das ist ein gutes Zeichen«, raunten wir einander zu.

Der Richter fuhr fort. »Das erfüllt den Tatbestand des Diebstahls, und darauf steht die Strafe: ein Jahr Gefängnis.«

Ich kniff Gerd unmerklich in den Arm. Das hieß: »Scheiße, dann hauen wir ab.«

Der Richter redete weiter.

»Sie konnten beweisen, daß Sie das Boot zurückgebracht hätten. Deshalb kann ich die Strafe auf ein halbes Jahr herabsetzen.«

Stiller Jubel unter uns. Abhauen oder nicht – die Frage blieb im Moment noch offen.

Der Richter fuhr fort.

»Und da Sie die traditionelle deutsch-arabische Gastfreundschaft zu uns geführt hat, möchten wir sie erneut unter Beweis stellen und die Strafe auf zwei Monate reduzieren.«

»Das ist der absolute Waahnsinn!« jubelte Gerd ungehemmt. »Ein Rabatt von vier Monaten!«

Hans pflichtete ihm bei: »Ich glaub, ich bin auf dem Markt. Das ist ja wie das Runterhandeln eines Preises.«

Und der Richter war noch nicht zu Ende.

»Sie wissen vielleicht, daß ein Gerichtsmonat in Jordanien einundzwanzig Tage zählt.«

Nein, das hatten wir noch nie gehört. Schließlich standen wir zum erstenmal vor Gericht. Nicht nur in Jordanien, sondern im ganzen Leben. Wir kannten die Achtundvierzigstundenwoche, die Fünf-, Sechs-, Siebentagewoche. Hans wußte sogar etwas von neunmonatiger Schwangerschaft. Aber von einem Gerichtsmonat hatten wir noch nie gehört. Das hatte der Pflichtverteidiger uns verschwiegen.

»Das bedeutet, Sie haben eine Haftstrafe von zweiundvierzig Tagen zu verbüßen. Ihre Haft endet in genau sieben Tagen!«

Nun konnten wir uns nicht mehr beherrschen. Wir fielen uns um den Hals. Wir lachten. Unser Glück war perfekt, und das ließen wir uns gern anmerken.

»Nehmen Sie das Urteil an?« fragte der Richter der Ordnung halber.

Die Antwort gaben unsere strahlenden Gesichter. Dann erst meldeten sich unsere Münder zu Wort.

»Das ist das fairste Urteil, das wir je gehört haben«, bedankte sich Gerd.

»Und es ist ein erneuter Beweis für die große islamische Gastfreundschaft«, fügte ich hinzu.

»Wir sind davon überzeugt, daß diese Phase unseres Lebens eine ganz besonders wichtige war. Sie hat uns gelehrt, wie wertvoll jeder Tag Freiheit ist.« Das war Hans.

Alle Anwesenden freuten sich mit uns. Abu Mohammed unterdrückte eine Träne der Rührung und meldete gleich einen Anspruch an.

»Wenn ihr entlassen werdet, bleibt bitte unbedingt noch meine Gäste. Privat natürlich.«

»Der Typ hat ja vielleicht Humor«, murmelte Gerd leise.

»Wir wissen dein Angebot sehr zu schätzen«, antwortete ich ihm laut. »Aber erst einmal müssen wir zurück nach Deutschland.«

Ich gewahrte seinen enttäuschten Blick.

»Aber bei nächster Gelegenheit komme ich zurück und nehme dein Angebot an.«*

Aber nicht genug des guten Urteils: Wir durften ab sofort offiziell schreiben und arbeiten. Das hatte Teske noch klargemacht.

»Was soll ich euch denn an Arbeit zumuten? Das kann ich doch nicht machen.«

Mohammed war fassungslos. Wie konnte sich jemand nur freiwillig zur Arbeit melden! Nun, wir taten es. Getreu der deutschen Devise »Arbeit schändet nicht, Arbeit adelt«.**

Und diesmal ließen wir uns nicht von ihm runterhandeln und zu »Schlafen auf der Matratze« verurteilen.

»Wir möchten den Garten vorm Gefängnis in Ordnung bringen«, schlugen wir vor. Und Abu Mohammed willigte kopfschüttelnd ein. Vorsichtshalber hatte er sich bei Teske noch rückversichert. »Meinen die das wirklich ernst?« Und Teske hatte genickt.

So verging die Zeit wie im Fluge. Abends plumpsten wir todmüde ins Bett, und nicht einmal die Wanzen vermochten uns zu wecken.

Der Heimweg

Wir waren entlassen, aber noch längst nicht zu Hause.

»Haben Sie noch genug Geld?« fragte Teske, als wir bei üppigem Abendbrot unsere Wiedergeburt in seinem Hause in Amman feierten.

* 1963 löste ich das Versprechen ein, als ich mit meiner Frau Maggy unsere Hochzeitsreise durch unsere verschiedenen Knäste unternahm.

** Daran ist etwas Wahres. Denn wie Eingeweihte wissen werden, habe ich mir damit inzwischen den »Titel« Sir Vival verdient.

Wir mampften, als wären wir kurz vorm Hungertod. Kaum fanden wir Luft zum Antworten.

»Wollen Sie Ihre Reise eigentlich fortsetzen, oder kehren Sie direkt nach Deutschland zurück?« hakte er deshalb noch einmal nach.

»Nein. Wir wollen die Reise möglichst fortsetzen. Wir trampen nach Damaskus, und von dort fliegen wir nach Kairo. Hans regelt zuerst noch seine Paßangelegenheit und kommt dann nach.«

Die Flüge waren damals spottbillig, weil die beiden Länder Ägypten und Syrien sich zur Vereinigten Arabischen Republik zusammengetan hatten. Wir hofften, uns in Damaskus das nötige Geld verdienen zu können.

»Brauchen Sie Geld? Soll die Botschaft Ihnen etwas leihen?«

Teske war rührend, aber wir hatten unseren Stolz.

»Nein, wir kommen schon irgendwie zurecht.«

Gut, daß wir *irgendwie* gesagt hatten. Daraus und aus unserem Appetit folgerte Teske, wie es uns wirklich ging. Wir besaßen nur noch zehn deutsche Mark, einen Schlafsack, zwei Fotoapparate, ein Kochgeschirr und eine Zahnbürste sowie das Hemd und die Hose auf dem Hintern.

Er spürte, daß wir schwindelten.

»Gönnen Sie sich für Ihr Geld lieber etwas Anständiges zu essen. Ich besorge Ihnen morgen die Tickets. In Deutschland zahlen Sie das Geld später zurück.«

Wenn wir keine Glückspilze waren!

Von Kairo aus sollte es via Libyen bis Tunis gehen, von Tunis per Schiff nach Marseille. Dann nach Hause.

Trotz des Tickets blieben wir arm. Aber Not macht erfinderisch. Und Hunger erst recht. Zu den Pyramiden und anderen Sehenswürdigkeiten wanderten wir zu Fuß, und wo immer wir ein Lebensmittel umsonst aufgabeln konnten, nahmen wir es wahr. In erster Linie waren das die vielen Gratistees, die die Menschen uns anboten. Gut gesüßt waren sie echte Kraftschlucke.

Wenn wir den Duft einer Backstube einatmeten, stellten wir uns als Bäcker vor und baten, den Kollegenbetrieb besichtigen und Erfahrungen austauschen zu dürfen. Das bewährte sich schnell und stellte sich als besonders lukrativ heraus, weil dabei stets eine üppige Fütterung heraussprang. Kein Bäcker läßt einen Kollegen verhungern.

»Gott segne das ehrbare Handwerk.« Wir schmunzelten uns mit vollen Mündern zu.

Bei anderen Gelegenheiten führte Gerd seine Zaubertricks vor. Er konnte Münzen verschwinden, auf unerklärliche Weise Streichhölzer auf seinen Fingern hüpfen, Schuhbänder zerschneiden und doch wieder unzerschnitten werden lassen, daß den Umstehenden vor Staunen die Münder und die Schuhe offenstanden.

Dabei sprangen zwar nicht immer harte Piaster raus, aber doch sehr häufig der gute süße Tee, das Tramper-Wiederbelebungsgetränk.

Durch Gerd kam auch ich später zum Zaubern. Zaubertricks wurden mein Dankeschön für die in aller Welt erlebte Gastfreundschaft.

In Libyen fanden wir in den Trümmern des Rommelfeldzuges eine Eierhandgranate.

»Damit fangen wir uns Fische«, schlug ich vor. Die Idee ergab sich von selbst, weil wir auf einer Steilküste standen und unter uns Schwärme kleiner Fische sahen.

Gerade wollten wir sie zünden, da sahen wir noch etwas. Und das war ausgerechnet ein Militärcamp! Gerd, einen Kopf größer als ich, war in diesem Falle mein Ausguck gewesen.

»Um Himmels willen, wenn die den Knall gehört hätten, säßen wir sofort erneut im Knast.« Wir atmeten tief durch. Bloß nichts Unnötiges riskieren. Dann schon lieber hungern.

Doch sofort hatten wir eine weit bessere Idee. Wir lieferten die Granate ab.

»Die haben wir soeben gefunden, Ihr könnt sie sicher unschädlich machen, ehe jemand damit Schlimmes anstellt.« Wir spielten die ehrlichen Finder.

Die Soldaten nahmen die Granate entgegen und brachten sie ins Zelt ihres Vorgesetzten. Der bedankte sich nicht nur verbal, sondern auch mit einer Stange Salzkekse und einem köstlichen Spezialtee. Das Spezielle war die viele Dosenmilch, die man dazuschütten durfte.

Weiteres Glück ließ nicht lange auf sich warten. Unter fast jedem Stein lag ein Skorpion. Ein Dutzend von ihnen steckten wir einzeln in leere, durchlöcherte Filmdosen. Wenn man sie zusammenpackt, das wußte ich, bringen sie sich gegenseitig um. Skorpione gehören zu den Spinnentieren, und bei denen ist Mord an der Tagesordnung.

»Die werde ich zu Hause in Terrarien halten«, freute ich mich. Und ahnte noch nicht, daß man sich mit Skorpionen auch Geld verdienen konnte.

Auf diese Idee brachte mich eine junge Kobra. Frühmorgens kreuzte sie unseren Weg. Und ehe sie sich richtig aufgerichtet und gezüngelt hatte, war sie in meinem Kochgeschirr gefangen.

»Damit können wir Touristen Schlangenbeschwörungen gegen Bezahlung vorführen! Und wer *gut* zahlt, darf auch noch die Skorpione fotografieren.«

Mensch, waren wir doch tolle Geschäftsleute! Wir fanden diese Idee so genial, daß es gerechtfertigt schien, den Deckel des wertvollen Kochgeschirrs zu durchlöchern, damit das Tier Sauerstoff bekam. Eigentlich hatten wir das Kochgeschirr ebenfalls zu Geld machen wollen. Aber man kann schließlich nicht alles haben.

Diese Dressurakte liefen ausgezeichnet. Man wurde nicht reich, aber satt. In den Städten wie Tripolis und Benghazi und vor allem in Tunis und Karthago gab es genügend Touristen, die von den Tieren fasziniert waren und dafür kleine Spenden opferten. Aber alles reichte nicht für den Dampfer von Tunis nach Marseille.

So verpfändeten wir notgedrungen unsere Fotoapparate in der Banque Tunisienne-Française und verfügten nun über genau die Summe, die wir benötigten, um in der untersten Touristenklasse das Mittelmeer zu überqueren. Es waren fünfzig Mark für die fünfte Klasse.

»Es ist das billigste, aber auch das schlechteste«, warnte uns der Verkäufer am Billettschalter. Wir lachten nur. So schlecht, daß wir es nicht annähmen, konnte es gar nicht sein. Hauptsache zurück nach Europa, zurück nach Hause.

Allenfalls hinterherschwimmen, die sechste Klasse, hätten wir aus Gründen mangelnder Kondition ablehnen müssen. Obwohl genau das als krönender Abschluß der Reise sehr reizvoll gewesen wäre. Zum Schwimmen waren wir einfach zu schwach. Nicht einmal hundert Meter hätten wir geschafft. Wir waren so sehr abgemagert, daß die Knochen klapperten. Deshalb gelang es uns auch nicht, lautlos zu schleichen und heimlich und gratis aufs Schiff zu gelangen. Wir waren auf zwanzig Meter Entfernung deutlich zu hören.

Für eine restliche verbliebene Mark gönnten wir uns wahre Kalorienbomben: zwei Dosen Ölsardinen. Wir genossen den Fisch und das Öl, ließen alles genüßlich minutenlang im Mund rotieren, schluckten den Fischbrei halb runter, würgten ihn wieder hoch, käuten ihn wieder und vertrauten dann erst alles dem Magen an.

»Fünfte Klasse?« fragte der Ticketverkäufer noch einmal ungläubig. Er tat so angewidert, als hätten wir die Pest oder kein Hirn. Wir gaben uns cool.

»Ja, fünfte Klasse.« Gerd schaffte immerhin einen Tonfall, der ausdrückte »nur studienhalber«.

Wir wurden in Richtung Bug und dort durch ein »Loch« drei Decks tiefer nach unten gewiesen. Was wir dann stolpernd erreichten, war ein Maschinenraum in der alleruntersten Etage, direkt über dem Meeresboden. Keine Bullaugen, kein Sauerstoff, kein Licht, kein Bett. Statt dessen eine Petroleumlampe, Absaugrohre, eine Petroleumfunzel und klebrige Fußbodenbretter.

Auf fünfzig Zentimeter hohen Podesten standen Maschinen. Wir wählten ein solches Podest als Schlafstätte. Es war brüllend heiß, laut und stank nach Öl und Abgasen.

Aber uns war das alles egal. Wir schliefen auf der Stelle ein. Die Abgase wirkten wie Schlaftabletten. Die Wärme umhüllte uns wie ein Schlafsack. Morgen waren wir in Europa. Nur das zählte. Ein irres Gefühl.

Und dann ging die Reise los. Unser Raum war gepfropft voll. Auswandererfamilien mit Kind und Kegel, Sack und Pack, eng bei eng. Weg aus Tunesien, weg aus Algerien, hin nach Frankreich, dem Land des Wohlstands und des Friedens.

Sehr schnell stellte sich heraus: Wir hatten den besten Platz, einen Fels in der Brandung. Welcher Art die Brandung war, merkten wir kurze Zeit später, als das Schiff den Hafen verlassen hatte und die ersten Wellen uns zu sich in die Arme nahmen.

Der Dampfer wippte hoch und klatschte runter, auf und ab, hin und her. Die fehlende Aussicht und der Mangel an Frischluft lösten augenblicklich bei allen Passagieren die Seekrankheit aus. Als hätte jemand einen Seekrankheitsschalter betätigt. Wir kriegten das nicht sofort mit, weil wir geschlafen hatten. Geweckt wurden wir durch den säuerlichen Geruch, pardon, Gestank und das unerträgliche Gejammer. Es klang wie Dauersirenengeheul. Ein Auf und Ab ohne Unterlaß.

Es war so ekelhaft, daß wir unseren Magenschwall gerade noch zurückhalten konnten und flink wie die Schiffsratten die Leitern und Treppen drei Etagen hocheilten, um dann alles mit explosionsartigem Druck ins Mittelmeer zu spucken.

»Scheiße, die schönen Ölsardinen!« trauerte ich dem Erbrochenen hinterher.

Die frische Luft an Deck tat uns gut. Die Augen traten zurück in ihre Höhlen, der Blick wurde klar. Bis zum nächsten Anfall ging es uns gut.

»Da ist ja kaum Seegang«, stellte ich fest. »Wieso kotzen wir dann?«

Die Antwort war klar. Weil Heck, Bug und Mastspitzen die meistbewegten Teile des Schiffes sind. Nur das Mittelschiff lag ruhig. Wie ein Türscharnier, um dessen Achse die Tür beliebig weit schwenken konnte, während sich das Scharnier nicht bewegte.

»Ehe ich noch mal in das Dreckloch runtersteige, penne ich lieber hier oben auf dem Deck.« Gerd war fest entschlossen. Viel kälter als in den Wüstennächten würde es schon nicht werden.

Hier oben schlafen bedeutete, wir mußten unser Gepäck raufholen. Um es zu finden, brauchten wir nur dem Stöhnen und Gejammer in die unterste Etage und die funzelerleuchtete Tiefe zu folgen. Dann stimmte die Richtung …

»Nach Marseille zu schwimmen wäre einfacher gewesen«, stellte Gerd fest, als wir schließlich gelandet waren.

Nachsatz:
Gerd Siebenhüner übernahm die Konditorei seines Vaters in Hamburg und baute sie zu einem Großbetrieb aus. Ich half ihm, bis ich mich ebenfalls selbständig machte. Und dann war es Hans, der mir mit seiner Arbeitskraft unter die Arme griff. Bis er irgendwann umsattelte und Steuerberater wurde. Heute treffen wir uns manchmal beim Joggen im Wald in Rausdorf.

Rüdiger Nehbergs Lebenslauf

von Klaus Denart

Rüdiger Nehberg, Jahrgang 1935, kein Sternzeichen, keine Kirche, keine Haare, kein Blinddarm, kein Clip im Ohr, verheiratet, eine Tochter (Schauspielerin), Schlangen und Vogelspinnen als Haustiere, war seit der sogenannten Mittleren Reife als Konditor tätig und 25 Jahre lang in Hamburg selbständig. Sein Beruf ernährte ihn zwar angemessen, aber er erfüllte ihn nicht. Erfüllung fand er beim Reisen auf eigene Faust. Schon als Lehrling nahm er unbezahlte Urlaube und erradelte sich nach und nach die halbe Welt.

Eine Wende in seiner Art zu reisen trat ein, als er aus den USA vom Thema Survival erfuhr, eine bis in die 60er Jahre völlig unbekannte Disziplin in Europa. Mit Begeisterung holte er Survival über den Atlantik, reaktivierte verlorengegangene Instinkte und Fertigkeiten und testete seine Unabhängigkeit von der Zivilisation mit gewagten Expeditionen.

Immer mehr verlagerte sich sein Leben weg von den Torten hin zu den Torturen. 22 bewaffnete Überfälle überlebte er, zweimal war er in Gefangenschaft, mehrfach kurz in Gefängnissen. Bei der Erstbefahrung des Blauen Nil wurde sein Freund Michael ermordet. Die Täter wurden gefaßt.

Es gab monatelange Wüstendurchquerungen zu Fuß, die dreimalige Überquerung des Atlantiks (mit Tretboot, Bambusfloß, massiver Tanne), einen 1000-km-Marsch durch Deutschland ohne Nahrung und Ausrüstung, ein Wettrennen mit einem Iron Man und einem Aborigine 600 km durch Australien …

Als er merkte, daß andere sich auch für das Thema Survival interessierten, begann er, sein Wissen niederzuschreiben. »Die Kunst zu überleben« wurde ein Bestseller und begründete die europäische Survival-Bewegung. Inzwischen gibt es 18 Bücher. Die Hälfte davon sind Reisebeschreibungen, die andere Hälfte Survival-Bücher.

Die Kinderserie »Abenteuer vor der Haustür« (ZDF) wurde ein Dauerrenner, Survival eine Wirtschaftsbranche. Schulen machten das Thema gesellschaftsfähig und erhoben es zum Schulprojekt. Journalisten »adelten« Nehberg zum »Sir Vival«.

Was seine Publikationen auszeichnet, sind die Authentizität der Erzählungen, seine verrückten Selbstversuche, seine Liebe zur Natur und die locker-humorvolle Art zu erzählen. Er ist nie belehrend und hat immer einen Schalk im Sinn. Er verstand es, aus dem einfachen Abenteuer das »Abenteuer mit Sinn« zu machen, und beherrscht die Kunst, selbst heikle Menschenrechtsverletzungen mit viel Ironie und ohne Verbissenheit darzustellen.

Eine weitere Wende kam in Nehbergs Leben, als er vor 20 Jahren Zeuge der Vernichtung des letzten freilebenden Indianervolkes wurde, der Yanomami in Brasilien. Ihre Verteidigung gegen eine Übermacht von Goldsuchern und deren Hintermänner wurde zu Nehbergs Lebensinhalt. In der *Gesellschaft für bedrohte Völker (GfbV)* fand er für sein Engagement genau die richtigen Partner. Er wurde ihr *Aktivist für Menschenrechte,* sie war die beratende Institution im Hintergrund. Eine ideale Symbiose. Inzwischen erhielt die *GfbV* den *»Consultative Status«* bei den Vereinten Nationen. Nehberg wurde Mitglied des Beirats.

1990 verkaufte Nehberg seinen 50-Mitarbeiter-Betrieb, um mehr Zeit für seinen Einsatz in Brasilien zu haben.

In 4 000 Diavorträgen, 18 TV-Filmen, knapp 50 Talk Shows, mit 65 Kilo Zeitungsartikeln und ungezählten Rundfunkinterviews, mit Konsultationen der UNO, der Weltbank, des Papstes und vieler Politgrößen machte Nehberg (später zusammen mit Christina Haverkamp) die Yanomami zu einem festen Begriff. *Nehberg, Yanomami und Survival* wurden zu unverwechselbaren Synonymen.

1997 bauten Nehberg und Haverkamp den Yanomami auf eigene Kosten eine Krankenstation mit Schule. Zwei weitere Kleinstationen im Land der Waiapí-Indianer werden folgen.

Gemeinsam mit brasilianischen Menschenrechtlern gelang es der weltweit gewachsenen Bewegung inzwischen, den Goldsucherboom zu beenden und daß die Heimat der Yanomami (so groß wie Portugal) zum Schutzgebiet erklärt wurde.

Nehberg: »Ich bin überzeugt, daß wir viel von den Urvölkern dieser Erde lernen können. Vor allem ihren harmonischen, respektvollen Umgang mit der Natur. Wenn wir das begreifen und umdenken, werden Katastrophen abnehmen.«

Ab Herbst 2000 gilt sein Einsatz einem völlig neuen Thema: der Verstümmelung von Frauen.

Ab jetzt braucht Rüdiger Nehberg *zwei* Schutzengel. Ich wünsche sie ihm.

Klaus Denart
Hamburg, Sommer 2000

Infos über Rüdiger Nehberg:
1. E-mail: ruediger.nehberg@target-human-rights.com
2. Homepage: http://www.target-human-rights.de

Rüdiger Nehberg

Yanonámi

Überleben im Urwald. Mit einem farbigen Bildteil. 219 Seiten. SP 2716

Seit Jahrzehnten kennen ihn die Deutschen: den Konditormeister Rüdiger Nehberg – doch er ist mehr als ein exotischer Abenteurer. 1982 nahm sein Leben eine entscheidende Wendung. Der Marsch durch den Urwald zu den letzten freien Indianern machte ihn auf die lebensbedrohliche Situation der Yanonámi-Indianer aufmerksam. Er lebte mit ihnen und lernte ihre unberührte, steinzeitähnliche Kultur kennen. Seitdem kämpft er unermüdlich für ihre Freiheit, die von der Zivilisation in Form von Goldsuchern, Politikern und Gaunern täglich bedroht wird. Ein packender Bericht von den letzten Indianern im südamerikanischen Regenwald.

Die Rettung der Yanomami

Den Tätern auf der Spur. Mit 68 Farbfotos. 302 Seiten. SP 2979

Juli 1993: Das Massaker von Haximu an den Yanonami, den letzten freien Indianern in den Tiefen des südamerikanischen Regenwaldes, ging um die ganze Welt. Und für Rüdiger Nehberg bedeutete diese eine weitere Etappe in seinem Kampf für die Freiheit der Yanomami, die von habgierigen Goldsuchern, korrupten Politikern und Gaunern bedroht werden. Wieder machte er sich mit seiner Begleiterin Christina Haverkamp auf die Reise zu diesem ursprünglichen Volk und versuchte – gegen alle Widerstände der brasilianischen Regierung, geheimnisvoller Hintermänner und der Goldmafia –, die Hintergründe des Massakers aufzudecken.

SERIE PIPER

Rüdiger Nehberg

Survival-Abenteuer vor der Haustür

Mit Illustrationen von Marian Kamensky. 296 Seiten. SP 2715

Wer in eine bedrohliche Situation gerät, wird sich häufig instinktiv zu helfen wissen, denn Not macht erfinderisch. Aber darüber hinaus noch mehr zu können, schwierige Dinge schon mal praktiziert, geübt und wiederholt zu haben – das ist ungleich besser. Überlebenstraining stärkt das Selbstvertrauen, es verlagert die Angstgefühle, und es kräftigt den Körper. Dieses Survival-Buch von Deutschlands bekanntestem Abenteurer ist eine Fundgrube an Tips, Tricks und Vorschlägen für das Survival-Abenteuer gleich direkt vor der Haustür. Man muß dazu nicht in die Ferne schweifen! Rüdiger Nehberg zeigt in vielen erprobten Anleitungen, wie man sich trainiert, die Ausrüstung und einen Übungsplatz selbst baut oder wie man ein echtes Survival-Wochenende inszenieren kann.

Survival-Lexikon

355 Seiten mit Zeichnungen von Julia Klaustermeyer. SP 3055

Es ist noch nicht so lange her, daß Menschen wirklich nur überleben konnten, wenn sie sich in der Natur auskannten und sich zu helfen wußten. Genau dieses Wissen möchte Rüdiger Nehberg, Deutschlands berühmtester Abenteurer und Überlebenskünstler, wieder aktivieren. Er hat sein gesammeltes Knowhow und seine jahrzehntelange Erfahrung alphabetisch geordnet und in einem »Survival-Lexikon« zusammengestellt. Von A wie Abseilen bis Z wie Zivilcourage erfährt man alles über Laien-Chirurgie, Orientierung in der Wildnis, über Haie, Meerwasser-Entsalzung, Giftschlangen und vieles mehr – eine unendliche Quelle manchmal überraschend einfacher Tips, sich selbst zu helfen.

Rüdiger Nehberg

Über den Atlantik und durch den Dschungel

Eine Rettungsaktion für die Yanonami. Mit 18 Farbfotos von Christina Haverkamp und Rüdiger Nehberg. 352 Seiten. SP 1965

Deutschlands bekanntester Abenteurer und Überlebenskünstler wieder auf große Fahrt – diesmal überquert der Weltenbummler, der zur Not auch einmal Regenwürmer ißt, zusammen mit der Kieler Lehrerin Christina Haverkamp den Atlantik auf einem selbstgebauten Floß, um die Weltöffentlichkeit auf den Völkermord an den Yanonami-Indianern aufmerksam zumachen. Wie immer witzig, selbstironisch und ungemein spannend schildert er im ersten Teil des Buches die Expedition zu den Yanonami in den Regenwald, im zweiten Teil die Fahrt mit dem Floß.

Drei Mann, ein Boot, zum Rudolfsee

Überleben in Afrika. Mit einem farbigen Bildteil. 248 Seiten. SP 1714

1976 brach Rüdiger Nehberg, der bekannteste deutsche Abenteurer, mit zwei Freunden zu seiner zweiten Nil-Expedition auf: mit einem selbstkonstruierten Kunststoffboot vom Tana-See in Äthiopien durch Zentralafrika zum Rudolfsee in Kenia. Sie fahren durch reißende Stromschnellen, begegnen mißtrauischen Bewohnern und erleben so manchen Tag im Angesicht des Todes. Rüdiger Nehberg zeigt offen seine Ängste und Schwächen – aber vor allem: wie man, geprägt von den Annehmlichkeiten unserer Zivilisation, auch in lebensgefährlichen Situationen überleben kann.

SERIE PIPER

Michael Asher

Zu zweit gegen die Sahara

Per Kamel auf Hochzeitsreise. Aus dem Englischen von Hanna van Laak. 352 Seiten mit 36 Fotos von Mariantonietta Peru. SP 1710

Eigentlich ist das Unternehmen, das Michael Asher sich vorgenommen hat, schwierig genug: Er möchte auf dem Kamel die Sahara durchqueren. Damit aber die Sache nicht zu harmlos, zu unproblematisch wird, funktioniert er die Expedition zur Hochzeitsreise um und nimmt seine Frau Mariantonietta mit, die er fünf Tage zuvor geheiratet hat. Auf diese abenteuerliche Weise entstand Stoff in Hülle und Fülle für ein außergewöhnlich spannendes und amüsantes Buch, an dessen Ende Asher resümiert: »Wir drehten uns um, um einen letzten Blick auf die Sahara zu werfen. Für jeden von uns hatte die Wüste eine eigene Bedeutung. Für mich war sie eine Leere, der wir Leben eingehaucht hatten, eine Arena, in der wir ein unglaubliches Spiel auf Leben und Tod aufgeführt hatten.«

Marcel Keiffenheim

Hochzeitsreise unter Segeln

Zu zweit über den Atlantik. 173 Seiten mit 16 farbigen Abbildungen. SP 3015

Die Idee ist für viele ein Traum: Heiraten und gleich darauf ein Jahr lang auf eine äußerst ungewöhnliche Hochzeitsreise gehen. Für Petra Hach und Marcel Keiffenheim wurde er wahr. Sie kündigten Jobs und Wohnung und segelten in einem gebraucht gekauften Segelboot los, um den Atlantik zu überqueren. Knapp 12 000 Seemeilen legten sie in gut einem Jahr zurück – von Hamburg über Holland, die Atlantikküste südwärts bis zu den Kanaren, in die Karibik, zu den Azoren und dann wieder zurück. Die Gefahren waren groß, die Angst vor Flauten, Stürmen, Havarien, Bootsuntergängen, Nervenzusammenbrüchen war immer mit an Bord … Ein spannender Bericht über eine abenteuerliche Fahrt und das Wagnis zu zweit.

Jon Krakauer

In die Wildnis

Allein nach Alaska. Aus dem Amerikanischen von Stephan Steeger. 302 Seiten. SP 2708

Eine kleine Pistole und ein Fünf-Kilo-Sack Reis – das war die einzige Ausstattung des jungen Chris McCandless, mit der er sich in die Wildnis Alaskas begab. Seine gesamten Ersparnisse von fünfundzwanzigtausend Dollar hatte er gespendet und das restliche Bargeld verbrannt – er wollte ein neues, ganz anderes Leben beginnen. Vier Monate später wurde seine Leiche in der Wildnis von Alaska von einem Elchjäger gefunden. Jon Krakauer, für seine spektakulären Reportagen bereits mehrfach preisgekrönt, hat die abenteuerliche Wanderung des Chris McCandless anhand von Tagebucheintragungen, Postkarten und Interviews rekonstruiert. War Chris ein hoffnungsloser Romantiker oder einfach nur ein Spinner? Oder wurde er von einer Sehnsucht getrieben, die nur zu typisch ist für unser zu Ende gehendes Jahrhundert?

In eisige Höhen

Das Drama am Mount Everest. Aus dem Amerikanischen von Stephan Steeger. 380 Seiten mit 33 Schwarzweißfotos. SP 2970

Im März 1996 beauftragte die amerikanische Zeitschrift »Outside« den Reporter Jon Krakauer mit einem Bericht über die Kommerzialisierung des Bergsteigens am Mount Everest. Selbst der Faszination des Berges erlegen, schließt er sich einem Team unter Führung eines erfahrenen neuseeländischen Bergsteigers an. Am 10. Mai 1996 steht er dann tatsächlich auf dem Gipfel, am Ende seiner Kräfte. Der gefährliche Abstieg folgt, zwanzig andere Bergsteiger drängen weiterhin verbissen zum höchsten Punkt. Keiner hat registriert, daß ein Schneesturm aufzieht, vor dem sich Krakauer gerade noch in sein Zelt retten kann. Es kommt zur bisher größten Katastrophe am höchsten Berg der Welt: Neun Bergsteiger aus vier Expeditionen sterben, und vor Ende des Monats werden weitere drei Bergsteiger den Tod finden.

Frühstück in Timbuktu

Abenteuerliche Geschichten aus 20 Jahre GEO. Ein GEO-Buch. Herausgegeben von Peter-Matthias Gaede. 351 Seiten. SP 2773

Sie sind auf dem Weg zum Zigarettenautomaten und landen zu einem Frühstück in Timbuktu? Gar nicht so ungewöhnlich, finden zwei Dutzend GEO-Autoren. Denn das Abenteuer ist überall anzutreffen, und jeder Tag ist eine Expedition ins Ungewisse – man muß nur den Blick dafür haben und ein wenig reisen. Für ihre ausgezeichneten Reportagen sind namhafte GEO-Autoren in der Stille des deutschen Einödhofes heimisch geworden, haben sich von den Baummenschen auf Neuguinea entdecken lassen oder afrikanische Seelenlandschaften abseits bekannter Pfade kartographiert. Gründlich recherchiert und präzise geschrieben, lädt diese Sammlung von außergewöhnlichen Beiträgen aus 20 Jahren zu einem spannenden Leseabenteuer ein.

Jon Krakauer

Auf den Gipfeln der Welt

Die Eiger-Nordwand und andere Träume. Aus dem Amerikanischen von Wolfgang Rhiel. 304 Seiten. SP 3197

Jon Krakauer kennt das Hochgefühl nach dem Gipfelsturm und das Ringen mit den eigenen Kräften, den Kampf gegen die Einsamkeit und den Schmerz der Enttäuschung, wenn der Berg stärker ist als der Mensch. Berühmte Bergsteiger und Freunde Krakauers, deren fanatische Leidenschaft für die Gipfel dieser Welt nicht selten verhängnisvoll endete, stehen im Mittelpunkt dieser zwölf spannenden Reportagen: Da ist der Solokletterer John Gill, der glatte Felsbrocken in Colorado erklimmt, als wären unsichtbare Leitern daran befestigt. Oder Adrian, der als erster Rumäne den Mount McKinley, den höchsten Berg Nordamerikas, im Alleingang bezwungen hat. Krönender Abschluß dieses eindrucksvollen Bandes ist Krakauers Bericht über seine erfolgreiche Alleinbesteigung des Devils Thumb in Alaska.

Reinhold Messner

13 Spiegel meiner Seele
Mit 56 Farbfotos und 14 Karten. 320 Seiten. SP 2646

Mit fünfzig Jahren hat Reinhold Messner, der wohl bekannteste Bergsteiger und Abenteurer unserer Zeit, die Bilanz der Jahre gezogen, die er zum goßen Teil in der Grenzzone zwischen Leben und Tod zugebracht hat. In dreizehn Geschichten versucht er, dem Geheimnis seines Lebens auf die Spur zu kommen. Er erzählt von seiner Burg Juval im Vinschgau, vom tibetischen Sagenkönig Gesar, nach dem er seinen Sohn benannt hat, von seiner Familie, seiner Jagdleidenschaft. Der Bergbauer und Weltflüchtling begegnet uns hier ebenso wie der prominente Reinhold Messner, der in überfüllten Arenen von seinen abenteuerlichen Reisen berichtet und Tausende in den Bann seiner Bilder und Geschichten schlägt.

Mit diesem Buch zeigt uns Reinhold Messner die andere Seite seines Wesens, jene Seite, die bisher allzu oft hinter den Sensationen seiner Abenteuer verborgen blieb: seine selbstverordnete Einsamkeit, seine Flucht in die Arbeit und in die Tröstlichkeit von Wüstensand, Eis und Schnee. In keinem seiner Bücher hat Messner einen so tiefen Blick in sein Innerstes tun lassen.

Die Freiheit, aufzubrechen, wohin ich will
Ein Bergsteigerleben. 372 Seiten mit farbigen und Schwarzweiß-Abbildungen. SP 1362

Vom Südtiroler Dorfbuben zum berühmtesten Bergsteiger aller Zeiten: der Bericht eines ungewöhnlichen Lebens, der nicht nur von der Erstersteigung des Mount Everest ohne künstlichen Sauerstoff erzählt, sondern auch von den Niederlagen, Krisen und Selbstzweifeln handelt.

Abenteuer grenzenlos

Expeditionen ins Ungewisse.
Herausgegeben von Ulrich Wank.
350 Seiten. SP 2153

Wer hat nicht einmal schon davon geträumt, frei von allen Zwängen und losgelöst vom Alltag in einer einsamen Hütte zu leben, die Wüste zu durchqueren oder die höchsten Berge der Erde zu besteigen? In diesem Buch finden Sie Menschen, die diese Träume haben Wirklichkeit werden lassen. Allein auf einer menschenleeren Tropeninsel, zu zweit in der Wüste, im dichtesten Dschungel entlang der wildesten Flüsse – dort suchten sie das wahre, sinnliche und unmittelbare Leben. »Abenteuer grenzenlos« versammelt die besten Geschichten moderner Abenteurer, unter anderem von Lucy Irvine, Joe Simpson, Reinhold Messner, Rüdiger Nehberg, Mario Richner, Arved Fuchs.

S.O.S. im Nordmeer

Dramen, die die Welt bewegten.
Ein GEO-Buch. Herausgegeben von Peter-Matthias Gaede.
367 Seiten mit sechs Karten.
SP 2770

Eine sternklare Nacht am 15. April 1912 im Nordmeer: Die Titanic, das angeblich unsinkbare Schiff, füllt sich lautlos mit Wasser. Nichts hat als Zeichen und Mahnruf die Menschen im noch jungen 20. Jahrhundert so sehr bewegt wie der Untergang der Titanic. Viele Dramen, die die Welt bewegten, sind bis heute nicht vergessen – wie die Tragödie des Luftschiffes Hindenburg, die Odyssee von Apollo 13 im Weltraum oder das Bergsteigerdrama in der Eiger-Nordwand. Mythen, Legenden und Anekdoten ranken sich um solche Ereignisse – denn immer handeln sie auch von Grenzerfahrungen des Menschen. Namhafte Journalisten haben für die Zeitschrift GEO sachlich und kompetent sechzehn Dramen der Weltgeschichte in spannenden Reportagen nachgezeichnet.

Hans Kammerlander

Abstieg zum Erfolg

Mit 78 Farbfotos und 39 Schwarzweißfotos. 282 Seiten. SP 3052

»Zum Gipfel gehört das Tal, zum Aufwärts das Abwärts, zum Ziel die Rückkehr«, sagte der weltberühmte und erfolgreiche Extrembergsteiger Hans Kammerlander. In diesem Buch erzählt er Geschichten von lebensgefährlichen Situationen, von Glück und Zufall, aber auch vom Scheitern und Aufgeben – denn die Eroberung des Gipfels allein ist nicht das Entscheidende. Er berichtet von seinen ersten Erfahrungen im Extremklettern, von den Überschreitungen der beiden Achttausender Gasherbrum I und II zusammen mit Reinhold Messner, von der Durchkletterung der Annapurna-Nordwestwand, von Begegnungen mit dem Tod in den Bergen. Ergänzt und bereichert werden seine packenden Darstellungen durch zahlreiche Fotos und durch Berichte und Erzählungen von Freunden und Weggefährten wie Reinhold Messer, Michl Dacher, Friedl Mutschlechner und dem Bruder Alois Kammerlander.

Bergsüchtig

Klettern und Abfahren in die Todeszone unter Mitarbeit von Walther Lücker. 347 Seiten mit 141 Abbildungen, davon 85 in Farbe. SP 3245

Der Südtiroler Hans Kammerlander ist einer der erfolgreichsten Extrembergsteiger der Welt und bisher der einzige, der vom Mount Everest mit Skiern abgefahren ist. In diesem Buch erzählt er von seiner Bergsucht, die ihn seit seiner Jugend immer wieder auf die höchsten Gipfel treibt, von seinem Leben zwischen Fels und Eis und von seinen Abenteuern auf den Achttausendern.

»Ein ehrliches, bodenständiges und schnörkelloses Buch. Ein echter Kammerlander eben.«
Abendzeitung, München